우리 아이 발달과 학습 성장

부모와 교사, 지역사회의 협력: 아이 성장의 밑거름

우리 아이  발달과 학습 성장

부모와 교사, 지역사회의 협력: 아이 성장의 밑거름

| 프롤로그 |

모든 아이는 자신만의 속도로 자란다
함께 이루는 성장, 함께 배우는 마음

아이의 성장, 그 기쁨과 불안 사이에서

사랑하는 우리 아이의 성장을 지켜보는 여정은 늘 기쁨과 설렘으로 가득하다. 하지만 아이가 새로운 세상, 특히 학교라는 환경에 들어서면서 깊은 고민과 불안감이 함께 찾아오는 것도 사실이다. 우리 아이가 수업을 잘 따라가는지, 혹시 마음이 힘든 것은 아닌지, 부모와 교사 모두 같은 마음으로 아이를 바라본다.

이 책은 그런 부모와 교사의 마음에서 출발했다. 『우리 아이 발달과 학습 성장』은 아이의 발달과 학습을 입체적으로 이해하고, 그 속도를 존중하는 방법을 함께 찾아가는 책이다. 아이의 성장은 점수나 성적만으로는 설명할 수 없다. 생각하는 힘(인지), 배우려는 마음(정서), 함께 어울리는 힘(사회성)이 조화롭게 자랄 때, 아이는 자기 속도로 단단히 성장한다.

모든 아이는 자신만의 속도로 자란다

성장은 직선이 아니라 계단이다. 때로는 멈춘 듯 보이지만, 그 시간은 내면의 힘을 채우는 준비기다. 조급한 마음으로 다그치면 아이는 자신감을 잃지만, 기다려 주면 스스로 해낼 힘이 자란다. 성장은 눈에 보이지 않는 시간 속에서 이루어진다. 이 책은 그 '보이지 않는 성장'을 이해하고, 부모와 교사가 함께 지지하는 방법을 나누고자 한다.

성장의 다양성, '느림'을 새롭게 보다

우리가 마주하는 교실에는 저마다 다른 배움의 속도와 방식이 공존한다. 어떤 아이들은 학습 속도가 조금 더디거나, 특정 영역에서 반복적인 어려움을 겪기도 한다. 이들이 보이는 산만함이나 낮은 성취, 혹은 학습 회피는 단순히 '노력 부족'이나 '의지 부족'에서 비롯된 문제가 아닐 수 있다. 오히려 그것은 따뜻한 관심과 전문적인 지원이 필요하다는 작은 신호일 수 있다.

우리는 학습의 어려움 뒤에 숨겨진 다양한 특성들을 세심히 들여다볼 필요가 있다. 아이들의 어려움에 낙인을 찍기보다 다름의 신호로 이해하고, 그 어려움의 근본적인 원인을 파악하는 것이 맞춤형 지원의 첫걸음이다. 이 책은 느린 학습자나 난독증 아동의 마음을 공감하고, 그들이 가진 강점과 잠재력을 발견하여 학습과 생활에 적극적으로 활용할 수 있도록 돕는 실천적 지원 전략을 안내한다. 따라서 필요한 것은 교정이 아니라 이해와 공감, 그리고 맞춤형 지원이다. 조금 느려도 포기하지 않고 성장하도록 돕는 것이 부모와 교사의 역할이다.

기초 역량과 맞춤형 지원, 포용의 길을 연다

읽기, 쓰기, 셈하기 같은 기초학습능력은 모든 배움의 문을 여는 열쇠다. 읽기가 탄탄한 아이는 세상을 이해하는 폭이 넓고, 친구와의 대화 속에서 사회성도 자란다. 반대로 기초가 흔들리면 학습 격차가 커지고 자신감이 무너질 수 있다. 그래서 학습의 어려움을 조기에 발견하고, 수준에 맞는 지원을 제공하는 일이 중요하다. 최근 제정된 「학생맞춤통합지원법」은 학습과 정서, 복지 등 아이의 성장을 막는 다양한 요인을 학교와 지역사회가 함께 해결하도록 하는 제도다. 이제 교육은 일부 아이가 아닌 모든 아이를 위한 포용의 길로 나아가고 있다.

함께 키우는 성장, 함께 배우는 마음

아이의 성장은 한 가정의 노력만으로는 온전히 이루어질 수 없다. 부모의 세심한 관심과 교사의 전문적인 관찰, 그리고 지역사회의 든든한 지원이 함께 어우러질 때, 아이는 비로소 흔들림 없는 성장의 뿌리를 내릴 수 있다.

건강한 교육 파트너십은 상호 존중과 신뢰에서 시작된다. 부모는 교사를 교육 전문가로 존중하고, 교사는 부모가 가진 아이에 대한 깊은 이해를 경청해야 한다. 학교와 가정이 서로의 역할과 전문성을 인정하며 아이의 성장을 위한 정보를 꾸준히 공유하고 협력할 때, 아이는 안정된 환경 속에서 배움의 즐거움을 느낀다. 이 책은 부모님과 선생님들이 아이의 발달을 이해하고, 학습된 무기력을 극복하며, 자기 주도적으로 성장할 수 있도록 돕는 실천적인 지도 방안을 담고 있다.

아이 한 명도 놓치지 않는 교육. 모든 아이가 존중받고 지지받으며 자기 삶을 스스로 이끌어 갈 힘을 키울 수 있도록, 이제 부모와 교사 그리고 지역사회 모두가 따뜻한 동반자의 손길로 함께 걸어 나갈 차례이다. 이 책이 그 동행의 여정에 든든한 나침반이 되기를 바란다. 무엇보다 강조하고 싶은 것은 방법보다 '마음'이다. 아이를 완벽하게 만드는 것이 아니라, 스스로 성장할 수 있다는 믿음을 심어 주는 것, 그것이 진정한 교육이다.

따뜻한 동행을 위하여

모든 아이는 자신만의 속도로 자란다.
그 속도가 다르다고 부족한 것은 아니다.
조금 늦게 피어나는 꽃이 더 오래 향기롭다.
 이 책이 부모와 교사, 그리고 우리 사회에 '한 아이도 놓치지 않는 교육'을 향한 작은 길잡이가 되기를 바란다. 아이의 속도를 존중하며, 아이의 눈높이에서 함께 걸어가는 따뜻한 성장의 여정에 이 책이 든든한 등불이 되기를 바란다.

2025년 11월
이병도

제1부

아이의 발달, 제대로 이해하기

1장. 아이의 성장과 발달, 어떻게 이해할까

발달 영역 알아보기	16
발달의 원리 알아보기	17
영유아건강검진, 우리 아이 발달 확인하기	18
발달 지연, 놓치지 말아야 할 초기 신호	21

2장. 발달을 지원하는 양육 환경

발달을 지원하는 양육 환경 구성	24
우리 아이 스마트폰 사용, 연령별 지침	26
의사소통 발달을 돕는 단계별 상호작용	27
사회-정서 발달의 핵심, 부모와 아이의 안정적 애착	32
긍정적인 행동을 이끄는 효과적인 칭찬과 훈육	41
문제행동에 대처하기	44

3장. 놀며 배우는 영유아 교육의 이해

놀이 중심 교육 이해하기	48
표준보육과정·누리과정 속 핵심 메시지 이해하기	52
가정과 함께 조기 발견하고 지원하기	56
영유아 발달을 위한 가정의 역할 실천하기	60

4장. 유아교육과 초등교육의 연결: 이음교육

'이음교육'으로 학교생활 기대하기	66
스스로 하는 힘 기르기: 입학 준비	67
배움의 즐거움 경험하기	69
학부모로서 첫걸음 내딛기	71

제2부

아이마다 다른 배움: 학습의 다양성 이해하기

5장. 학습을 지탱하는 세 가지 힘: 인지, 정서, 사회성

아동의 생각 그물망, 인지 발달과 학습	79
단순 암기를 넘어, 기초학습능력의 뿌리가 되는 인지 발달	83
정서 발달이 이끄는 학습 동기	84
함께 배우는 즐거움, 심리사회성 발달과 학습의 연결	86
민수와 지연이의 이야기: 학부모의 현명한 역할	89

6장. 기초학습능력, 아이의 미래를 여는 핵심 역량

기초학습능력, 모든 배움의 첫 문을 여는 열쇠	94
아이의 미래를 설계하는 기초학습능력의 힘	94
우리 교육의 현실과 '기초학력보장법'	97
해외 사례로 본 기초학력 보장의 중요성	98

7장. 아이의 학습을 이해하는 새로운 시선: 느린 학습자와 난독증

느린 학습자, '다른 것'에 대한 공감과 이해	102
난독증: '읽기'에 대한 새로운 접근	103
난독증과 단순 읽기 부진: 원인에 따른 접근	106
난독증 아동의 내면 이해와 지지	109

8장. 아이의 성장을 위한 선별과 진단

느린 학습자의 선별과 진단: '다름'을 이해하는 과정	116
느린 학습자의 선별과 진단	119
느린 학습자를 위한 맞춤형 지원	122
난독증 선별과 진단: '읽기' 어려움의 이유 찾기	133
장애 진단: '낙인'이 아닌 '지원'의 시작	148

제3부

실천 중심의
맞춤형
지원 전략:
교실과
가정의 실천

9장. 느린 우리 아이, 어떻게 도와줄까

느린 학습자 지도를 위한 우리의 마음가짐	158
모든 아이는 가능성을 가지고 태어났다	158
느린 학습자의 인지 과정 이해하기	162
읽기·쓰기·수학 지도는 필수!	169
배운 내용의 '일반화'를 위한 체계적 지도	171
실패해도 괜찮아: 학습된 무기력 극복하기	172
안녕? 함께 놀자!: 사회성 기술 직접 지도하기	174
느린 학습자를 위한 생태학적 교육과정	176

10장. 실천 학습 가이드: 읽기, 쓰기, 수학 지도 따라 하기

읽기 지도, 왜 중요할까요?	182
읽기 지도, 이렇게 실천하세요.	182
쓰기 지도, 왜 중요할까요?	192
쓰기 지도, 이렇게 실천하세요.	193
수학 지도, 왜 중요할까요?	202
수학 지도, 이렇게 실천하세요.	203

11장. 난독증 학생, 배움의 문을 열어 주는 실천법

난독증 학생을 위한 효과적인 읽기 지도	212
학교와 가정에서 제공하는 맞춤형 지원	220
실천적 지원으로 이끄는 7가지 원칙	224
이해와 공감으로 시작되는 성장과 변화	226

12장. 자폐스펙트럼장애와 ADHD 학생, 공감과 소통으로 이해하기

자폐스펙트럼장애, 다양한 스펙트럼의 이해	230
ASD 학생을 위한 공감과 실질적인 지원	234
ADHD, '의지 부족'이 아닌 '뇌의 특성'으로 이해하기	237
ADHD, 어떻게 관찰하고 진단할 것인가?	239
ADHD 학생을 위한 체계적인 지원 전략	240
교실 내 지원 전략 활용하기	242
긍정적 강화와 사회성 기술 직접 지도하기	242
예측 가능한 일과 계획으로 불안 줄이기	244
강점 기반 접근	246

제4부

함께 키우는 우리 아이, 미래를 향한 동반 성장

13장. 학습과 성장의 새로운 패러다임: 학생맞춤통합지원

아이 한 명 한 명을 위한 「학생맞춤통합지원법」	254
학생 맞춤형 성장을 돕는 통합지원팀의 운영과 역할	259
학생 통합지원의 4단계	260
학생맞춤통합지원 누리집: 지원 정보 알아보기	263

14장. 미래 사회 핵심 역량, 문해력

우리 학생들의 문해력 현황과 과제	266
읽는 힘이 커지는 아이: 문해력의 새로운 의미	269
AI 시대, 문해력의 확장된 의미	272
디지털 전환 시대, 문해력의 새로운 위기	275

15장. 부모와 교사, 함께 만드는 교육 공동체

신뢰의 기반: 교사와 학부모, 서로의 전문성 존중하기	282
협력을 통한 아이 성장 지원: 역할과 책임 공유하기	285
갈등을 성장의 기회로: 상호 존중 기반의 소통 전략	289
함께 배우고 성장하는 부모: 교육의 중요성	296

16장. 모든 아이를 위한 맞춤형 지원: 포용과 성장의 길

모두를 포용하는 교육 시스템: 기초학력 보장의 사회적 책임	302
사각지대 해소: 느린 학습자를 위한 생애주기별 지원	306
위기 학생을 위한 심리적 안전망: 조기 개입과 지원	311
학교를 넘어선 연대: 다기관 협력	316

제1부

아이의 발달, 제대로 이해하기

1장 아이의 성장과 발달, 어떻게 이해할까

2장 발달을 지원하는 양육 환경

3장 놀며 배우는 영유아 교육의 이해

4장 유아교육과 초등교육의 연결: 이음교육

| 1장 | 아이의 성장과 발달,
어떻게 이해할까 |

영유아기는 발달의 결정적 시기라고 한다.
이 장에서는 발달의 결정적 시기를 놓치지 않도록
아이의 발달을 점검하는 방법을 안내한다.

| 발달 영역 알아보기 |

영유아기는 인생 전반에서 가장 빠른 속도로 많은 변화가 일어나는 시기다. 이러한 발달은 크게 신체-운동, 인지, 의사소통, 사회-정서, 적응행동의 5개 발달 영역으로 나누어지며 발달의 어려움을 확인하는 틀로 활용할 수 있다. 각 발달 영역은 다음과 같이 이해할 수 있다.

발달 영역의 종류

신체운동 발달: 걷기, 달리기와 같은 대근육 활동과 물건을 잡거나 조작하는 소근육 활동을 통해 움직임을 조절하는 능력을 기르고, 이를 바탕으로 신체 전체의 협응력을 발달시키는 과정이다.
[예시] 공 차기, 계단 오르내리기, 연필 잡기, 블록 쌓기, 가위질하기

인지 발달: 사물과 사람, 사건을 이해하는 능력을 기초로 하여 문제를 해결하고, 기억하고, 사고하며, 주의를 집중하는 능력이 점차 확장되고 깊어지는 과정을 의미한다.
[예시] 퍼즐 맞추기, 블록 조작, 모양·색깔 구분하기, 간단한 규칙 이해하기

의사소통 발달: 언어를 통해 자신의 생각과 감정을 표현하고, 타인의 말을 이해하며 수용 및 표현 언어 능력을 함께 발달시켜 가는 과정이다.
[예시] 이름 부르기, 그림 보고 말하기, 간단한 질문에 대답하기, 이야기를 듣고 따라 말하기

사회-정서 발달: 타인과 긍정적인 관계를 형성하고, 자신의 감정을 적절히 표현하고 조절하며, 자기 자신을 인식하고 타인을 배려하는 능력을 길러 가는 과정이다.
[예시] 친구와 놀잇감 나누기, 차례 지키기, 감정 표현하기, 선생님 지시에 따르기

적응행동 발달: 일상생활에서 필요한 자조 기능을 익히고, 다양한 상황과 환경에 맞게 자신의 행동을 조절하는 능력을 기르는 과정이다.
[예시] 옷 입기/벗기, 식사하기, 손 씻기, 화장실 가기, 일정에 맞게 행동하기

| 발달의 원리 알아보기 |

❶ 발달 영역은 서로 영향을 미친다

각 발달 영역은 서로 영향을 미치며 발달한다. 예를 들어 물건을 쥐고 조작할 수 있게 되면서(소근육 운동) 물건의 기능을 알게 되고 처음에는 빗으로 머리 빗는 행동을 하다가 점차 자나 막대 등 빗이 아닌 것을 빗처럼 상상하며 흉내 내는 상상놀이를 하게 된다.(인지) 또한 상상놀이를 할 수 있게 되면서 점차 친구들과 함께 상호작용 하며 놀 수 있게 되고(사회-정서) 다양한 의사소통 기술도 익히게 된다.(의사소통)

❷ 발날 영역은 일상생활에서의 경험을 통해 발달한다

각 발달 영역은 매일 반복되는 일상생활 경험을 통해 발달한다. 따라서 가정과 어린이집(유치원)에서 경험하는 모든 일은 발달을 위한 훌륭

한 교육이 된다. 이때 중요한 것은 아이가 활동에 몰입할 수 있도록 즐거운 경험을 만들어 주는 것이다. 만약 이 닦기를 싫어한다면 좋아하는 캐릭터가 그려진 칫솔을 이용할 수 있다. 또, 여러 개의 칫솔을 산 다음 이를 닦을 때마다 하나를 선택하도록 하면서 즐거움을 줄 수도 있다. 이렇게 직접 해보는 경험을 통해 아이는 다양한 영역에서 발달을 이룰 수 있다.

| 영유아건강검진, 우리 아이 발달 확인하기 |

영유아기는 가장 빠른 성장이 이루어지는 시기로, 건강과 발달 상태의 주기적인 점검은 혹시 모를 발달의 어려움을 조기에 발견하고 적절히 개입할 수 있도록 돕는다. 우리나라의 경우 건강보험공단에서 생후 4개월부터 만 6세까지 총 8회의 건강검진과 4회의 구강검진을 실시하고 있다. 특히 영유아건강검진에서는 발달 선별검사를 통해 성장 시기별로 눈여겨보아야 할 것들을 중심으로 발달 정도를 점검함으로써 발달 지연 위험 여부를 조기에 확인할 수 있다. 실제로 최근 5년간 영유아건강검진 결과를 보면 약 18%의 아이들이 '주의' 또는 '정밀평가 필요' 판정을 받기도 하였다. 하지만 문제를 조기에 발견하고 개입하면 어려움을 완화할 수 있다. 따라서 이러한 영유아건강검진을 적극적으로 활용하는 것이 중요하다. 아이의 발달 정도를 점검하고 발달 지연을 조기에 발견하기 위한 영유아건강검진 활용 방법은 다음과 같다.

❶ 발달 평가 및 의료진 상담 활용하기

생후 9~12개월에 진행되는 3차 검진부터는 아이의 발달 상태를 확인하는 발달 평가 및 상담이 시작된다. 이 검사는 발달 선별검사 도구를 사용하며, 심각한 발달 지연이나 장애 여부를 알아보기 위한 추가 진단이 필요한지를 결정하는 데 목적이 있다.

발달 평가를 위해 웹 문진표와 함께 발달 선별검사지를 작성할 수 있으며, 생후 42~48개월경에 실시하는 6차 검진에서는 가정에서 보호자가 직접 아이의 청력을 확인할 수 있는 귓속말 검사를 실시한다. 발달 선별검사지는 영유아를 잘 아는 주 양육자가 작성하는 것이 원칙이며, 검사지 작성 후에 걱정되는 부분이 있다면 의료진과 상담할 수 있다. 이를 위해 평소 아이의 일상 행동과 발달 특징을 메모하는 것도 도움이 되며, 걱정되는 부분이 있다면 구체적인 상황(예: 이름을 불러도 반응이 없음)을 적어 두면 상담에 도움이 된다.

❷ 영유아건강검진 결과 활용하기

영유아건강검진 과정 중 특히 발달 선별검사는 아이가 적절히 발달하고 있는지 파악하고, 필요한 경우 추가적인 도움을 주기 위해 실시된다. 각 검사 결과가 나타내는 의미와 양육자의 역할은 다음과 같다.

양호: 또래와 비슷한 수준으로 잘 발달하고 있어요
- 아이가 전반적으로 연령 수준에 맞세 잘 발달하고 있다는 신호이다.
- 지금과 같은 발달을 지속하기 위해 안정적인 상호작용과 일관된 양육 환경이 필요하다.

주의: 일부 영역에서 또래보다 느린 모습이 보여요

- 전반적으로 점수상 경계에 있거나 제 월령에서 기대되는 행동이나 특성이 나타나지 않는 영역이 있다.
- 전문가 상담을 받아 볼 수 있으며 6개월 이내 재검사를 실시해서 변화 여부를 확인하는 것이 좋다.
- 가정에서의 양육이나 상호작용 방식, 환경 등을 세심히 변화시켜 발달을 지원할 수 있다.

정밀평가 필요: 문제 확인을 위한 추가 진단 필요

- 발달 상태나 장애 여부를 파악하기 위해 전문적인 정밀평가가 필요함을 의미한다.
- 국민건강보험공단으로부터 영유아 발달 정밀 검사 비용 일부를 지원받을 수 있다.
- 어린이집이나 유치원과 발달 상태를 공유해서 함께 지원하는 것이 좋다.

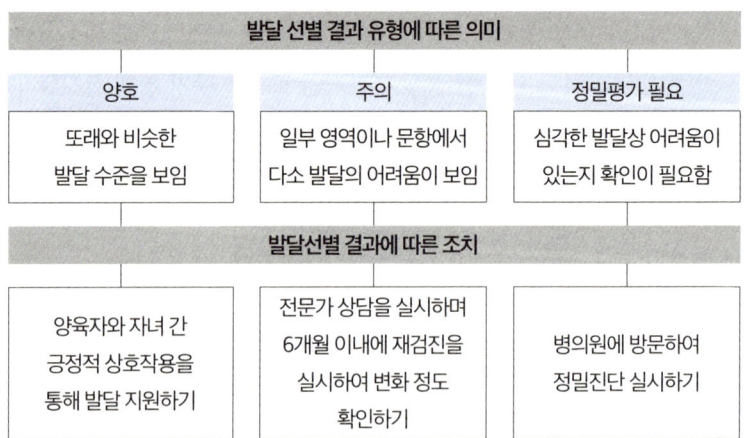

- 정밀평가 후 발달 지연이 있는 경우 의사 소견서 등을 통해 치료 서비스나 발달 재활 서비스를 지원받을 수 있다.
- 특수교육대상자 선정이 필요하다면 지역 특수교육지원센터에 문의할 수 있다.

| 발달 지연, 놓치지 말아야 할 초기 신호 |

영유아건강검진을 통해 주기적으로 발달 상태를 점검하는 것과 함께 발달 지연의 위험을 알리는 징후를 파악하는 것도 필요하다. 각 월령별로 살펴볼 수 있는 발달 지연 위험 징후는 다음과 같다.

❶ 12개월 전후
- 뒤집기나 혼자 앉기가 되지 않고 놀잇감을 잡거나 입으로 가져가려는 시도를 하지 않는다.
- 부모 목소리에 반응이 거의 없으며 마주 보고 옹알이를 흉내 내도 반응이 없다.
- 관심을 끌기 위해 미소를 짓거나 웃는 행동을 보이지 않는다.

❷ 24개월 진후
- 18개월 이후까지도 걷지 못한다.
- 단어를 거의 사용하지 않고 울음이나 손짓에 의존하여 의사를 표현한다.
- 단어로만 이야기하며 두 단어를 연결해서 말하지 못한다.

❸ 36개월 전후
- 계단을 오르는 동작이 어렵고 자주 넘어진다.
- 간단한 지시를 이해하지 못하고 또래와 놀지 않는다.
- 두 단어를 연결한 문장으로 소통하지 않는다.
- 역할놀이나 모방, 상상놀이 등이 거의 일어나지 않는다.

❹ 48개월 이상
- 난간이 없는 계단을 혼자서 오르내리지 못한다.
- 숟가락이나 포크 등을 잘 쓰지 못한다.
- 문장으로 소통하기 어렵다.
- 누구, 무엇, 어떻게 등의 질문을 이해하지 못하고 관련 없는 대답을 한다.
- 화가 났거나 좌절한 상황에서 감정을 진정하는 데 시간이 지나치게 오래 걸린다.

2장 | 발달을 지원하는 양육 환경

양육자와의 상호작용은 영유아 발달에 가장 중요하게 영향을 미치는 요소이다. 이 장에서는 영유아 발달을 지원하기 위한 양육 전략에 대해 알아보고자 한다.

| 발달을 지원하는 양육 환경 구성 |

놀잇감이나 책은 물론 부모가 사용하는 스마트폰이나 TV까지, 가정의 일상적인 환경은 영유아 발달에 긍정적 혹은 부정적 영향을 미친다. 그렇다면 이 환경을 어떻게 구성해야 아이의 발달을 효과적으로 지원할 수 있을까? 이제 영유아 발달을 지원하는 양육 환경의 핵심 요소들을 살펴보고자 한다.

아이의 독립성을 키우는 환경

좋은 양육 환경은 아이가 스스로 할 수 있는 일이 많아지도록 지원하고 격려하는 환경이다. 이렇게 아이의 독립성을 키워 줌으로써 책임감과 자존감을 높이고, 아이는 스스로 하는 경험을 통해 다양한 자극을 접하고 문제해결력을 키우며 소통의 경험을 쌓을 수 있다.

- 놀잇감을 아이가 혼자서도 꺼낼 수 있도록 작은 바구니에 종류별로 나누어 담고 낮은 선반에 넣어 둔다.
- 아이가 좋아하는 책을 고르기 쉽게 책 표지가 보이도록 꽂아 둔다.
- 위험한 물건을 아이 손이 닿지 않게 보관하고, 문 닫힘 방지 고정 장치나 서랍 잠금장치, 콘센트 안전 덮개 등을 사용해 아이가 독립적으로 탐색할 수 있게 한다.
- 세수하기, 이 닦기, 옷 입기 등을 가능하면 스스로 할 수 있도록 격려한다.
- 간단한 일이라도 가족을 돕는 일에 참여하도록 격려한다.(예: 간단한 심부름하기, 빨래 정리하기, 수저 놓기 등)

아이의 흥미를 존중하는 환경

영유아는 즐거움을 통해 배운다. 따라서 아이의 흥미를 존중하고 즐거운 상호작용이 이루어지는 가정환경을 만드는 것이 중요하다. 예를 들어 우리 집의 놀잇감들을 아이가 좋아하는지, 또 아이가 좋아하는 놀잇감은 무엇인지 살펴보는 것도 필요하다. 아이가 좋아할 만한 놀잇감을 선정하기 위해서는 연령에 따른 놀이 특성을 이해하는 것도 중요하다.

❶ 0~1세: 감각과 움직임을 즐기는 나이

- 처음에는 입에 넣고 빨면서 놀이하고 점차 만지고, 흔들고, 던지고, 소리를 듣고, 작은 물건을 손가락으로 집어 보면서 노는 것을 즐긴다.
- 환경호르몬 노출, 날카로운 모서리 충돌, 작은 물건 삼킴 등 안전사고의 위험이 있는지 확인해야 한다.

추천 놀잇감	놀잇감으로 활용할 수 있는 생활용품
오뚜기, 헝겊책, 촉감볼, 소리 나는 딸랑이, 거울, 공 등	붙였다 뗄 수 있는 테이프나 스티커, 끈, 뽑아 쓰는 티슈, 물건을 숨기고 찾을 수 있는 상자나 통, 손가락으로 집을 수 있는 밥풀과자, 밀가루 또는 밀가루 반죽 등

❷ 1~2세: 조작하고 만드는 것을 즐기기 시작하는 나이

- 물건을 쌓고 끼우고 빼고 만드는 놀이를 즐긴다.
- 물건의 기능을 익히면서 놀이에 활용하기 시작한다.
  (예: 빗으로 머리 빗는 흉내 내기, 컵으로 아빠와 '짠'하며 부딪히기 등)

추천 놀잇감	놀잇감으로 활용할 수 있는 생활용품
끼우기 쉬운 블록, 쌓을 수 있는 컵, 자를 수 있는 과일 모형과 부엌놀이 칼, 공, 모래놀이 도구, 팝업북 등	못 쓰는 냄비나 그릇, 뚜껑, 무언가를 넣고 뺄 수 있는 과자 통, 고장 난 전화기, 아이가 들어갈 수 있는 큰 상자, 케이크 커팅칼, 밀가루와 밀가루 반죽, 밀가루 반죽을 찍을 수 있는 쿠키용 찍기 틀 등

❸ 3~5세: 상상하거나 흉내 내는 놀이를 즐기는 나이

- 또래와 노는 것을 즐기며 놀잇감이 없어도 상상하며 놀거나 친구와 상호작용 하며 논다.
- 단순한 규칙이 있는 보드게임이나 전래놀이(쌀보리, 쎄쎄쎄 등)를 할 수 있다.

추천 놀잇감	놀잇감으로 활용할 수 있는 생활용품
레고블록, 부엌놀이 세트, 병원놀이 세트, 다양한 미술도구, 유아용 보드게임, 인형, 공, 유아용 스포츠 도구 등	가정에서 사용하는 모든 물건, 종이, 폐품 등 *놀잇감 없이 친구와 노는 놀이나 동대문 놀이, 딱지치기 같은 다양한 전래놀이 가능

| 우리 아이 스마트폰 사용, 연령별 지침 |

최근 스마트폰 등의 디지털기기 사용은 영유아 발달을 위협하는 요소로 대두되고 있다. 영유아의 스마트폰 사용이 뇌 발달에 미치는 부정적 영향만이 아니라, 양육자의 과도한 스마트폰 사용으로 양육자와 아이 간 상호작용의 양과 질이 떨어질 수 있다는 경고가 나오기도 한다. 아이의 발달을 증진하기 위해 영유아기에는 가능한 한 디지털 기기에 노출시키지 않

는 것이 좋으며, 부모 또한 과도한 스마트폰 사용을 자제하고 아이와 양질의 상호작용을 주고받을 수 있도록 하는 것이 필요하다. 국제보건기구(WHO) 권고에 따른 연령별 스마트폰 사용 권장 사항은 다음과 같다.

- **0~1세**: 스마트기기로 유튜브 등 영상물을 접하지 않는 것이 좋으며 부모와의 상호작용과 놀이, 따뜻한 신체적 접촉, 교감이 중요하다.
- **1~2세**: 가능한 한 스마트기기 사용을 피하는 것이 좋지만 꼭 필요한 경우에는 반드시 보호자와 함께 이야기를 나누며 시청하는 것이 권장된다.
- **2~5세**: 스마트기기 사용은 하루 1시간 이내로 제한하되 아이 혼자 보기보다 보호자와 함께 이야기를 나누며 보는 것이 권장된다.

| 의사소통 발달을 돕는 단계별 상호작용 |

의사소통 발달은 또래 관계 형성이나 행동 문제 예방, 감정 조절, 학습 등에 영향을 미친다. 의사소통 능력은 양육자와 영유아 간의 상호작용을 통해서도 증진될 수 있다. 각 발달 시기에 따른 의사소통 발달 지원 방법은 다음과 같다.

❶ 신생아기: 옹알이, 울음, 표정, 몸짓으로 신호를 보내는 시기

이 시기는 의사소통하고 싶은 의도가 생기는 것이 중요하다. 이 시기 영아들은 초기에는 혼자서 소리를 내며 옹알이하지만 점차 다른 사람의 관심을 끌거나 상호작용을 하기 위해 의도를 갖고 소리를 낼 수 있게 된다. 또 상대방과 눈을 맞추고 미소를 짓거나 상대의 반응에 따라 소리 내어 웃기 시작하는 상호성을 나타내기도 한다. 이 시기에는 의사소통 발달을 위해 다음과 같이 상호작용할 수 있다.

- 아이가 내는 소리나 표정을 주의 깊게 보면서 즐거운 상호작용을 유도하여 소통하고 싶은 마음이 생기도록 한다.
- 기저귀 갈기나 수유 등 일상적인 돌봄 활동 중에도 꾸준히 말을 걸어 준다.
- 아이의 옹알이 소리를 따라 하거나 아이의 몸짓과 소리를 의사소통 시도인 것처럼 해석해서 반응하는 것도 좋다.
- 따뜻하고, 밝고, 명랑한 목소리로 말을 걸어 아이가 상호작용을 즐겁게 기억하도록 한다.

❷ 영아기 초기: 소리와 몸짓으로 적극적으로 소통하는 시기

이 시기에는 의사소통을 위한 조금 더 일관성 있는 수단이 생겨난다. 양육자를 부르기 위해 소리를 내기도 하고 손가락으로 가리키며 원하는 것을 표현하기도 한다. 또, 자신이 원하는 것을 상대가 알아챌 때까지 반복하거나 다른 방법을 이용하면서 자신의 의사를 적극적으로 표현하기도 한다. 이 시기에는 의사소통 발달을 위해 다음과 같이 상호작용 할 수 있다.

- 아이의 의도를 이해하고 그 상황에 적절한 말을 들려준다.
- 말을 많이 들려주되 아이가 관심 있어 하는 것에 초점을 두고 다양한 단어나 표현을 들려준다.
- 선택할 기회를 많이 주고 스스로 의사표현을 하도록 잠시 기다려 준다.

- 아이가 이해하기 쉽게 의사소통 상황과 연관된 사진이나 그림, 필요한 물건 등을 보여 주면서 상호작용 한다.
- 재미난 의성어나 의태어 등이 반복되는 그림책을 읽어 주는 것도 좋다.

❸ 한 단어 사용 시기: 한 단어씩 말이 시작되는 단계

이 시기에는 정확한 낱말 또는 말과 비슷한 소리(예: 고양이를 '야오'라고 하기)로 표현하는 시기이며 단어 하나를 문장처럼 다양한 의도로 사용하기도 한다. 어휘가 급격히 늘어나는 시기로 보통은 말할 수 있는 단어보다 이해하는 단어가 더 많다. 이 시기 의사소통 발달을 위한 상호작용 방법은 다음과 같다.

- 아이의 발음이나 표현을 고쳐 주려고 하는 대신 의도를 이해하고 자연스럽게 공감하며 상호작용 한다.
- 아이에게 질문할 때 둘 중 선택할 수 있도록 하여 해야 할 말에 대한 자연스러운 모델을 제공할 수 있다.(예: OO이는 주스가 좋아, 우유가 좋아?)
- 아이의 말에 대해 자연스러운 대화의 맥락에서 적절히 피드백을 제공한다. (예: "까까"라고 말하면 "응, 까까 줄까요?"라고 답하기)

❹ 두 단어를 연결 짓는 시기: 완벽한 문장은 아니지만 단어 두 개를 연결하여 의미를 분명히 할 수 있는 시기

단어로 여러 가지 의도를 표현하던 아이는 점차 단어 2개를 붙여서 문장과 비슷하게 표현하기 시작한다. 아직 완벽한 문장으로 표현하지는 않지만, 이 시기에는 문장 구성의 토대가 되는 경험을 하게 된다.

- 아이가 한 말을 고쳐 주려고 하기보다 부모가 자연스럽게 완전한 문장이나 조금 더 긴 문장으로 반응한다.
- 대화의 맥락을 유지하면서 영유아의 의사소통 시도를 존중한다.
- 단계가 있는 활동이나 놀이를 반복하면서 방법을 기억할 수 있도록 한 후, 주고받기 놀이를 하면서 잠시 놀이나 활동을 멈추고 다음 단계가 무엇인지 아이에게 물어보거나 아이가 완성하게 한다.(예: 함께 노래 부르다가 갑자기 멈추면 아이가 나머지 구절을 마저 부르기)

❺ 말이 본격적으로 발달하는 시기: 발음과 문장 구성이 점차 자연스러워지는 단계

이 시기 영유아들은 아직 조사나 인칭 사용 등의 문법적 요소에는 능숙하지 않을 수도 있지만 발음과 문장 구성이 점점 자연스러워져서 점차 수다쟁이가 되어 간다. 이 시기 의사소통 발달을 지원하는 상호작용 전략은 다음과 같다.

- 양육자가 말을 많이 하기보다 아이의 말에 귀 기울이고 끝까지 들어주는 것이 필요하다.
- 책 읽기와 이야기 나누기를 통해 어휘나 문장 구조 확장을 돕는다.
- 아이가 조금 잘못된 문장으로 말하거나 발음에 오류를 보이더라도 그 자리에서 바로잡기보다 대화의 맥락을 유지하면서 자연스럽게 적절한 표현으로 시범을 보인다.
- 어른 중심으로 지시에 따르게 하거나 설명하려고 의도하기보다는 아이의 마음과 생각을 들어주는 의사소통이 필요하다.

의사소통 발달을 돕는 부모-영유아 상호작용 팁

1. 아이의 의사소통 시도를 수용하면서 적절한 표현 시범 보이기

- 아이가 손가락으로 가리키는 등 말 대신 행동으로 의사를 표현할 때, 아이의 의도를 읽어 그 의도에 맞는 말을 시범으로 보이면서 반응한다. 예를 들어 아이가 장난감을 꺼내 달라고 손을 끌거나 손가락으로 장난감을 가리킬 때, "장난감 꺼내 주세요." 같이 아이가 해야 할 말을 하면서 꺼내 준다.
- 아이가 틀리게 이야기할 때 이를 긍정적으로 수용하면서 올바른 말을 알려 준다. 예를 들어 아이가 고양이를 보고 "멍멍"이라고 하면 "그래, 멍멍이처럼 생겼구나. 다리도 네 개고… 저건 멍멍이 친구 고양이야."라고 말한다.

2. 말을 할 때 간단한 어휘와 짧은 문장 사용하기

- 아이가 말의 의미를 쉽게 이해하고 단어나 개념 등을 더 잘 학습할 수 있도록 간단한 어휘와 짧은 문장으로 쉽게 말해 준다.

3. 아이의 관심을 끌기 위해 과장된 억양, 느린 속도, 말의 분할 활용하기

- 영아기의 경우 말의 억양을 과장되게 하고 속도를 천천히 하며 말의 중간중간을 끊어서 말하면 말소리에 관심을 가지며 더 잘 이해할 수 있다.

4. 아이의 말을 확장하여 반응하기

- 아이가 한 말에 대해 반응할 때, 완성된 문장으로 반응하거나 조금 더 다양한 표현을 넣어서 반응해 준다. 예를 들어 아이가 "나비"라고 말하면 "나비가 날아가네."라고 반응하거나 "히안 니비네"라고 반응하여 영아가 표현한 것보다 소금 너 높은 수준의 말로 시범을 보인다.

출처: 이수정, 2021, 영유아 문제행동의 이해 및 행동지원 방법-아이들이 행복한 교실 만들기, pp. 79~80, 경상북도육아종합지원센터(발췌하여 수정함).

| 사회-정서 발달의 핵심, 부모와 아이의 안정적 애착 |

사회-정서적 능력은 아이가 세상을 건강하게 살아갈 수 있도록 하는 마음의 근육이라고 한다. 특히 영유아기에 부모와 아이 사이에 형성되는 정서적 유대감과 애착은 사회-정서 발달에 중요한 영향을 미치며 이후 인생에서 경험할 사회적 관계의 기초가 된다. 즉 부모와 안정적인 애착을 형성한 아이들은 스트레스를 견디는 힘이 있고 교사나 또래를 믿을 수 있는 사람으로 인식하기 쉽다. 여기서는 아이의 사회-정서 발달에 영향을 미치는 부모의 태도를 알아보고 이러한 태도를 개선하고 사회-정서 발달을 촉진할 수 있는 상호작용 전략을 알아보고자 한다.

❶ 지나치게 허용적인 부모

지나치게 허용적인 부모는 규칙이나 기준을 세우기보다 아이의 요구를 대부분 제한 없이 받아 주는 경향이 있다. 아이가 기죽는 것이 싫어서 아이 마음대로 하도록 허용하거나 원하는 것을 모두 들어주기도 한다. 또 훈육해야 할 상황에서 아이가 원하는 것이나 아이의 선택을 가장 우선적으로 생각하며 적절히 훈육하지 않는다. 이런 태도를 가질 때 아이는 아래와 같은 특성을 보일 수 있다.

- 원하는 것이 있거나 힘든 상황을 참지 못해 충동적인 행동을 보일 수 있다.
- 또래 관계에서 규칙을 따르기 어려워 자주 갈등을 경험한다.
- 책임감이나 인내심 발달이 약할 수 있다.
- 작은 일에도 좌절하고 견디기 힘들어할 수 있다.

만약 지나치게 허용적인 성향을 가진 부모라면 아이의 사회-정서 발달을 위해 적절한 규칙과 한계를 세우려고 노력하는 것이 중요하다. 이를 위해 아래의 상호작용 전략을 실천할 수 있다.

첫째, 생활 속 작은 규칙을 정해 본다. 이때 가능하다면 부모가 일방적으로 규칙을 정하기보다 아이와 함께 우리 집 규칙을 만들고 실천하는 것도 좋다. 규칙은 너무 많을 필요는 없으며 안전과 건강에 대한 규칙이나 타인에게 피해를 주는 행동에 대한 제한을 일관성 있게 적용하는 것이 좋다.

둘째, 평소에는 허용적이더라도 안 되는 것은 분명히 이야기해 준다. 만약 아이가 규칙을 어겼을 때는 화를 내지 않고 단호한 표정과 단호한 목소리로 이야기한다. 평소 허용적인 부모일수록 화를 내거나 큰 소리로 야단치면 아이가 혼란을 느낄 수 있다. 반면 훈육 상황에서 지나치게 온화한 톤으로 이야기하면 상황을 정확히 인지하기 어려울 수 있다. 따라서 표정과 목소리 톤을 적절히 조절하여 아이가 훈육 상황임을 알 수 있도록 하는 것이 필요하다.

셋째, 일관성 있는 일과를 만들고 스스로 할 수 있는 일은 스스로 하게 한다. 이러한 일과 수행을 통해 아이는 책임감과 자기 조절력이 생길 수 있으며 스스로 해내는 경험을 통해 자존감이 높아질 수 있다.

❷ 방임적이 부모

방임적인 부모는 자기 일을 하느라 아이를 돌보지 않거나 아이에게 관심을 두지 않는다. 이런 부모는 아이와의 정서적 상호작용이 적고 기본적인 보호나 양육을 소홀히 하기도 한다. 또한 아이에 대한 적절한 관심과 지지를 충분히 보여 주지 않는다. 부모가 이런 모습을 보일 때 아이가 나타낼 수 있는 특성은 아래와 같다.

- 애착 형성이 불안정하고 정서적 안정감이 부족하다.
- 자존감이 낮고 사회적 기술이 부족할 수 있다.
- 관심을 끌려는 의도로 행동 문제를 보이기도 한다.
- 지나치게 위축되고 우울한 모습을 보이기도 한다.
- 또래 관계에서 고립되거나 공격적인 행동을 보일 수 있다.

이렇게 방임적인 태도를 보이는 부모라면 아이를 향해 관심과 따뜻한 지지를 보여 주는 상호작용을 통해 관계를 개선할 수 있다. 또한 아이의 사회-정서 발달을 위해 다음의 상호작용 전략을 활용할 수 있다.

첫째, 매일 10분 아이와 눈을 맞추고 이야기를 나누는 시간을 가진다. 긴 시간이 아니더라도 아이에게 집중하며 상호작용 하는 시간을 통해 아이는 안정감과 만족감을 느낄 수 있다.

둘째, 아이와 나만의 짧은 놀이를 만든다. 간지럽히기나 함께 노래하기, 쎄쎄쎄나 쌀보리 같이 마주보고 하는 전래놀이 등 아이가 부모와 즐거운 상호작용을 일상적으로 경험하게 하는 것이 필요하다.

셋째, 아이와 자주 스킨십을 한다. 영유아들은 부모의 체온을 통해 안정감을 느낄 수 있다. 매일 아침 일어났을 때, 그리고 잠자리에 들기 전 꼬옥 안아 주거나 뽀뽀를 해주는 등 따뜻한 스킨십과 함께 하루를 시작하고 마무리할 수 있도록 해준다.

❸ 독재적인 부모

독재적인 부모는 규칙과 권위를 강조하고 항상 아이의 상황이나 마음보다 부모가 세운 규율이 우선한다고 생각한다. 따라서 아이의 감정을 읽어 주거나 상황을 이해하기보다 무조건적인 복종이나 순종을 요구하고 비난과 처벌을 통해 행동을 통제하는 경향이 있다. 부모가 이런 모습으로 대하면 아이는 아래와 같은 특성을 가질 수 있다.

- 사회성이 부족하고 인간관계에 어려움을 겪을 수 있다.
- 지나치게 의존적이거나 반항적인 성격으로 자라날 수 있다.
- 자기표현이 위축되고 자율적으로 결정하거나 행동하는 데 두려움을 느낀다.
- 평소 순한 모습을 보여도 불안이나 분노와 같은 부정적 정서가 마음속에 잠재되어 있을 수 있다.

이렇게 독재적인 태도를 보였던 부모라면 대화와 공감을 늘리는 상호작용을 통해 관계를 회복할 수 있다. 이를 실천하기 위해 아래의 상호작용 전략을 활용할 수 있다.

첫째, 꾸중보다 칭찬을 통해 좋은 행동을 할 수 있는 동기를 준다. 영유아기의 경우 사소한 행동 문제는 살짝 눈감아 주고 대신 좋은 행동에 관심을 가지며 의도적으로 칭찬과 관심을 보여 주는 것이 좋다. 이런 경우 아이도 좋은 행동을 더 많이 하려는 동기가 생기며 부모로부터 인정받는 기분도 느낄 수 있다.

둘째, 아이가 느낄 감정을 상상하며 아이의 감정을 읽어 준다. 공감받는 경험은 부모와 아이의 관계를 더 깊이 있게 맺어 준다. 또 충분히 공감받는 경험을 한 아이는 자신의 감정을 인식하고 조절할 수 있는 힘이 생긴다.

셋째, 아이가 스스로 선택하고 생각할 기회를 주어 자율성을 키울 수 있도록 한다. 세상을 살아가는 힘은 부모에 대한 복종보다 스스로 생각하고 더 좋은 행동을 선택할 수 있는 능력을 통해 생겨날 수 있다. 그리고 아이는 믿어 주는 만큼 성장한다. 따라서 아이가 더 좋은 행동을 할 수 있으리라는 믿음으로 아이를 지켜보고 기다려 줄 필요도 있다.

넷째, 야단을 치거나 훈육한 후에는 반드시 관계 회복을 위한 상호작용을 한다. 야단을 맞을 때 아이의 마음속에는 '엄마(아빠)가 날 사랑하지 않는다'라는 생각이 생길 수 있다. 따라서 훈육 후에는 반드시 아이를 꼬옥 안아 주며 "엄마(아빠)는 ○○이 사랑해. 앞으로 더 멋진 행동을 할 거라 믿어." 같이 아이를 긍정하는 말로 관계를 회복하고, 훈육하는 마음 안에 사랑이 함께 있음을 알려 주는 것이 필요하다.

❹ 일관성 없는 부모

모든 부모는 아이들을 사랑하고 잘 키우고 싶은 마음을 가질 것이다. 그러나 간혹, 똑같은 행동인데도 상황과 기분에 따라 허용하기도 하고 엄격하게 금지하는 경우도 있다. 이런 태도가 반복되어 기분이 좋고 편안한 상황에서는 한없이 따뜻하고 허용적이다가, 기분이 우울할 때는 야단치고 화를 내거나 큰 소리를 내는 등 지나치게 엄격하고 거친 반응을 보이면 아이는 부모가 보이는 태도의 기준을 알기 어렵다. 이런 경우 아이들은 다음과 같은 특성을 보일 수 있다.

- 불안감을 느끼고 자주 떼를 쓰기도 한다.
- 감정 조절이나 자기 조절에 어려움을 보이기도 한다.
- 또래 관계에서 불안정한 태도를 자주 보인다.

일관성 있게 아이를 대하는 것이 어렵다면 조금 더 안정적이고 예측 가능한 태도를 보이기 위한 상호작용을 하려고 노력해야 한다. 이를 위해 아래와 같은 전략을 활용할 수 있다.

첫째, 부모가 자신의 스트레스나 부정적인 감정을 인식하고 해결할 수 있는 나만의 방법을 가지도록 노력한다. 스스로 감정적인 어려움을 인식하고 이를 조절하고자 노력하면서 부모 자신이 아이에게 감정 조절의 모델이 되어 줄 수도 있다.

둘째, 훈육이나 칭찬을 일관성 있게 하기 위해서 아이와 함께 가정에서의 규칙을 정하고 벽이나 냉장고에 함께 정한 규칙을 붙여 둘 수 있다. 이러한 규칙을 기억하는 것은 부모가 감정에 따라 판단을 달리하지 않고 규칙에 따라 판단할 수 있도록 돕는다.

셋째, 만약 기분이 좋지 않아 나도 모르게 버럭 화를 내거나 아이에게 속상한 마음이 들게 했다면 재빨리 사과하여 관계를 회복한다. 잘못을 인정하고 솔직하게 사과하는 부모를 통해 아이들은 신뢰감을 형성하며 자신의 행동을 조절할 수 있는 힘이 생긴다.

❺ 권위 있는 부모

　권위 있는 부모는 애정을 바탕으로 양육하며 일관성 있고 논리적인 잣대로 훈육할 수 있다. 권위 있는 부모는 애정 표현과 칭찬을 자주 하고 아이의 자율성을 존중한다. 또 아이의 의견과 감정을 존중하고 따뜻하게 지지하며 아이가 규칙을 약속이라고 생각하며 잘 지킬 수 있도록 대화를 통해 가르치려고 노력한다. 이런 이상적인 부모의 태도는 아이가 아래와 같은 특성을 가지도록 돕는다.

- 자존감이 높고 자기조절 능력이 발달하게 한다.
- 또래와 협력하고 규칙을 잘 지킬 수 있도록 한다.
- 독립성과 사회적 책임감을 조화롭게 발달시킨다.
- 사회성이 잘 발달하며 자신감 있는 아이로 자라나도록 한다.

사회-정서 발달을 돕는 부모-영유아 상호작용 팁

1. 하루에 세 번 이상 안아 주기

아동이 부모로부터 언제나 사랑받고 있음을 확신할 수 있도록 구체적인 애정 표현을 해준다. 특히 따뜻한 신체적 접촉은 영유아기 아동이 부모와 안정적인 애착을 형성할 수 있게 하는 데에도 도움이 된다.

2. 하루 10분 놀아 주기

매일 하루 10분 동안 아이와 부모가 온전히 놀이에 집중할 수 있는 시간을 갖는다. 형제가 있어서 가족이 다같이 놀아도 좋지만, 아이와 부모 간에 충분한 애착이 형성되어 있지 않다면 엄마와 아이, 아빠와 아이의 일대일 놀이 시간을 갖거나 둘만의 산책 또는 외출 시간을 갖는 것도 좋다.

3. 잠자기 전 책 읽어 주기

잠자는 시간이 행복한 휴식의 시간이 될 수 있도록 하며 자지 않는다고 야단을 치거나 화를 내지 않는다. 대신 조용한 음악을 틀어 두고 이야기를 나누거나 책을 읽어 주는 등의 활동을 함으로써 아동과 양육자 간의 안정적인 애착 관계가 형성될 수 있다. 만약 아이가 쉽게 잠들지 못한다면 잠자기 직전 몸을 움직이는 놀이는 오히려 아이를 흥분하게 할 수 있으므로 조용한 음악이나 고요한 활동을 하는 것이 도움이 된다.

4. 훈육 상황에서도 부모의 사랑을 확신하게 해주기

아이는 부모에게 야단맞을 때 부모가 자신을 사랑하지 않는다고 생각할 수 있다. 따라서 훈육할 때도 잘못된 것은 아이의 행동이지 아이 자체가 아님을 기억하며 감정을 조절한다. 또 훈육이 끝난 후에는 따뜻하게 안아 주는 등의 행동으로 미워서 야단치는 것이 아니며 부모가 여전히 아이를 사랑한다는 것을 알게 해야 한다.

5. 감정 읽어 주기

평소 아이의 감정을 읽어 주며 공감하고, 부모가 다양한 감정 단어를 사용하면 아이도 감정 표현이 다양해지고 감정을 조절할 수 있는 힘이 생긴다. 아이와 함께 숫자를 세거나 심호흡을 하는 등 감정 조절 방법을 연습하고, 실제로 화가 났거나 아이가 감당하기 어려운 감정적 폭발이 일어나려고 할 때 이 방법을 기억하고 실천해 보도록 하는 것도 사회-정서 발달에 도움이 된다.

출처: 이수정, 2021, 영유아 문제행동의 이해 및 행동지원 방법- 아이들이 행복한 교실 만들기, pp. 128~129, 경상북도육아종합지원센터(발췌하여 수정함).

감정과 관련된 추천 영상 모음

아이가 자신의 감정을 인식하고 적절히 표현하며 필요한 경우 감정을 조절하는 방법을 알게 되는 것은 사회-정서 발달에 중요하다. 다음은 감정 인식, 감정 표현, 감정 조절의 주제를 다룬 영유아 교육용 콘텐츠로 아이와 함께 시청하면서 자연스럽게 감정에 대한 이야기를 나눌 수 있다.

내 마음의 색깔
다양한 감정을 색깔로 표현하면서 감정을 인식할 수 있도록 돕는 영상

내 마음은 풍선
마음을 풍선에 비유해서 마음이 움츠러들 때 용기 내는 방법을 안내하는 영상

마음 온도계
화가 난 마음을 인식하고 화가 났을 때 화를 잘 내는 방법을 안내하는 영상

기분아, 좋아져라!
유아 수준에서의 감정 조절 방법을 동화와 퀴즈로 안내하는 영상

출처: 국립특수교육원 에듀에이블 장애공감 콘텐츠-다양함으로 빛나는 교실, 다빛(유아용)

| 긍정적인 행동을 이끄는 효과적인 칭찬과 훈육 |

 영유아기 아이들은 아직 의사소통이 서툴고 감정 조절 방법을 모르기 때문에 누구나 행동 문제를 보일 수 있다. 이러한 행동은 의사소통이 발달하고, 공감받는 경험을 통해 감정 조절의 힘이 생기면 서서히 줄어들 수 있다. 따라서 긍정적인 행동을 지원하는 것은 당장 아이가 보이는 행동 문제를 없애는 데에만 집중하기보다 조금 더 긴 호흡으로 아이의 발달을 촉진하려는 노력을 통해 가장 효과적으로 이루어질 수 있다.

행동 문제 예방을 위한 상호작용

 훈육은 단순히 문제행동을 보일 때 야단치거나 벌을 주는 것이 아니라 좋은 행동이 무엇인지 알려 줄 때 가장 효과적이다. 이런 면에서 아이가 행동 문제를 보이는 상황에서만 훈육하는 것이 아니라 일상생활 속에서 아이에게 적절한 행동에 대한 정보를 제공하고 더 좋은 행동을 할 수 있도록 동기를 불어넣는 것이 필요하다. 이렇게 행동 문제를 예방하기 위해 부모는 아이와 아래와 같이 상호작용 할 수 있다.

❶ 좋은 행동을 지지하는 칭찬하기

칭찬은 아이가 한 일에 대한 평가가 아니라 긍정적인 행동이 무엇인지 알려 주고 더 좋은 행동을 할 마음의 힘이 생기도록 하는 것이다. "잘했어.", "최고야."와 같은 뻔한 칭찬은 그저 부모에게서 인정받은 것에 대해 잠시 으쓱한 마음이 들게 할 뿐이다. 이런 칭찬이 반복되면 '칭찬'으로서의 효과는 금세 사라진다. 좋은 칭찬은 아이들이 긍정적인 자아상을 갖게 하고, 자존감을 향상시킨다. 다음과 같은 칭찬은 문제행동 예방에도 도움을 줄 수 있다.

- 행동 문제를 자주 보이는 아이일수록 고쳐야 할 행동 대신 아이를 칭찬할 거리를 찾으려고 노력한다.
- 아이가 긍정적인 행동을 해볼 경험을 제공하고 이를 칭찬하며 동기를 높인다.(예: 부모를 돕도록 한 후 칭찬하기.)
- 칭찬할 때는 아이가 한 구체적인 행동을 서술하며 칭찬하고, 감정을 함께 표현하는 것도 좋다.(예: ○○이가 엄마(아빠)를 도와 수저를 놓아 주어 엄마(아빠)는 정말 기분이 좋구나.)
- 평소 칭찬과 훈계의 비율은 4:1 정도로 하도록 노력하여 칭찬과 훈계의 균형을 맞추어 상호작용 한다.

❷ 따뜻한 신체적 접촉으로 감정 공유하기

적절한 신체적 접촉은 건강한 관계 형성과 정서적 안정에 도움을 줄 뿐만 아니라 감정 조절의 힘을 키울 수도 있다. 영유아기에는 부모가 안아 주고 눈 맞추고 어깨를 두드려 주고 토닥여 주는 따뜻한 접촉을 통해 정서적 안정을 도모할 수 있다. 특히, 아직 언어 발달이 미숙한 영아의 경우 말을 통한 상호작용보다 따뜻한 신체적 접촉이 더 좋은 상호작용의 도구가 될 수 있어서 감정적 폭발이 일어난 아이의 마음을 진정시키는 데에도 도움이 된다.

출처: 한국보육진흥원 학대 예방을 위한 영유아 권리 존중 수칙

❸ 스스로 가치 있는 사람이라고 느끼게 하기

자존감은 자신을 가치 있는 사람이라 생각하는 마음으로, 자존감이 높은 아이는 더 좋은 행동을 선택하려는 동기가 있다. 사람은 누구나 다른 사람을 돕거나 의미 있는 역할을 맡게 될 때 자신을 가치 있는 사람이라고 생각한다. 따라서 영유아기부터 간단한 심부름과 같이 가족을 돕는 경험을 통해 자존감을 높일 수 있다. 아이의 자존감을 높이기 위해서는 의도적으로 아이에게 도움을 청하거나 간단한 심부름을 하게 한 후 "도

와주서 고마워.", "○○이 덕분에 금방 끝냈네." 같이 고마움을 표현하는 것도 좋다.

❹ 선택하고 결정할 수 있는 기회 주기

아이들에게 선택과 결정의 기회를 주는 것은 주변 사람과 환경에 대한 자신의 영향력을 경험하게 하는 좋은 교육적 시도가 된다. 이렇게 선택하고 결정하는 경험이 많은 아이들은 공격행동이나 떼쓰기, 고집 부리기 등의 부적절한 행동으로 환경에 대한 영향력을 느끼려 하지 않는다. 따라서 가정 내에서 아이의 생각을 물어보고 아이가 스스로 결정할 수 있도록 적절한 기회를 주는 것이 필요하다. 또 선택할 수 있는 기회를 주는 것은 순응성을 높이는 데에도 도움이 된다. 예를 들어 밥을 먹지 않으려는 아이에게 "두 숟가락 먹을래, 열 숟가락 먹을래?"라고 물어보면 밥을 먹으려 하기도 한다.

| 문제행동에 대처하기 |

다양한 행동 문제 예방의 노력에도 불구하고 아이들은 아직 좋은 행동이 무엇인지 배워 가는 과정이기에 당연히 행동 문제를 보일 수 있다. 이럴 때 부모들은 다음과 같이 대처할 수 있다.

1단계: 행동의 이유 생각해 보기

아이들의 모든 행동에는 이유가 있고 특히 영유아기는 아직 의사소통 능력이 충분히 발달하지 않아서 부적절한 행동으로 이를 표현하기도 한다. 따라서 영유아기 아이들이 행동 문제를 보일 때 아이가 이 행동을 통해 표현하고 싶은 메시지가 무엇인지 아이의 시점에서 먼저 생각해 보는 것이 중요하다.

행동의 이유	행동 속 메시지
물건이나 활동을 원할 때	하고 싶어요, 갖고 싶어요, 필요해요.
물건이나 활동을 피하고 싶을 때	하기 싫어요, 무서워요.
관심을 원할 때	저를 봐주세요, 저는 엄마 아빠와의 상호작용이 필요해요.
관심을 원하지 않을 때	부끄러워요, 저를 보지 마세요
특정 감각을 원할 때	이런 소리가 듣기 좋아요, 이걸 만지면 기분이 좋아져요.
특정 감각을 피하고 싶을 때	이런 소리는 힘들어요, 너무 더워요, 촉감이 불편해요.

2단계: 훈육 전에 아이의 감정 먼저 읽기

아이가 왜 그런 행동을 하는지 행동의 이유를 알 수 있다면 먼저 아이의 감정 또는 아이의 의도를 '말'로 표현해 줄 수 있다. 특히 울거나 화를 내는 행동은 '감정'을 나타내는 '표현'이므로 아이의 감정이나 마음을 먼저 읽어 주는 공감이 중요하다. 이런 공감을 통해 아이는 자신의 감정을 인식하고 더 좋은 행동을 받아들일 수 있는 마음의 여유가 생긴다. 또 아이가 진정되어야 다음 단계의 훈육이 가능하므로 물을 먹게 하거나 크게 숨을 쉬게 하는 등 감정을 조절하도록 돕는 것이 필요할 수도 있다.

3단계: 행동의 경계를 정하고 더 좋은 행동이 무엇인지 알려 주기

다음으로는 해야 할 일을 정확히 알려 주거나 하지 말아야 하는 행동의 경계를 정확히 제시해 주어야 한다. 그리고 적절한 대안을 제시하거나 해야 할 행동을 구체적으로 안내한다. 이때 영아의 경우는 이유를 길게 설명하기보다 간결하게 "~하면 안 돼"라고 한계를 지어 주고 빠르게 대안을 제시하는 정도가 적절하다.(예: 위험한 것을 만지려는 영아에게 "만지면 위험해. 우리 저기 뭐 있나 가보자."라고 말하기)

😟 이렇게 하면 안 돼요.	🙂 이렇게 하면 좋아요
질문으로 훈육하기 (예: 그렇게 하면 안 된다고 했지? 왜 그랬어?)	양육자의 감정을 '나 전달법'으로 이야기하기 (예: 네가 그렇게 행동하니 엄마(아빠)는 속상해.)
같은 말 반복하며 길게 훈육하기	해야 할 행동을 구체적으로 알려 주기 (예: 다음에는 OO라고 말해 보자.)
행동 대신 아이 자체를 비난하기 (예: 너는 나쁜 아이야.)	다음에는 더 좋은 선택을 할 수 있음을 믿어 주기 (예: 다음에는 그러지 말자.)
위협하거나 겁주기 (예: 경찰 아저씨 부른다!)	적절한 대안 행동을 구체적으로 알려 주기 (예: 다음에는 "나도 하고 싶어."라고 말해 보자.)
큰 소리로 화내거나 체벌하기	잘못을 이야기한 후, 꼭 안아 주며 관계 회복하기

3장 | 놀며 배우는 영유아 교육의 이해

부모는 영유아 교육의 중요한 동반자이다.
이 장에서는 '좋은 영유아 교육'의 특성을 소개하여
부모가 영유아 발달을 돕는
동반자가 될 수 있도록 안내한다.

아이의 성장은 부모와 교사, 그리고 교육기관이 함께 만들어 가는 여정이다. 좋은 유아교육은 단순히 기관에서 제공하는 교육만을 의미하지 않는다. 가정에서의 경험과 부모의 태도, 기관과의 협력, 그리고 발달을 세심히 살피는 관심이 함께 어우러질 때 비로소 아이의 배움과 성장이 조화를 이룬다. 이 장에서는 부모가 유아교육의 동반자로서 알아야 할 네 가지 핵심 내용을 다루고자 한다.

| 놀이 중심 교육 이해하기 |

유아기는 '놀이가 곧 배움'이라는 말이 가장 잘 어울리는 시기이다. 아이들은 학습지나 '수업'이 아니라 놀이 속에서 스스로 탐색하고, 문제를 해결하며, 친구와 상호작용을 하면서 다양한 배움의 기회를 얻게 된다.

놀이 중심 교육은 아이가 하고 싶은 활동을 스스로 선택하고 주도하는 과정에서 자율성과 창의성을 기르는 데 의의가 있다. 또한 놀이 안에는 언어, 인지, 사회성, 정서, 신체 발달이 자연스럽게 어우러져 있어 특정 영역의 학습보다 훨씬 풍부한 경험을 제공한다. 이때 부모가 할 수 있는 가장 큰 지원은 놀이에 충분한 시간과 여유를 보장하는 것이다. 학습의 성과를 내야 한다는 조급한 마음을 내려 놓고, 아이가 몰입해 노는 모습을 지켜보며, 필요할 때 함께 참여하거나 도와주는 것이 좋다. 이때 부모는 놀이를 이끄는 사람이 아니라, 아이의 상상과 탐색을 존중하는 조력자가 되어야 한다.

진짜 놀이와 가짜 놀이

놀이에도 진짜 놀이와 가짜 놀이가 있다. 어떤 놀이가 가짜 놀이일까?

"아니지, 그렇게 쌓으면 넘어지잖아. 큰 걸 아래에 놔야지."

아이의 놀이 방식을 존중하는 대신 어른의 놀이 방식과 생각 등을 아이에게 강요하는 태도

"이제 그거 그만하고, 엄마랑 글자 놀이 하자."

놀이를 학습을 위한 도구라고 생각하는 태도

"너 혼자 놀아. 이제 아빠는 좀 쉬어야겠다."

아이와 놀 때 '놀아 준다'는 생각으로 억지로 놀아 주며 힘들어하는 태도

아이들은 이런 가짜 놀이 대신 아이 스스로 즐겁게 노는 진짜 놀이를 통해 발달한다. 가정에서의 놀이가 진짜 놀이로 채워져야 하는 이유다.

놀이 속에서 자라는 힘

유아기의 놀이는 단순한 오락이 아니라 아이의 성장과 발달을 이끄는 가장 본질적인 배움의 과정이다. 아이들은 놀이를 통해 스스로의 생각을 표현하고, 타인의 감정을 이해하며, 세상과 관계 맺는 법을 배운다. 하루 중 자유롭게 노는 시간이 많을수록 아이는 더 풍부한 언어를 사용하고, 문제 상황을 스스로 해결하려는 태도를 보인다.

놀이는 교실 속 수업이 닿지 못하는 정서적 안정과 사회적 유능감을 함께 길러 준다. 특히 역할놀이나 상상놀이는 유아가 '다른 사람의 관점에서 생각하는 능력'을 기르는 중요한 기회가 된다. 의사나 부모, 요리사 같은 역할을 맡으며 아이는 '사회 속의 나'를 연습하고, 그 안에서 책임감과 공감 능력을 배우게 된다. 이처럼 놀이는 단순한 활동이 아니라, 아이가 세상을 이해하고 살아가는 방식을 익히는 과정이다.

놀이를 돕는 어른의 역할

놀이 중심 교육에서 어른의 역할은 '관찰자이자 동반자'다. 교사와 부모가 먼저 해야 할 일은 '가르침'보다 '관찰'이다. 아이가 무엇을 좋아하고, 어떤 놀이에 몰입하는지를 세심히 지켜보면, 그 안에 아이의 관심과 발달의 단서가 숨어 있다. 교사는 놀이를 중단시키거나 정답을 제시하기보다, 아이가 생각을 확장할 수 있도록 질문을 던지고 재료를 제공해야 한다. 예를 들어, 블록을 쌓던 아이가 "무너졌어."라고 속상해할 때 "왜 무너졌을까?"라는 교사의 한마디는 자연스럽게 과학적 사고와 탐구로 이어진다. 부모도 마찬가지이다. 놀이를 잘 이끌어야 한다는 부담을 내려 놓고, 아이의 시선에서 놀잇감과 공간을 바라보면 된다. 때로는 함께 웃고, 때로는 조용히 기다려 주는 것만으로도 아이는 자신감을 얻는다.

배움으로 이어지는 놀이 환경

좋은 놀이는 특별한 장비나 고가의 교구에서 시작되지 않는다. 아이 스스로 다가가 탐색할 수 있는 환경이 마련될 때 놀이의 질이 높아진다. 집에서는 상자, 천 조각, 병뚜껑처럼 일상 속 재료가 훌륭한 놀잇감이 될 수 있다. 유치원과 어린이집에서는 아이가 직접 꺼내고 치울 수 있는 열린 구조의 놀이공간, 다양한 감각을 자극하는 자연 재료를 마련하는 것이 좋다. 무엇보다 중요한 것은 놀이의 주도권이 아이에게 있는 것이다. 놀이의 주제를 정하고 규칙을 만드는 주체가 아이일 때, 놀이가 곧 배움으로 이어진다. 교사와 부모는 그 과정이 안전하고 의미 있게 지속되도록 지켜보며 지원하면 된다.

함께 만들어가는 놀이 문화

놀이 중심 교육은 가정과 기관이 함께 만들어 가야 한다. 가정에서의 자유로운 놀이 경험이 유치원이나 어린이집의 집단 놀이로 확장되고, 기관에서 배운 사회적 기술이 다시 가정에서 재확인될 때 아이의 배움은 깊어진다.

최근 연구에 따르면, 부모가 하루 30분 이상 아이의 놀이에 적극적으로 참여한 가정의 경우 아이의 자기조절력과 사회성 발달 점수가 높게 나타났다. 이는 짧은 시간이라도 함께 웃고 놀아 주는 '질 높은 상호작용'이 아이 발달에 큰 영향을 미친다는 사실을 보여 준다.

놀이 중심 교육은 결국 아이만의 과제가 아니라, 교사·부모·지역이 함께 만드는 공동체적 문화이다. 놀이는 배움의 가장 자연스러운 형태이며, 어른이 아이의 놀이를 믿고 지켜볼 때 아이는 스스로 자라는 힘을 키운다.

| 표준보육과정·누리과정 속 핵심 메시지 이해하기 |

우리나라에는 국가 차원에서 마련한 영유아 교육·보육과정이 있다. 만 0~2세 영아를 위한 표준보육과정은 안전과 건강, 애착 형성, 감각·운동 발달을 중심으로 기본적인 삶의 기초를 형성하도록 돕는다. 만 3~5세 유아를 위한 누리과정은 신체운동·건강, 의사소통, 사회관계, 예술경험, 자연탐구의 다섯 가지 영역을 균형 있게 발달시키는 것을 목표로 한다.

이러한 교육·보육과정의 중요한 특징은 놀이와 생활 속 경험을 중심으로 구성되어 있다는 점이다. 즉 아이들은 억지로 가르침을 받는 것이 아니라, 자신이 관심을 갖고 즐기는 활동을 통해 일상에서 자연스럽게 배운다. 부모가 이를 이해하면, 가정에서도 아이가 잘 놀도록 격려하며 놀이를 통해 세상을 탐색하게 할 수 있다. 표준보육과정과 누리과정은 교사만 실천하는 것이 아니라 부모와 함께할 때 효과가 극대화된다. 따라서 부모는 어린이집이나 유치원과 연계하여 가정에서도 충분한 놀이를 통해 다양한 영역에서의 발달이 고루 이루어지도록 양육해야 한다.

함께 자라고 다르게 피어나는 교육

　우리나라의 표준보육과정과 누리과정은 모든 아이가 태어난 순간부터 다섯 살까지, 건강하고 행복하게 성장하도록 돕기 위한 국가의 약속이다. 이 두 교육과정은 모든 영유아에게 필요한 공통된 기준을 제시하면서도, 각 지역과 기관, 그리고 아이 한 명 한 명의 다양성을 존중한다는 점에서 의미가 깊다. 국가 수준의 공통성은 모든 어린이집과 유치원이 지켜야 할 최소한의 방향이다. 하지만 각 기관은 지역의 특색, 교사의 전문성, 부모와 지역사회의 의견을 반영해 자신들만의 교육 이야기를 만들어 간다. 그 중심에는 언제나 '아이'가 있다.
　아이의 발달 속도와 흥미는 모두 다르다. 교사는 그 차이를 인정하고, 아이가 스스로 주도할 수 있는 환경을 만들어야 한다. 같은 교실 안에서도 아이들은 서로 다른 꽃처럼 자란다. 공통된 뿌리 위에서 각자의 색으로 피어나는 것이 바로 표준보육과정과 누리과정이 지향하는 교육이다.

영유아 중심의 놀이 교육

　표준보육과정과 누리과정의 핵심은 '영유아 중심'과 '놀이 중심'이다. 이는 교사나 어른이 아닌, 아이의 시선에서 교육을 바라보는 전환이다. 영유아 중심은 아이의 일상과 생각을 존중하는 것이다. 아이가 좋아하는 놀이, 궁금해하는 질문, 스스로 선택한 활동이 교육의 출발점이 된다. 교사는 아이의 말을 경청하고, 그 안에서 배움의 실마리를 찾아야 한다.
　놀이 중심은 아이가 스스로 탐색하고 발견하며 배우는 교육을 의미한다. 아이의 놀이는 단순한 여가 활동이 아니라, 세상을 이해하는 과정이다. 블록을 쌓으며 균형을 배우고, 친구와 역할놀이를 하며 사회적 규칙을 익히며, 그림을 그리며 자신의 감정을 표현한다. 이처럼 놀이는 교과서를 대신하는 살아 있는 배움이다.

몸과 마음이 함께 자라는 전인적 발달 지향

표준보육과정과 누리과정은 아이가 한쪽으로 치우치지 않고 고루 자라도록 돕는다. 신체운동·건강, 의사소통, 사회관계, 예술경험, 자연탐구의 다섯 영역은 각각 따로 존재하지 않는다. 놀이 속에서 이 다섯 영역은 서로 얽히고 연결되어 자연스럽게 발달한다. 예를 들어, 친구와 함께 모래로 성을 쌓는 놀이는 손 조절(신체), 협동과 의사소통(사회·언어), 공간 인식(인지), 창의적 표현(예술)이 동시에 이루어진다. 이처럼 하나의 놀이가 곧 여러 발달의 통로가 된다. 아이의 하루는 수많은 작은 배움의 순간들로 채워져 있으며, 이 경험이 쌓여 전인적 발달로 이어진다. 또한 표준보육과정은 초등학교 교육과정과의 연계성을 고려해 설계되어 있다. 유치원에서 초등학교로 이어지는 과정이 끊기지 않도록 함으로써, 아이가 '학교생활'로의 전환을 자연스럽게 경험하고, 학습자로서의 자신감을 키울 수 있도록 돕는다.

교사는 아이의 성장을 지원하는 전문가

놀이 중심 교육에서 교사는 '가르치는 사람'이 아니라 배움을 발견하는 사람이다. 아이가 무엇을 배우고 있는지 관찰하고, 그 순간을 확장시키는 것이 교사의 역할이다. 교사는 놀이를 통제하거나 결과를 평가하기보다, 아이의 시도를 존중하고 질문을 통해 생각의 문을 열어 주어야 한다. 또한 교사는 아이마다 다른 발달 속도와 배경을 이해해야 한다. 장애나 발달의 차이, 문화적 다양성을 인정하고, 모든 아이가 함께 배우며 성장할 수 있도록 교육 환경을 조정한다. 이를 위해 특수교사, 치료사, 사회복지사 등 여러 전문가와 협력하여 통합적 지원을 이어 가는 것이 중요하다. 결국 좋은 교사는 많이 말하는 사람이 아니라, 잘 듣고 잘 기다려 주는 사람이다.

가정과 지역사회가 함께 만드는 배움의 울타리

표준보육과정과 누리과정은 교실 안에서만 완성되지 않는다. 아이의 배움은 가정과 지역사회 속에서 이어질 때 더욱 깊어진다. 부모는 아이가 놀이를 통해 배우는 가치를 이해하고, 집에서도 충분히 놀 수 있는 시간을 마련해야 한다. 놀이 시간은 학습을 미루는 시간이 아니라, 아이의 생각과 감정이 자라는 시간이다. 유치원과 어린이집은 부모와 아이의 놀이 경험을 공유하고, 지역사회의 다양한 공간과 자원을 함께 활용해야 한다. 공원, 도서관, 문화센터 등 일상적인 공간이 곧 교육의 현장이 될 수 있다.

평가는 점수가 아닌 이해의 과정

표준보육과정과 누리과정에서의 평가는 아이의 성취를 재는 것이 아니라, 아이를 더 깊이 이해하기 위한 과정이다. 교사는 아이의 놀이를 관찰하며 그 안에서 나타나는 변화를 기록하고, 다음 교육을 계획한다. 놀이, 배움, 기록, 계획은 따로 떨어진 것이 아니라 끊임없이 이어지는 순환 과정이다.

무엇보다 중요한 것은 평가가 아이의 놀이를 방해하지 않아야 한다는 점이다. 기록보다 아이와의 상호작용이 우선이고, 결과보다 과정이 중요하다. 평가는 아이의 성장 여정을 함께 걸으며 그 변화를 인정하는 일이다.

표준보육과정과 누리과정이 궁극적으로 추구하는 목표는 단 하나다. 모든 아이가 자신의 속도로 행복하게 배우는 것이다. 놀이는 배움의 언어이며, 교사와 부모는 그 언어를 이해하는 따뜻한 번역자이다. 하루하루의 놀이 속에서 아이는 스스로 자라고 있다. 국가 교육과정이 지향하는 철학은 결국 거창한 말이 아니다. 아이 한 명 한 명의 눈빛을 바라보며, "너는 이미 잘하고 있어."라고 말해 주는 일, 그 믿음이 바로 교육의 시작이자 완성이다. 놀이 중심 교육의 핵심은 아이를 믿는 것이다. 아이가 스스로 배우는 힘을 믿을 때, 배움은 가르침보다 더 깊고 오래 남는다.

| 가정과 함께 조기 발견하고 지원하기 |

유아기는 발달 속도가 빠른 시기이기 때문에, 작은 어려움이라도 조기에 발견하면 충분히 개선될 수 있다. 언어가 또래보다 늦거나, 사회적 상호작용에 어려움이 있거나, 감정 조절이 지나치게 힘든 경우 등은 전문가의 도움을 받는 것이 필요할 수 있다.

부모가 할 수 있는 첫걸음은 발달 이정표를 꾸준히 살피는 것이다. 특정 시기에 기대되는 발달 행동이 나타나지 않거나, 반복적으로 지연되는 모습이 있다면 영유아건강검진이나 발달 선별검사를 활용해 보는 것이 좋다.

조기 발견은 단순히 문제를 빨리 찾는 것을 넘어, 아이가 긍정적인 환경에서 성장할 수 있도록 적시에 개입하는 것을 의미한다. 이때 비슷한 연령대 아이들을 보면서 발달의 차이를 빠르게 발견할 수 있는 어린이집이나 유치원 교사들은 조기 발견의 훌륭한 파트너가 될 수 있다. 발달 지원은 가정, 기관, 전문가가 긴밀히 협력할 때 가장 효과적이다. 이때 부모는 과도한 불안을 느끼기보다 아이가 필요한 지원을 적기에 받을 수 있도록 열린 태도를 유지하는 것이 중요하다.

발달의 첫 학교, 가정

아이의 발달은 특별한 수업이 아니라, 하루의 생활 속에서 자라난다. 식사하며 대화하고, 놀면서 웃고, 잠자기 전 책 한 권을 함께 읽는 그 시간이 곧 교육이다. 가정은 아이가 처음 만나는 세상이자, 가장 안전한 배움의 터전이다.

부모는 아이의 발달을 돕는 첫 번째 교사다. 아이의 하루를 자세히 들여다보면 작은 변화의 신호가 숨어 있다. 말이 느려지거나, 눈맞춤이 줄어들거나, 감정 표현이 예전보다 거칠어진다면 그 자체가 '도움을 요청하는 신호'일 수 있다. 발달의 어려움은 조기에 발견하면 충분히 개선될 수 있다. 무엇보다 중요한 것은 문제를 찾는 것이 아니라 가능성을 발견하는 시선이다.

일상과 놀이 속에서 배우는 힘

아이는 놀 때 가장 많이 자란다. 놀이는 세상을 이해하고 감정을 조절하는 연습이다. 가정은 놀이의 출발점이며, 부모는 아이가 마음껏 시도할 수 있도록 지켜보는 조력자다.

일상 속 작은 순간들이 아이의 전인적 발달로 이어진다. 이를테면 함께 시장을 보며 물건을 고르는 일은 인지와 언어 발달을 돕고, 수저를 놓고 식탁을 정리하는 일은 사회성, 자율성, 협동심을 기른다. 부모는 완벽하게 해내는 것보다, 아이가 스스로 하려는 노력을 격려하면 된다. 작은 도움과 기다림이 아이의 자신감을 키운다.

가정의 환경 또한 아이의 독립심을 자극한다. 낮은 선반, 손이 닿는 장난감, 스스로 꺼낼 수 있는 책장은 자율적인 행동을 유도한다. 스스로 선택할 수 있는 공간이 많을수록 아이의 사고와 판단력은 빠르게 자란다.

부모와 아이의 관계는 발달의 거울

아이의 사회·정서 발달은 부모와의 관계에서 시작된다. 부모의 말투, 표정, 스킨십 하나하나가 아이의 감정 언어가 된다. 따뜻하게 안아 주고, 아이의 말에 귀 기울이는 것만으로도 정서적 안정이 자라난다. 가장 중요한 것은 '안정된 애착'이다. 아이에게 "엄마, 아빠는 언제나 내 편이야."라는 믿음을 심어 주면, 아이는 세상을 신뢰하는 힘을 갖게 된다. 이 믿음은 또래 관계와 학습 태도에도 큰 영향을 미친다. 때로는 부모의 양육 태도가 아이의 행동을 바꾸기도 한다. 지나친 통제는 아이를 위축시키고, 과한 허용은 충동을 키운다. 가장 바람직한 태도는 '따뜻하지만 일관된 양육'이다. 아이의 감정을 공감하되, 해야 할 일의 규칙은 지켜 주는 것이 좋다.

부모의 눈으로 시작되는 조기 발견

조기 발견은 불안을 키우는 과정이 아니라, 아이의 가능성을 지키는 과정이다. 가정에서 아이의 발달을 꾸준히 관찰하는 것은 전문가의 평가

보다 먼저 이뤄지는 가장 효과적인 예방이다. 부모가 실천할 수 있는 몇 가지 방법이 있다.

- 아이의 일상 행동을 2주 정도 기록해 본다. '상황-행동-부모의 반응'을 짧게 적는 것으로 충분하다.
- 평소보다 눈맞춤, 반응, 놀이 지속 시간 등이 줄어들면 그 시점을 표시해 둔다.
- 어린이집이나 유치원 교사에게 비슷한 변화가 있는지 묻고, 서로 관찰한 내용을 공유한다.

이렇게 가정-기관 간의 대화와 기록 공유가 조기 발견의 시작이다. 영유아건강검진과 발달 선별검사는 아이의 현재 상태를 객관적으로 점검할 수 있다. 결과가 '주의'나 '정밀평가 필요'로 나와도 지나친 걱정보다는 다음 단계의 지원 계획을 세우는 태도가 중요하다. 전문가와 상담하고, 필요한 경우 기관과 정보를 공유하면 조기 개입이 훨씬 수월하다.

함께 돕는 파트너십

아이의 발달을 지원하는 일은 가정만의 몫이 아니다. 부모, 교사, 전문가가 함께할 때 가장 큰 힘을 발휘한다. 가정은 아이의 일상적 변화를 가장 먼저 관찰하고, 기관은 또래 관계 속에서 아이의 행동을 세밀하게 살펴본다. 전문가는 발달의 과학적 근거로 소언을 제공한다.

| 영유아 발달을 위한 가정의 역할 실천하기 |

가정은 아이 발달의 첫 번째 환경이며, 가장 중요한 교육의 장이다. 기관에서 아무리 좋은 교육을 제공하더라도 가정에서 안정적인 애착과 일상생활 습관이 뒷받침되지 않으면 아이는 충분히 성장하기 어렵다.

가정 연계는 기관에서 배우는 내용을 집에서도 자연스럽게 이어 가는 것을 의미한다. 예를 들어, 유치원에서 인사하기를 배우고 있다면 집에서도 가족끼리 인사하는 습관을 꾸준히 실천하는 것이다. 또한 부모가 아이와 하루를 돌아보며 대화하는 시간은 언어 발달뿐 아니라 정서적 유대 강화에도 큰 도움이 된다. 무엇보다 중요한 것은 부모와 교사가 서로 신뢰를 바탕으로 정보를 공유하고 협력하는 것이다. 아이의 발달 상황을 정기적으로 알리고, 가정과 기관이 같은 목표를 바라볼 때 아이의 성장 속도는 배가 된다.

가정은 아이 발달의 출발점이다

아이의 발달은 특별한 순간이 아니라 매일 반복되는 생활의 과정에서 이루어진다. 하루 세 번의 식사, 함께 걷는 길, 잠들기 전의 대화 한마디가 모두 아이의 성장 자극이 된다. 가정은 단순히 아이가 쉬는 공간이 아니라, 삶의 리듬을 배우는 첫 학교이자 세상을 신뢰하는 법을 익히는 마음의 안식처. 가정의 역할은 '무엇을 더 가르칠까'보다 '어떻게 함께 살아갈까'에 있다. 부모의 말투와 표정, 대화의 태도, 하루를 정리하는 습관은 모두 아이에게 배움의 언어로 전달된다. 즉 아이는 부모가 하는 말보다 부모가 보여 주는 삶의 태도를 배운다.

아이의 안정감은 규칙적인 하루 일과에서 자란다

영유아에게 안정된 일과는 발달의 기초가 된다. 불규칙한 생활보다는 예측 가능한 하루의 흐름이 아이의 신체 리듬과 감정 조절을 돕는다. 아침에는 가족과 인사를 하고, 식사 시간에는 가족이 마주 앉아 서로의 하루를 이야기하고, 잠자기 전에는 조용히 책을 읽으며 하루를 마무리하는 것만으로도 아이는 '세상은 안전한 곳'이라는 신뢰를 형성한다.

부모는 아이의 일과를 일방적으로 통제하기보다 함께 약속을 정하고 실천하는 참여자가 되어야 한다. "이제는 정리할 시간이야."라는 지시보다 "우리 놀잇감이 쉴 시간이 됐네."와 같이 부드럽게 말하면 아이의 자율성이 자란다.

가정의 작은 실천이 아이의 독립성을 키운다

부모가 아이를 도와주는 일은 때로 '조금 덜 도와주는 것'이다. 스스로 하려는 시도를 존중하고, 시간이 걸려도 기다려 주는 것이 가장 큰 지원이다. 아이가 양말을 거꾸로 신거나 단추를 삐뚤게 잠가도 그 시도 자체가 발달의 과정이다. 아이의 독립성을 키우는 가정의 작은 실천은 다음과 같다. 이러한 일상의 반복이 아이에게 '나는 할 수 있다.'라는 믿음을 준다.

- **스스로 선택할 기회 제공**

  옷이나 간식을 고를 때 두 가지 중 하나를 고르게 하면 선택의 경험을 통해 판단력과 책임감이 자란다.

- 탐색이 가능한 환경 만들기

장난감이나 책을 아이 손이 닿는 낮은 위치에 두어 스스로 꺼내고 정리할 수 있도록 한다.

- 도전할 수 있는 여유 남기기

부모가 서둘러 대신 처리하지 않고, 아이가 실패를 경험하더라도 스스로 해결할 시간을 준다. 기다림 속에서 아이는 문제 해결력과 자기 조절력을 배운다.

대화와 공감이 아이의 언어를 키운다

영유아기의 언어 발달은 '많이 듣는 것'보다 '함께 나누는 말'에서 비롯된다. 부모의 언어는 단순한 정보 전달이 아니라 정서적 메시지가 된다. "빨리 해."보다 "엄마가 기다려 줄게."라는 말 한마디에 아이는 안전감과 자존감을 느낀다. 부모가 실천할 수 있는 언어 습관은 다음과 같다.

- 아이의 말을 끝까지 듣고, 대답하기 전에 한 박자 쉬기
- '왜'보다는 '어떻게'를 묻는 대화

  예: "왜 울었어?" 대신 "어떻게 하면 괜찮을까?"
- 아이의 감정을 먼저 말로 표현해 주기

  예: "속상했구나.", "화가 났구나."

특히 잠자리 전 10분의 대화는 하루의 정서를 정리하는 시간이다. 책을 함께 읽거나, "오늘 가장 즐거웠던 순간은 뭐였니?"라고 물어보는 것만으로 아이의 언어 표현력과 감정 이해력이 함께 자란다.

감정 조절은 부모의 태도에서 배운다.

아이의 정서 발달은 부모의 감정 반응에서 배운다. 부모가 화가 났을 때 감정을 조절하며 대화하는 모습을 보이면 아이는 자연스럽게 감정을 다루는 법을 익힌다. "엄마도 지금 화가 나지만, 깊게 숨 쉬고 이야기할게." 이 짧은 한마디가 감정 조절의 가장 좋은 본보기다.

감정의 이름을 붙여 주는 것도 도움이 된다. "지금 마음이 답답하구나." "기다려서 힘들었구나."처럼 감정을 언어화하면 아이는 감정을 행동으로 폭발시키지 않고 말로 표현하는 방법을 배운다.

아이의 감정 표현을 '버릇없음'으로 단정하기보다 그 속에 담긴 마음의 신호를 읽으려는 태도가 필요하다. 감정은 훈육의 대상이 아니라 이해의 출발점이다.

가족의 문화가 아이의 성품을 만든다.

가정의 분위기와 문화는 아이의 성품 형성에 큰 영향을 미친다. 가족이 서로를 대하는 방식, 문제를 해결하는 방법, 감사나 사과의 표현은 아이의 사회적 행동의 기초가 된다.

하루 한 번 '가족 인사'를 나누고, 작은 일에도 "고마워." 또는 "미안해."를 자연스럽게 표현하면 아이는 관계 속에서 존중과 배려를 배운다. 식사 후 함께 식탁을 정리하거나, 가족회의를 열어 간단한 약속을 정하는 것도 좋다. 가정에서의 이런 문화는 학교나 사회생활에서의 사회성 발달로 이어진다.

부모의 여유가 아이의 마음을 단단하게 한다.

부모의 불안은 아이에게 그대로 전해진다. 모든 것을 완벽히 해내려는 부담을 내려 놓고, "지금 이만큼이면 충분하다."라는 마음으로 아이를 바라보는 여유가 필요하다. 부모가 자신의 감정을 돌보는 것은 아이에게 안정감을 주는 또 하나의 양육이다. 잠시 숨을 고르고 커피 한 잔을 마시거나, 부모 스스로 휴식 시간을 갖는 것은 이기심이 아니라 양육의 지속 가능성을 위한 하나의 방법이다. 아이에게 필요한 것은 완벽한 부모가 아니라, 늘 옆에서 믿어 주고 웃어 주는 부모다. 가정은 아이만 자라는 곳이 아니라, 부모도 함께 성장하는 곳이다. 부모가 배우고, 실수하고, 다시 시도하는 모습을 보일 때 아이 역시 실패를 두려워하지 않고 새로운 도전을 받아들인다.

부모의 성장은 아이의 성장과 맞닿아 있다. 완벽한 부모가 되려 하기보다, 함께 배우는 부모로 살아가는 것이 아이의 학습 태도를 키우는 가장 확실한 방법이다. 가정은 아이가 세상을 연습하는 첫 번째 무대다. 부모의 말 한마디, 기다림의 순간, 웃음 한 번이 아이의 발달을 이끄는 가장 따뜻한 수업이 된다. 배움은 교실에서만 일어나지 않는다. 오늘 집에서 아이와 함께 보낸 시간이 곧 우리 아이의 성장 밑거름이자 토양이다.

4장 | 유아교육과 초등교육의 연결: 이음교육

초등학교 입학을 앞둔 우리 아이는 무엇을 준비해야 할까?
이 장에서는 즐거운 초등생활을 준비하기 위해
가정에서 해볼 수 있는 활동들을 소개한다.

| '이음교육'으로 학교생활 기대하기 |

초등학교 입학을 앞두고 기대와 설렘도 있지만 내 아이가 낯선 환경에서 잘 적응할 수 있을지 걱정이 되기도 할 것이다. 이때 기억할 것은 부모의 불안과 걱정이 아이에게도 그대로 전해진다는 사실이다. 아이가 학교생활을 걱정하기보다 설레는 마음으로 기대할 수 있도록 정서적으로 지지해 주는 것이 중요하다. 아울러 학교를 조금 더 친숙하게 느낄 수 있도록 학교생활을 미리 알아보는 것도 좋다.

❶ 입학통지서를 받고 할 수 있는 일

학교는 어린이집이나 유치원과 환경이 달라 낯설게 느낄 수 있다. 따라서 아이와 함께 초등학교 안내 영상을 보면서 학교를 조금 더 친숙하게 느끼도록 도울 수 있다.

오른쪽 QR코드를 찍으면 아이와 함께 초등학교 안내 영상을 시청할 수 있으며 교육부의 아이누리포털을 활용할 수도 있다.

❷ 예비 소집일에 할 수 있는 일

예비 소집일에 아이와 함께 등굣길을 걸으면서 등교 연습을 하는 것도 도움이 된다. 운동장과 주변을 둘러보고, 아이가 관심을 보이거나 좋아하는 공간에서 사진을 찍고 올 수도 있으며 화장실 등을 둘러볼 수도 있다. 찍어 온 사진을 가정에서도 함께 보며, 학교생활에 대해 이야기를 나누고 친숙해지도록 도울 수 있다.

구분	활동 포인트
등굣길 익히기	☐ 학교 가는 길 알아보기
	☐ 건널목 건너기
	☐ 위험한 곳이나 조심할 곳 알아보기
학교 화장실 가보기	☐ 어린이집이나 유치원 화장실과 다른 점 살펴보기 (예: 학교 화장실은 문을 닫고 나만 들어간다)
	☐ 화장실 사용에 어려움이 있다면 어떤 부분인지 미리 살펴보기
	☐ 가정에서 연습할 수 있는 부분은 미리 연습하기
	☐ 필요한 경우 입학 시 담임선생님과 상의하기
학교 사진이나 영상 찍어 보기	☐ 학교에는 어떤 곳이 있는지 둘러보기
	☐ 집에서 학교 사진이나 영상을 보며 조금 더 친숙해지기

| 스스로 하는 힘 기르기: 입학 준비 |

초등학교 생활을 준비할 때 가정에서 아이가 스스로 할 수 있는 일들이 많아지도록 기회를 주는 것이 필요하다. 모든 일상에서 독립성을 키우는 것이 도움이 되지만 특히 다음과 같은 부분에서 스스로 할 수 있는 힘을 키우는 것이 초등학교 생활에서 도움이 된다.

❶ 일상생활에서 독립성 키우기

초등학교에서는 화장실 가기, 밥 먹기, 신발 신기 등 어린이집이나 유치원에 비해 스스로 해야 하는 일이 많아지므로 일상생활 기술을 꾸준히 지도할 필요가 있다. 특히 가능하면 혼자서 화장실을 사용할 수 있도록 연습하는 것도 도움이 된다. 화장실을 혼자서 사용할 수 있으려면 옷을 내리고 올리기, 변기 사용 후 물 내리기, 휴지 사용해서 닦기 등 다양한 행동을 할 수 있어야 한다. 그 외에 혼자 윗옷 입고 벗기, 옷을 옷걸이에 걸어 정리하기, 가방에 필요한 물건을 넣거나 꺼내기, 우유 팩 열고 마시기, 실내화 갈아신기 등도 학교에서 자주 사용되는 기술이다. 따라서 이런 기술을 사전에 연습하되 완벽하지 않아도 할 수 있는 것을 조금씩 늘려 가는 것이 필요하다. 이렇게 일상생활에서 독립성이 높아지면 스스로 해내는 경험을 통해 성취감과 자존감도 높아질 수 있다.

❷ 도움을 청하는 표현 익히기

초등학교라는 새로운 상황에 적응할 때까지는, 필요한 경우 선생님께 도움을 구하며 문제를 해결해야 할 수도 있다. 특히 학교는 어린이집이나 유치원에 비해 화장실이 교실에서 멀리 떨어져 있기 때문에 급한 상황에서 이동하다가 실수하기도 한다. 따라서 용변을 잘 가리는 아이라도 화장실에 가고 싶다고 표현하도록 연습하는 것이 좋다. 또 실수를 대비해 입학 후에는 사물함에 여벌 옷을 넣어 두는 것도 도움이 된다.

❸ 새로운 기술 익히기

초등학교에서는 이전까지 필요하지 않았던 새로운 기술이 요구되기도 한다. 대표적으로 초등학교에서는 배식대에서 자기 자리까지 식판을 들고 이동하며, 식사 시 젓가락을 사용한다. 따라서 가정에서 반찬 그릇을 옮기는 등 식사 준비를 돕거나 젓가락 사용을 미리 연습하는 것도 도움이 된다. 그리고 정해진 시간 안에 식사하기, 최소한 반찬을 한 번씩은 먹어 보면서 편식 습관 줄이기 등을 지도하는 것도 좋다.

구분	활동 포인트
자신을 위한 일을 스스로 해보기	☐ 화장실 뒤처리 연습하기
	☐ 혼자서 옷 입고 벗기
	☐ 혼자서 신발 신고 벗기
	☐ 숟가락, 젓가락 등 식사 도구 사용하기
	☐ 우유 팩 열고 우유 마시기
도움을 청하는 표현 익히기	☐ 화장실에 가고 싶다는 표현 연습하기
	☐ 도움이 필요할 때 "도와주세요"라고 말하도록 연습하기
가족을 돕는 역할 수행하기	☐ 식사 준비를 위해 수저, 그릇 등 옮기기
	☐ 빨래 정리, 옷걸이에 옷 걸어 정리하기
	☐ 책상 닦기, 빗자루와 쓰레받이 사용해 보기
	☐ 분리수거 해보기
	☐ 간단한 심부름 해보기

| 배움의 즐거움 경험하기 |

초등학교에서는 어린이집이나 유치원과 달리 책상에 앉아서 공부하는 시간이 많아진다. 이를 위해 학습지를 풀거나 억지로 책상에 앉아 있는 연습을 하는 것은 오히려 학교를 재미없는 공간으로 인식하게 할 우려가 있다. 그보다는 초등학교에 들어가기 전 배움을 즐길 수 있는 경험을 해보는 것이 도움이 된다.

❶ 한글과 친해지기

초등학교에 들어가기 위해 한글을 떼야 한다고 생각하는 경우가 많지만 정말 중요한 것은 아이가 수업 시간에 참여하면서 배우는 즐거움을 느낄 수 있도록 하는 것이다. 따라서 글자와 관련된 즐거운 활동을 함으로써 학습에 대한 흥미를 갖게 유도하는 것이 필요하다. 특히 학습지로 글자를 가르치는 것은 자칫 글자를 왜 배워야 하는지 알지 못한 채 '공부는 재미없는 것'이라고 생각하게 할 우려가 있다. 대신 가족(부모)과 함께 그림책을 읽는 것은 글자를 배우는 데 도움이 될 뿐만 아니라, 선생님의 이야기에 집중하는 연습이 되기도 한다. 또 아이가 좋아하는 과자의 이름을 함께 읽어 보거나 좋아하는 사람이나 대상의 이름을 부모와 함께 써보는 경험도 훌륭한 학습 준비가 될 수 있다.

❷ 좋아하는 활동으로 책상, 의자와 친해지기

유치원이나 어린이집에서 주로 좌식 생활을 하던 아이들은 1학년이 되어 의자에 앉아 생활하기를 어려워할 수도 있다. 따라서 가능하다면 입학 전에 아이가 좋아하는 활동을 책상에서 꾸준히 해보는 것도 도움이 된다. 이때 착석 연습을 위해 무조건 일정 시간을 책상 앞에 앉아 있게 하는 것은 바람직하지 않다. 아이들은 이런 경험을 통해 '책상은 따분하고 힘든 곳'이라고 생각하게 된다. 대신 아이가 흥미 있어 하고 좋아하는 놀이 활동을 책상에 앉아서 함으로써 앉아서 하는 활동의 재미를 느끼고 책상이나 의자와 친해질 수 있도록 하는 것이 좋다.

구분	활동 포인트
가족과 함께 그림책 읽기	☐ 스스로 좋아하는 책을 고르게 하기
	☐ 선택하기가 어렵다면 두 개의 책을 보여 주고 하나를 고르도록 연습하기
	☐ 같은 책을 반복해서 골라도 "재미있겠다."라고 인정하며 읽어 주기
	☐ 글자에 관심을 가지도록 책을 읽기 시작할 때 제목을 손가락으로 짚어 가며 읽어 주기
	☐ 책의 내용과 관계없는 질문하지 않기(예: 나비 어디 있어?, 이거 무슨 색이야? 등)
	☐ 유튜브나 영상보다 책 형태의 동화 읽어 주기
글자와 친해지기 위한 활동하기	☐ 아이가 좋아하는 과자 이름을 손가락으로 짚어 가며 함께 읽기
	☐ 마트에 가기 전에 사고 싶은 과자 이름을 쓰며 메모하기
	☐ 좋아하는 친구 이름을 읽고 써보기
	☐ 좋아하는 만화 캐릭터 이름을 읽고 써보기
	☐ 가족(부모나 형제 등)이 써 준 편지나 카드, 쪽지 읽어 보기
	☐ 생일 초대 카드 만들어 보기
학교에서의 학습 준비하기	☐ 책상에 앉아 좋아하는 놀이하기
	☐ 학교에서 필요한 물건을 아이와 함께 사기
	☐ 학교에 가져갈 가방을 아이와 함께 정리하기

| 학부모로서 첫걸음 내딛기 |

❶ 아이의 독립성과 자율성 존중하기

아이들은 커가면서 조금씩 더 독립적인 존재가 되어 간다. 따라서 초등학교 생활에서는 어린이집이나 유치원 생활보다 아이의 독립성이 더 강조된다. 이런 변화는 교사와 부모의 관계에서도 나타난다. 초등학교에서는 어린이집이나 유치원에 비해 부모와 교사 간 상호작용이나 소통의 양과 방식이 달라질 수 있다. 즉 교사들은 부모와 상호작용 하고 소통하는 대신 아이와 소통하고 상호작용 하면서 아이가 자신의 어려움을 스스로 해결하거나 친구들과 협력하여 대처할 수 있도록 안내한다. 부모는 이런 발달 단계에서의 변화를 받아들이고 아이가 선생님과 관계 속에서 조금 더 독립적인 존재가 될 수 있도록 협력하는 것이 필요하다. 그리고 아이를 직접적으로 도와주기보다 아이가 스스로 할 수 있도록 격려하는 것이 중요하다.

❷ 선생님과의 소통 방식 이해하기

초등학교에서는 교육 효과를 높이기 위해 주로 아래와 같은 세 가지 방법으로 가정과 소통한다.

가정통신문
- 현장 체험학습 등 중요한 행사와 교육 내용을 안내한다.
- 종이뿐 아니라 스마트폰 앱으로도 제공될 수 있다.

온라인 소통 플랫폼
- 클래스팅, 하이클래스 등을 통해 채팅으로 대화할 수 있다.
- 학교 홈페이지와 연동되어 공지사항과 안내장을 수시로 확인할 수 있다.

알림장
- 선생님과 간단히 소통할 때 활용되지만, 1학년은 글자 학습이 충분치 않아 사용하지 않는 경우도 있다.

선생님과의 원활한 소통은 아이의 성장과 학교적응에 도움이 될 수 있다. 다만 과도한 연락은 수업 준비와 학교 업무에 방해가 될 수 있으므로 정해진 방법을 통해 필요한 정보를 주고받는 것이 중요하다.

발달이 느린 우리 아이, 이런 점이 고민이에요

Q 초등학교 입학을 1년 늦추는 것, 괜찮을까요?

A 아이의 발달이 또래보다 느려 입학을 늦출지 고민하는 경우가 있습니다. 그러나 전문가들은 대체로 제 나이에 입학하는 것을 권장합니다. 유아교육기관에 1~2년 더 머무르며 얻는 이득보다, 같은 또래 친구들과 함께 생활하며 성장하는 이득이 더 크기 때문입니다. 특히 어린이집이나 유치원 친구들과 함께 입학하면 학교적응에도 도움이 됩니다. 또한 입학을 늦추면 치료지원비나 교육비 등 일부 교육적 혜택을 받지 못할 수도 있으니 이 점도 신중히 고려해야 합니다.

Q 부득이 입학을 늦추어야 한다면 어떻게 해야 할까요?

A 초등학교 입학 전에 보호자의 선택에 따라 입학을 1년 늦추고 싶다면 '입학 연기' 제도를 이용할 수 있습니다. 입학 연기는 다음 해 입학 대상자가 되는 것을 의미하며 학부모가 입학 전 해의 10월 1일부터 12월 31일 사이에 관할 읍·면·동주민센터(행정복지센터)에 '입학 연기 신청서'를 직접 제출하면 됩니다. 이 방법은 1년만 가능하며 재연기를 할 수 없습니다.
만약 입학 연기 신청 기한이 지났지만 질병 등 명백한 사유가 있다면 취학유예를 신청할 수도 있습니다. 취학유예는 학적은 있지만 학교생활을 유예하는 것으로 입학할 해의 1월 1일부터 입학일 전까지, 배정받은 초등학교에 관련 서류를 제출하여 신청합니다. 취학유예는 질병 등 부득이한 사유가 있을 때 학교의 심의를 통해 결정되며, 사유가 지속될 경우 다시 신청할 수 있습니다.

제2부

아이마다 다른 배움: 학습의 다양성 이해하기

· · · · ·

5장 학습을 지탱하는 세 가지 힘:
     인지, 정서, 사회성

6장 기초학습능력,
     아이의 미래를 여는 핵심 역량

7장 아이의 학습을 이해하는 새로운 시선:
     느린 학습자와 난독증

8장 아이의 성장을 위한 선별과 진단

| 5장 | 학습을 지탱하는 세 가지 힘:
인지, 정서, 사회성 |

어려운 수학 문제 앞에서 짜증을 내는 아이,
문제를 풀기 전 알아야 하는 것은 무엇일까?

아이의 학습은 단순히 몇 가지 지식이나 기술을 배우는 데서 멈추지 않는다. 교과서에 적힌 내용을 외우고 문제 풀이 요령을 익히는 것만으로는 충분하지 않다. 아이가 새롭게 배우는 지식은 정서적으로 안정될 때 더 잘 받아들여지고, 또래와 협력하며 사회적 관계 속에서 자라날 때 더 깊이 자리 잡는다. 그래서 우리는 학습을 단순한 성적 향상이나 기술 습득이 아니라, 아이가 스스로 배우고 성장하며 자신감을 키워 가는 과정으로 바라보아야 한다.

앞서 말한 바와 같이, 학습을 지탱하는 세 가지 중요한 아동 발달의 축은 인지 발달, 정서 발달, 그리고 심리사회성 발달이다. 인지 발달은 아이가 새로운 내용을 이해하고 문제를 해결하는 힘을 길러 주며, 정서 발달은 학습 과정에서 동기를 유지하고 어려움에 부딪혔을 때 포기하지 않고 다시 도전할 힘을 준다. 심리사회성 발달은 또래와 어울리며 협력하고, 교사와 긍정적인 관계를 맺으며 학교생활에 적응하도록 돕는다. 이

아이의 학습과 학교적응에 영향을 미치는 다양한 발달 요인들

세 가지는 각각 따로 존재하지 않는다. 서로 긴밀하게 연결되어 아이의 학습 태도와 능력 전반에 영향을 미친다. 예를 들어, 수학 문제를 풀 때는 이해력(인지 발달)이 필요하지만, 문제를 끝까지 풀어 내는 끈기(정서 발달), 친구와 함께 고민하고 토론하는 과정(심리사회성 발달)까지 함께 어우러져야 진정한 배움으로 이어진다. 결국 아이의 학습은 머리로만 하는 것이 아니라 마음과 관계 속에서 함께 자라날 때, 학업성취와 학교적응이 자연스럽게 따라온다. 부모와 교사가 이 세 가지 발달을 균형 있게 바라보고 지원할 때, 아이는 즐겁게 배우고 건강하게 성장할 수 있다.

이처럼 인지·정서·심리사회성 발달은 각각 따로 존재하지 않고 상호작용 하며, 아이가 즐겁고 건강하게 배움에 몰입하도록 이끈다. 이번 장에서는 이러한 발달이 학습에 어떤 영향을 미치는지 살펴보고, 가정과 학교에서 각 발달 영역을 어떻게 긍정적으로 지원할 수 있는지 다룬다.

| 아동의 생각 그물망, 인지 발달과 학습 |

인지(cognition)란 정보를 받아들이고, 이해하고, 기억하고, 판단하며, 문제를 해결하는 등 '생각하는 과정' 전체를 의미한다. 예를 들어, '1+2=□'라는 수학 문제를 풀 때, 각 숫자의 크기를 파악하고 더하기 기호와 등호의 의미를 이해해 답을 계산하는 것은 인지 활동에 해당한다. 새로운 단어를 배우고 어휘 넓히기, 책의 내용을 읽고 이해하기, 문제 상황에서 어떻게 행동할지 판단하고 계획하기 역시 모두 인지 활동에 포함된다.

아동의 인지 발달을 설명하는 대표적인 이론으로 피아제(Jean Piaget)의 '인지 발달 이론(Theory of Cognitive Development)'과 비고츠키(Lev Vygotsky)의 '사회문화 이론(Sociocultural Theory)'을 들 수 있다. 두 이론은 아동의 인지 발달 과정과 학습의 관계를 서로 다른 관점에서 설명한다.

피아제의 인지 발달 이론에 따르면, 아동의 발달은 네 단계로 구분되며, 감각 운동기(0~2세: 감각과 운동을 통해 세계를 탐색하는 시기), 전조작기(2~7세: 상징적 사고, 자기중심적 사고가 발달하는 시기), 구체적 조작기(7~11세: 논리적 사고가 가능하지만, 구체적 사물에 한정되는 단계), 형식적 조작기(11세 이상: 추상적이고 논리적인 사고가 가능한 단계)가 이에 해당된다. 피아제에 따르면 아동의 인지 능력은 환경과의 활발한 상호작용을 통해 점차 발달하며, 각 연령과 단계에 따라 학습 능력이 달라진다고 설명한다.

피아제의 '전조작기' vs '구체적 조작기'

전조작기에 있는 유아들은 상징적 사고가 발달하여 그림을 보고 사물을 떠올리거나 언어를 사용할 수 있지만, 사고의 논리성은 아직 미숙하다. 예를 들어, 같은 양의 주스를 두 컵에 나누어 담은 뒤 한 컵의 주스를 길쭉한 컵으로 옮겨 주면, 전조작기 아동은 "길쭉한 컵에 더 많아졌다."라고 대답한다. 이는 양이 일정하게 보존된다는 사실을 이해하지 못하기 때문이다. 또한 이 시기 아이들은 자기중심성이 강해, 교사가 마주 앉아 그림 카드를 보여 주며 "내가 보는 그림은 무엇일까?"라고 물으면 아이는 자신의 시각에서만 답한다. 즉 타인의 관점을 이해하는 데 어려움이 있다.

반면 구체적 조작기에 해당하는 초등학생은 구체적인 사물과 경험을 바탕으로 사고하는 능력이 발달한다. 같은 주스 실험을 하면 "컵은 달라도 양은 똑같다."라고 말하며 보존 개념을 이해한다. 또한 또래의 관점을 이해할 수 있어서, 교사가 그림 카드를 보여 주면 "선생님은 나랑 반대 방향이니까 나무를 볼 거예요."라고 답한다. 이 시기의 아이들은 여러 가지 기준으로 사물을 분류하거나 크기 순서대로 배열하는 분류·서열화 능력도 보인다. 예를 들어, 색깔별로 블록을 나눈 뒤, 그 안에서 작은 것부터 큰 것 순으로 정리할 수 있다. 더 나아가 "민수가 지호보다 작고, 지호가 현우보다 작으면 누가 제일 클까?"라는 질문에도 "현우가 제일 커요."라고 답하며, 구체적 대상을 논리적으로 추론할 수 있다.

비고츠키의 사회문화 이론은 아동의 인지 발달이 사회적 상호작용과 문화적 맥락 속에서 이루어진다고 본다. 그는 특히 부모나 교사처럼 성숙한 성인, 또는 더 유능한 또래와의 상호작용이 발달을 촉진한다고 강조한다. 또한 근접발달영역(Zone of Proximal Development, ZPD) 개념을 제시하며, 아동이 혼자서는 해결하기 어려운 과제라도 성인이나 또래의 도움을 받으면 수행할 수 있다고 설명한다. 이 과정에서 제공되는 도움을 '스캐폴딩(scaffolding)'이라 부르며, 이는 아동이 점차 독립적인 학습자로 성장하도록 돕는 임시적인 지원이라고 본다.

비고츠키의 '근접발달영역'

초등학교 2학년 지호는 세 자릿수 덧셈을 혼자 풀려고 하면 자꾸 실수를 한다. 받아올림 개념을 스스로 적용하지 못하기 때문이다. 하지만 교사가 블록을 이용해 "이 자리에서 10이 되면 옆자리로 하나를 보내는 거야."라고 설명해 주자, 지호는 교사의 안내에 따라 문제를 풀 수 있었다. 지호에게 받아올림이 있는 덧셈은 혼자서는 할 수 없지만, 교사의 도움을 받으면 가능한 과제, 즉 근접발달영역에 해당한다.

비슷하게 초등학교 3학년 수연이는 그림일기를 쓸 때 한두 문장밖에 적지 못한다. 하지만 교사가 "오늘 학교에서 제일 재미있었던 순간이 뭐였어? 그다음에는 어떤 일이 있었어?"라고 구체적인 질문을 이어 가자, 수연이는 답변을 문장으로 적을 수 있었다. 혼자서는 글을 확장하지 못하지만, 교사의 질문이라는 발판을 통해 더 긴 글을 쓸 수 있는 것이다.

또 다른 예로 초등학교 4학년 민재는 분수 나눗셈 개념을 이해하지 못해 어려움을 겪고 있다. 그런데 같은 모둠 친구가 그림을 그려 가며 설명해 주자 금세 이해할 수 있었다. 친구의 지원이 민재가 스스로 해결하지 못한 학습을 성취하도록 도운 셈이다.

이처럼 근접발달영역은 아이 혼자서는 불가능하지만, 교사나 또래의 도움을 받으면 가능한 학습의 영역을 뜻한다. 그리고 이러한 과정을 반복적으로 경험할 때 아이는 점차 스스로의 힘으로 문제를 해결할 수 있게 된다.

피아제와 비고츠키의 이론은 인지 발달과 학습의 관계를 서로 다르게 해석한다. 피아제는 발달이 학습보다 앞서기 때문에, 특정 단계의 인지 능력이 발달해야 그에 맞는 학습이 가능하다고 주장한다. 따라서 아동이 스스로 탐구하고 환경과 상호작용 할 수 있는 학습 환경을 제공하는 것이 중요하다고 본다. 반면 비고츠키는 학습 경험을 통해 인지 발달이 촉진된다고 강조한다. 그는 성인이나 또래와의 적극적인 상호작용과 협력을 통해 아동이 더 높은 수준의 사고와 능력으로 성장한다고 설명한다.

| 단순 암기를 넘어, 기초학습능력의 뿌리가 되는 인지 발달 |

그렇다면 피아제와 비고츠키의 인지 발달 이론은 아동의 기초학습능력 형성이나 학습 부진을 어떻게 설명할까? 두 이론을 비교해 보면, 아동의 학습 능력에 영향을 주는 요인과 학습을 방해하는 원인에 대해 서로 다른 관점을 제시함을 알 수 있다.

피아제의 이론에 따르면, 아동이 각 인지 발달 단계에서 요구되는 개념과 과제 수준에 도달하지 못하면 주어진 학습 과제를 효과적으로 해결하기 어렵다. 예를 들어, 구체적 조작기(7~11세)에는 분류나 서열화 같은 논리적 사고가 가능해진다. 그러나 이러한 능력이 충분히 발달하지 않으면 수학의 분류 활동, 덧셈과 뺄셈, 더 나아가 분수 개념 학습에서 어려움을 겪는다.

피아제의 관점에서는 학습 부진의 원인을 아동 개인의 노력 부족이 아니라 발달 단계의 미도달에서 찾는다. 따라서 아동의 현재 발달 수준에 적합한 교수 방법을 제공하는 것을 강조한다. 예를 들어, 구체적 조작물을 활용해 개념을 제시하거나 실물을 통해 학습 단계를 세분화해 안내하는 방법이 이에 해당한다. 이러한 주장은 국내 연구에서도 확인된다. 실제로 초등학생을 대상으로 한 국내의 한 연구에서는 보존 개념을 늦게 습득한 아동이 수학과 과학에서 반복적인 오개념을 형성하고 학습 부진을 경험할 가능성이 높다고 보고한다. 따라서 피아제의 이론에 따르면 아동의 기초학습능력을 지원하려면 아동의 현재 인지 발달 단계를 정확히 파악하고, 그에 적합한 교수·학습 방법을 제공해야 한다.

비고츠키의 이론은 성공적인 학습을 위해 부모나 교사와의 상호작용,

그리고 적절한 사회적 지원(스캐폴딩, scaffolding)이 필수적이라고 본다. 부모나 교사의 안내, 혹은 또래와의 협력 기회가 부족하면 아동은 자신의 잠재력(근접발달영역, ZPD)을 충분히 발휘하지 못하고, 이는 학습에 부정적인 영향을 준다. 따라서 비고츠키는 학습 부진을 아동 능력의 절대적 부족이 아니라 적절한 지원의 결여로 설명한다. 예를 들어, 수학 문제를 혼자 풀지 못하는 아동도 교사가 적절한 질문과 힌트를 제공하면 점차 스스로 해결할 수 있게 된다. 반대로 교사의 피드백이나 ZPD에 맞춘 학습 기회가 부족하면 기초 학습 내용을 온전히 습득하기 어렵다. 따라서 기초학습능력을 높이려면 맞춤형 피드백, 협동 학습, 짝 활동 등 사회적 상호작용 기회를 충분히 제공해야 하며, 이를 통해 아동의 학습 능력이 향상된다.

| 정서 발달이 이끄는 학습 동기 |

정서란 감정을 인식하고, 표현하며, 조절하는 모든 과정을 의미한다. 감정 인식은 자신이 기쁘거나 슬프거나 화가 나거나 두려운 상태임을 알아차리는 것을 뜻한다. 감정 조절은 슬프거나 화가 날 때 스스로 마음을 다독이거나 긍정적으로 생각하려는 노력을 포함한다. 감정 표현은 웃거나 울거나 화를 내는 등 감정을 행동이나 말로 드러내는 것을 말한다. 따라서 정서 발달은 아이가 자신과 타인의 감정을 이해하고, 이를 적절히 조절하고 표현하는 능력이 성장하는 과정이다.

자신의 감정을 인식하고 조절하며 표현하는 능력은 학교생활에도 큰 영향을 미친다. 예를 들어, 유아기에 정서 인식 능력이 잘 발달한 아동일수록 또래와 긍정적인 상호작용을 보이고 교실에서 부정적인 행동이 적다는 연구 결과가 있다.

아동의 정서 발달은 부모, 교사, 또래 등 주변 사람과의 상호작용에 크게 영향을 받는다. 비고츠키는 아동이 사회적 상호작용을 통해 상위 인지와 정서 능력을 습득한다고 강조한다. 정서적으로 안정된 아동은 스트레스 상황에서도 효과적으로 대처하며, 교사의 정서적 지원은 학습 동기와 학교적응에 긍정적인 영향을 준다.

학교 현장에서 정서 발달은 인지발달과 상호작용하여 아동의 학습 능력에 복합적으로 작용한다. 연구들에 따르면, 아동의 정서 조절과 작업기억 능력이 함께 발달할 때 학습 준비도와 학업성취도가 높아진다고 보고한다. 어려운 과제를 해결하는 과정에서 정서적으로 안정된 아동은 실패에 좌절하기보다 문제 해결에 집중할 가능성이 크다.

국내 연구에서도 비슷한 결과가 나타난다. 수도권 초등학생을 대상으로 한 관찰 연구에서 긍정적인 정서를 가진 아동이 숙제나 어려운 과제를 포기하지 않고 완수하는 경향이 높다고 보고한다. 한 학생은 "힘들지만 엄마가 항상 '네가 잘하고 있다는 걸 알아'라고 말해주셔서 끝까지 해보려고 노력했어요."라고 말했다.

이처럼 인지적으로 뛰어난 아동이라도 정서적으로 불안하거나 동기가 부족하면 학습 참여가 어려울 수 있다. 반대로 정서적으로 안정된 아동이라도 인지 준비도가 충분하지 않으면 학습에 어려움을 겪는다. 즉 인지 발달과 정서 발달은 실제 학습 상황에서 유기적으로 맞물려 작용하며, 부모와 교사는 두 영역의 상호작용과 관련성을 이해하고 지원해야 한다.

| 함께 배우는 즐거움, 심리사회성 발달과 학습의 연결 |

심리사회성이란 개인이 심리적으로 성장하면서 또래, 가족, 교사 등과의 사회적 관계 속에서 자신의 역할, 소속감, 정체성을 형성하는 과정을 말한다. 예를 들어 친구와 잘 어울리기, 규칙 지키기, 집단 활동에서 협력하기(놀이에서 차례 기다리기, 다툰 후 화해하기 등)는 모두 심리사회성의 영역에 포함된다. 정서와 심리사회성은 서로 연관되지만 다른 개념이다. 정서는 개인의 내면적 감정을 다루는 반면, 심리사회성은 사회 속에서 나와 타인이 관계를 맺고 성장하는 과정에 초점을 둔다.

에릭슨(Erik Erikson)의 심리사회성 발달 이론은 인간 발달을 8단계로 구분하며, 아동기는 주도성 대 죄책감(3~6세), 근면성 대 열등감(6~12세)의 시기로 나타난다. 특히 본격적인 학습이 시작되는 초등 학령기에 해당하는 근면성 대 열등감의 단계에서 아동은 학교라는 사회적 공간에서 교사, 또래와 상호작용 하며 자신의 능력을 평가받는다. 이 시기에 긍정적인 경험을 쌓은 아동은 "나는 할 수 있다"라는 근면성을 형성한다. 반대로 실패나 부정적인 경험을 반복한 아동은 "나는 못한다"라는 열등감을 갖게 된다. 새로운 과제나 놀이 상황에서 성취 경험이 많은 아동은 도전과 참여를 즐기지만, 반복된 실패를 경험한 아동은 쉽게 위축되고 도전 자체를 피하려 한다.

국내의 한 연구에서는 심리사회성 발달이 미숙하거나 열등감·소외감 같은 부정적인 경험이 많은 아동은 기초 학습 부진 위험이 컸다. 전국 초등학생을 대상으로 심리사회적 요인이 학업 성취에 미치는 영향을 분석한 연구에서, 열등감과 낮은 자아존중감, 친구와의 잦은 갈등을 경험한 학생은 국어·수학 등 기초 과목에서 지속적으로 낮은 성취를 보였다. 또 다른 연구에서는 심리사회성 발달이 부족하고 사회적 소속감이 낮은 아동이 교실에서 질문하기를 두려워하고 쉽게 위축되며 수업 참여도가 떨어졌다고 보고한다. 이러한 상태는 학습 의욕과 집중력을 약화하고, 반복된 학습 실패로 이어져 다시 심리사회적 위축이 심화되는 악순환을 만든다.

반대로 심리사회적 지지를 경험하는 아동은 자아존중감이 향상되고 동시에 읽기, 쓰기, 수학 같은 기초학습능력도 함께 발달하는 것으로 알려져 있다. 이처럼 심리사회성 발달은 학습 능력과 긴밀하게 연결되어 있으며, 부모와 교사로부터 받는 심리사회적 지지는 아동이 학습에 대한 자신감과 동기, 흥미를 회복하고 기초학습능력을 높이는 데 중요한 역할을 한다.

주도성 vs 죄책감(3~6세, 유아기 전후)

이 시기의 아동은 스스로 무언가를 해보고자 하는 주도성이 강해진다. 하지만 주변에서 지나친 제지를 받거나 꾸지람을 받으면 쉽게 죄책감을 느낄 수 있다.

사례 1: 긍정적 발달(주도성)

5세 민아는 집에서 인형놀이를 하면서 "엄마는 손님이고, 나는 요리사야."라며 역할을 정하고 놀이를 주도한다. 엄마가 "민아가 멋진 요리사가 되었네"라고 격려해 주자 민아는 자신감을 느끼며 다양한 역할놀이를 즐긴다.
▶ 이런 경험은 아이가 스스로 계획하고 실행하는 주도성을 키워 준다.

사례 2: 부정적 발달(죄책감)

같은 또래 지훈이는 블록을 쌓아 집을 만들고 싶었지만, 부모가 "지금 어질러 놓지 마, 너는 맨날 엉망만 만든다"라고 꾸짖었다. 지훈이는 시도조차 하지 않고 "나는 하면 혼나."라며 물러서게 되었다.

▶ 반복되면 아이는 새로운 도전을 시도하기보다 죄책감과 위축감을 갖게 된다.

근면성 vs 열등감(6~12세, 초등학교 시기)

이 시기의 아동은 학교생활을 통해 과제를 완수하고 능력을 인정받으며 근면성을 기른다. 그러나 반복된 실패나 부정적 평가를 경험하면 열등감을 느끼기 쉽다.

사례 1: 긍정적 발달(근면성)

초등학교 3학년 수연이는 받아쓰기 시험을 준비하며 매일 10분씩 단어를 연습했다. 시험에서 좋은 성적을 받자 교사가 "수연이가 노력한 결과야."라고 칭찬했다. 수연이는 "열심히 하면 잘할 수 있구나."라는 믿음을 가지며 과제에 성실히 임하는 태도를 키운다.

▶ 이는 과제 완수 경험을 통해 형성되는 근면성의 예다.

사례 2: 부정적 발달(열등감)

반대로 준호는 수학 문제를 풀 때 자주 실수했는데, 교사가 "넌 왜 이렇게 느려?"라고 지적하기만 했다. 준호는 점점 수학 시간에 손을 들지 않고, "나는 수학을 못해."라는 생각을 갖게 되었다.

▶ 반복되면 자신을 능력 없는 아이라고 여기며 열등감을 형성하게 된다

| 민수와 지연이의 이야기: 학부모의 현명한 역할 |

사례 1. 민수의 도전

민수는 초등학교 3학년이다. 오늘 수학 시간에는 분수 문제가 새로 나왔다. 칠판에 적힌 문제를 본 순간, 민수는 잠시 눈이 멈췄다.
"이건 좀 어려운데…."
하지만 곧 마음속에서 목소리가 들려왔다.
"조금만 더 생각해 보자. 나는 할 수 있어."
민수는 천천히 문제를 다시 읽고, 차근차근 풀이 과정을 적어 내려갔다. 틀릴까 봐 조급해지기도 했지만, 스스로 마음을 다독이며 끝까지 풀어 냈다. 정답을 맞혔을 때 민수의 얼굴에는 환한 미소가 번졌다.
옆자리 친구는 민수에게 다가와 자기 풀이를 보여 주었다. 민수와 친구는 서로의 방법을 비교하며 이야기를 나눴다. 교사는 두 아이의 적극적인 모습을 칭찬했고, 민수는 한층 더 자신감을 느꼈다.
그날 이후 민수는 '어려운 문제라도 끝까지 해내면 된다.'라는 믿음을 마음속에 새기게 되었다.

민수는 이미 인지·정서·심리사회성 발달의 균형을 잘 발휘하고 있다. 이경우, 부모의 역할은 잘한 경험을 계속 이어 가도록 격려하는 것이다. 예를 들어, 작은 성공을 반복해서 경험하도록, 아이의 수준에 맞는 도전 과제를 제시하거나, 친구와 협력하는 기회를 자주 만들어 사회성을 더 키워 줄 수 있다. 또한 성취를 기록하거나 눈에 보이는 방식(스티커, 달력 체크 등)으로 남겨 아이 스스로 성장을 느끼게 하는 것도 좋은 방법이 될 수 있다.

> ### 사례 2. 지연이의 어려움
>
> 지연이는 초등학교 4학년이다. 국어 시간에 긴 글을 읽고 요약하는 과제를 받았다. 친구들은 빠르게 손을 움직였지만, 지연이는 글의 핵심을 잡지 못해 책장을 넘기며 한숨을 쉬었다. '나는 글을 잘 못 읽어. 어차피 못할 거야…'
> 마음속에서 자신을 낮추는 목소리가 자꾸만 커졌다. 결국 지연이는 과제를 미루고, 조별 활동에서도 대화에 끼지 못했다. 친구들이 활발하게 이야기하는 동안 지연이는 조용히 앉아 있었고, 속으로는 '내가 방해만 될 거야.'라고 생각했다.
> 이런 경험이 반복되면서 지연이는 수업에 점점 더 소극적이었고, 자신감도 눈에 띄게 줄어들었다. 결국 학습 태도 전반이 흔들리기 시작했다.

지연이의 경우는 반복된 실패 경험 → 자신감 저하 → 학습 회피의 악순환에 빠져 있다. 이 경우 부모의 역할은 자신감을 회복하고, 작은 성공 경험을 제공하는 데 있다. 예를 들어, 긴 글의 요약을 요구하지 말고, 짧고 쉬운 글부터 요약하도록 도와주거나, '핵심 문장 찾기 게임'처럼 놀이 요소를 넣어 글 읽기를 재밌는 경험으로 만들 수 있다. 특히 작은 성공을 맛본 뒤 점차 과제를 확장해 나갈 수 있도록 하고, 친구와 비교하기보다 '어제의 나와 오늘의 나'를 비교하며 성장을 깨닫게 하는 데 중점을 두는 것이 중요하다.

그렇다면 지연이처럼 자신감을 잃고 과제 앞에서 두려워하는 자녀에게 어떤 대화를 시도할 수 있을까? 다음은 아이가 자신감을 잃지 않도록 부모가 대화로 도와주는 방법의 예시이다.

사례 3. 자신감을 키워 주는 대화법

지연이가 국어숙제를 하다 중간에 멈추고 한숨을 쉬었다.

지연: "엄마, 난 글을 잘 못 읽어. 요약도 못 하겠어. 그냥 안 할래."
엄마: "지연아, 다 못 읽어도 괜찮아. 중요한 건 네가 여기까지 읽으려고 노력했다는 거야."
지연: "근데 친구들은 다 빨리하잖아. 나는 항상 느려."
엄마: "친구랑 비교하지 말고, 어제의 지연이랑 오늘의 지연이를 비교해 보자. 어제는 두 줄밖에 못 읽었는데, 오늘은 네 줄을 읽었네. 이건 큰 발전이야."
지연: "그래도 요약은 못 하겠어."
엄마: "그럼 우리 같이 해보자. 엄마가 한 문단을 읽을 테니, 지연이는 제일 중요한 문장을 하나만 골라봐. 정답은 없어. 네가 중요하다고 생각하는 문장이 바로 답이야."
지연: "음… 이 문장이 중요한 것 같아."
엄마: "맞아, 아주 잘 찾았어! 이게 요약의 시작이야. 이렇게 조금씩 하면 금방 늘 거야."
지연: "정말? 나도 잘할 수 있을까?"
엄마: "그럼! 지연이는 시간이 조금 더 필요할 뿐이야. 엄마는 네가 잘할 수 있다고 믿어."

아이의 학습은 단순히 머리로만 하는 활동이 아니다. 이해하고 기억하는 인지의 힘, 자신을 다독이며 도전하는 정서의 힘, 친구와 협력하고 관계를 맺는 심리사회성의 힘이 어우러질 때 비로소 배움이 온전히 이루어진다. 부모가 기억해야 할 것은 아이가 어느 한 영역에서 부족해 보이더라도, 다른 영역의 지원과 격려가 그 약점을 보완하고 성장의 발판이 될 수 있다는 점이다. 작은 성취를 인정해 주고, 실패 속에서도 다시 시도할 수 있도록 곁에서 응원하는 것, 그리고 아이가 관계 속에서 자신감을 회복할 수 있도록 돕는 것이 부모의 중요한 역할이다. 결국 학습은 성적을 넘어서, 아이가 스스로 배우고 성장할 수 있다는 믿음을 키워 주는 과정임을 기억하자.

6장 | 기초학습능력, 아이의 미래를 여는 핵심 역량

우리 아이 기초학습능력,
왜 필요할까?

| 기초학습능력, 모든 배움의 첫 문을 여는 열쇠 |

기초학습능력이란 아이가 학교에 잘 적응하고 앞으로 독립적인 사회생활을 하기 위해 반드시 갖추어야 하는 기본적이고 필수적인 학습 능력을 말한다. 대표적인 기초학습능력에는 읽기(문해력, literacy), 쓰기(작문력, writing), 셈하기(수리력, numeracy)가 포함된다. 여기에 더해 기본적인 사고력, 문제해결능력, 긍정적인 학습 태도도 기초학습능력의 중요한 요소에 속한다.

교육부(2017)는 기초학력보장정책에서 "기초학습능력이 부족한 학생은 학년이 올라갈수록 학습 결손이 누적되어 자기주도학습 능력과 전인적 성장에 부정적인 영향을 받는다."라고 밝혔다. 즉, 기초학습능력의 습득은 단순히 지식을 배우거나 기술을 익히는 것 이상의 의미가 있다. 이는 아이가 다음 단계의 학습과 학교생활에 성공적으로 적응하고, 나아가 독립적인 사회 구성원으로 성장하기 위해 꼭 필요한 핵심 역량이다.

| 아이의 미래를 설계하는 기초학습능력의 힘 |

기초학습능력은 단순히 초등학교 저학년 시기에 배우는 학습 기술이 아니라, 한 개인의 평생학습과 사회·경제적 독립을 시작하게 하는 출발점이 된다. 기초학습능력의 중요성은 크게 세 가지 측면에서 살펴볼 수 있다.

첫째, 학령 초기의 문해력과 수리력은 이후 학업 성취와 학교적응의 기초가 된다. 초등학교에 막 입학한 아이가 책을 읽을 때 글자를 더듬더듬 읽다가 점점 문장을 이해하고 이야기의 흐름을 파악하는 능력을 키우는 과정을 떠올려 보자. 이러한 문해력은 단순히 국어 교과의 성적만을 위한 것이 아니다. 수학 문제의 지문을 이해하거나, 사회·과학 교과서를 읽고 내용을 정리하는 데에도 직접적으로 연결된다.

국제학업성취도평가(TIMSS)에서도 입학 초기의 읽기와 셈하기 능력이 이후 학업성취도에 긍정적인 영향을 미친다고 보고했다. 예를 들어, 초등학교 1학년 때 숫자 개념과 덧셈·뺄셈을 충분히 익힌 아이는 이후 분수나 곱셈·나눗셈 같은 추상적인 개념을 훨씬 더 수월하게 이해한다. 또 글을 읽고 이해하는 힘이 탄탄하면, 학습 흥미와 자신감도 커져 성적 향상으로 이어진다.

둘째, 문해력과 수리력은 개인의 사회·경제적 역량과도 깊게 연결된다. OECD의 국제 조사에 따르면 단순히 학교 성적에 그치지 않고, 기초 학습능력이 성인이 되었을 때의 삶의 질에도 큰 영향을 미친다. 글을 이해하고 숫자를 다루는 기본 능력이 뛰어난 사람은 직업 선택의 폭이 넓고, 평균 임금도 더 높았다.

예를 들어, 같은 고등학교 졸업자라 하더라도 문서를 정확히 읽고 이해할 수 있는 사람은 직장에서 더 중요한 역할을 맡을 가능성이 크다. 은행에서 계약서를 확인할 때, 직장에서 지시 사항을 파악할 때, 심지어는 가정에서 생활비를 관리할 때도 문해력과 수리력은 필수적이다. 즉 아이가 지금 읽기와 셈하기를 배우는 과정은 단순한 학습이 아니라, 장차 독립적인 사회생활을 준비하는 기초가 된다.

셋째, 기초학습능력은 사회적·인지적 발달과 전인적 성장을 촉진한다. 읽기 능력이 발달한 아동은 단순히 책을 읽는 것에서 그치지 않고, 이야기 속 등장인물의 마음을 이해하며 정서 발달에도 도움을 받는다. 또한 친구들과 함께 책을 읽고 토론하면서 사회성도 자라난다.

예를 들어, 유치원 시절부터 동화를 즐겨 읽은 아이는 학교에 들어와서도 책 속의 이야기를 친구들과 나누며 공감하는 능력을 키운다. 반대로 글을 읽는 데 어려움이 있으면 수업에 적극적으로 참여하기 어렵고, 또래와의 대화에서도 위축될 수 있다. 따라서 기초학습능력은 인지 발달뿐 아니라 정서와 사회성 발달까지 아우르는 전인적 성장을 이끄는 중요한 토대다.

이처럼 기초학습능력은 단순히 읽기, 쓰기, 셈하기의 기술에 머무르지 않는다. 이는 장기적인 학업 성취와 사회·경제적 성공을 결정짓는 핵심 역량이다. 초등학교 시기에 이러한 능력이 충분히 형성되면 사회나 과학 같은 교과에서도 이해력과 문제 해결력이 높아지고, 이는 학업 자신감과 긍정적인 자존감 형성으로 이어진다. 따라서 가정과 학교가 협력하여 조기 진단과 맞춤형 지원을 통해 기초학습능력을 강화하는 것은 아이 개인의 삶의 질을 높이는 동시에 국가의 사회·경제적 경쟁력을 확보하는 중요한 출발점이 된다.

우리 교육의 현실과 '기초학력보장법'

앞서 살펴본 것처럼 기초학습능력은 학생의 장기적인 학업성취와 사회·경제적 독립을 위해 반드시 요구되는 핵심 역량임에도 불구하고, 최근 우리나라에서는 그 수준에 대한 우려가 점점 커지고 있다. 2024년 국가수준 학업성취도 평가 결과에 따르면, 고등학교 2학년의 국어 기초학력 미달 비율은 2023년 8.6%에서 2024년 9.3%로 증가했다. 중학교 3학년 역시 국어 기초학력 미달 비율이 2023년 9.1%에서 2024년 10.1%로 높아졌다. 이러한 기초학력 미달률 증가는 특히 국어와 수학 과목에서 두드러졌으며, 2020년 이후 코로나19 팬데믹을 겪은 초등 학령기 아동들에게서도 기초학력 부족 현상이 뚜렷하게 나타났다.

전문가들은 기초학력 부족 문제를 단순히 학생 개인의 노력 부족으로 볼 것이 아니라, 국가 교육 시스템의 구조적 문제로 이해해야 한다고 지적한다. 특히 2020년 코로나19로 인해 장기간 비대면 수업이 이어지면서 학습 격차와 기초학력 저하가 심각한 교육 현안으로 떠올랐다. 이에 따라 국가 차원에서 기초학력을 체계적으로 지원하고 보장할 수 있는 법적 장치 마련의 필요성이 강조되었다.

이러한 배경 속에서 「기초학력 보장에 관한 법률」이 2021년 3월 공포되었고, 2022년 3월 31일부터 본격적으로 시행되었다. 이 법은 모든 학생이 국가가 정한 최소한의 학습 기준에 도달할 수 있도록 교육 당국이 책임지고 지원하는 제도적 기반을 마련하는 것을 목표로 한다.

| 해외 사례로 본 기초학력 보장의 중요성 |

미국은 기초학력을 단순한 학교 성적이 아니라 아이들의 미래 삶을 결정짓는 핵심 역량으로 본다. 그래서 국가 차원에서 「아동낙오방지법(No Child Left Behind, NCLB)」과, 최근에는 「모든학생성공법(Every Student Succeeds Act, ESSA)」을 통해 학생들이 최소 학습 기준에 도달할 수 있도록 학교를 지원한다. 읽기와 수학 능력을 조기에 진단해 필요한 아이에게는 보충 수업과 맞춤형 지도를 제공하고, 연방 정부가 예산을 투입해 학습 격차 해소를 돕는다. 즉, 부모의 경제적 배경이나 사는 지역에 상관없이, 모든 아이가 최소한의 기초학습능력을 확보하도록 국가가 적극적으로 개입하는 것이다.

특히 미국 초등학교의 기초학력 지원은 '읽기 자신감 → 학습 시간 확대 → 방과후 학습 → 가정까지 이어지는 책 읽기 습관'이라는 흐름으로 연결된다. 이는 부모에게도 "학교와 집이 함께 아이의 기초 학습을 책임진다."라는 메시지를 준다.

뉴질랜드는 최근 교육과정을 크게 개편해, 읽기·쓰기·수학을 매일 반드시 1시간씩 집중하여 학습하도록 했다. 예전에는 아이의 흥미 중심으로 폭넓은 활동을 강조했지만, 학업성취가 기대에 못 미친다는 평가가 이어지자 다시 기초 학습 강화에 나선 것이다. 특히 '구조적 읽기' 방법을 도입해, 글자를 단순히 소리 내어 읽는 것을 넘어 어휘, 문법, 이해력까지 단계적으로 다지도록 돕는다. 부모 입장에서는 매일 일정한 시간 동안 아이가 기초를 다지는 학습을 꾸준히 이어 간다는 점에서, 안정감 있는 학습 습관 형성이라는 큰 장점이 있다.

기초학력 지원을 위한 미국의 노력

읽기 지원 프로그램(Reading Support Program)

읽기에 어려움을 겪는 아이들을 위해 자원봉사자와 일대일 또는 소규모 그룹으로 책 읽기 연습을 한다. 아이가 자신감 있게 문해력을 키울 수 있도록 돕는다.

수업 시간 확장(Expanded Learning Time)

수학과 읽기 과목에서 뒤처지는 학생들을 위해 정규 수업 외에 추가 학습 시간을 제공한다. 아이가 기초 개념을 충분히 이해하고 연습할 기회를 확보한다.

방과후 학습 센터(After-School Learning Center)

저소득층 지역 학생들에게 방과후와 여름방학 동안 학습을 이어 갈 수 있는 안전한 공간을 마련한다. 숙제 지도와 보충학습, 예체능 활동까지 함께 제공한다.

책 나눔 프로그램(Book Distribution Program)

아이들이 스스로 책을 선택하고 소유할 수 있도록 지원한다. 집에서도 자연스럽게 읽기 습관을 들이게 하여 문해력 향상에 기여한다.

기초학력 지원을 위한 뉴질랜드의 노력

매일 1시간 읽기 수업

모든 학년에서 매일 최소 1시간씩 읽기 수업을 진행한다. 아이가 글자를 소리 내어 읽는 것뿐 아니라 이해력까지 차근차근 키우도록 한다.

매일 1시간 쓰기 수업

단순히 받아쓰기 훈련을 넘어서 문장 구성, 표현력, 글쓰기 자신감을 다지는 활동을 매일 1시간씩 이어 간다.

매일 1시간 수학 수업

덧셈·뺄셈·곱셈 같은 기초 연산을 매일 반복하며, 문제해결력까지 기를 수 있도록 1시간 집중 수업을 진행한다.

구조적 읽기 지도 도입

글자를 단순히 소리 내서 읽는 것에서 끝나지 않고, 어휘와 문법, 이해력을 단계적으로 연결하는 '구조적 읽기(Structured Literacy)' 방식을 도입했다.

7장 | 아이의 학습을 이해하는 새로운 시선: 느린 학습자와 난독증

교실에서 만나는
비슷해 보이지만 너무 다른 아이들

| 느린 학습자, '다른 것'에 대한 공감과 이해 |

느린 학습자는 지적장애 진단 기준에는 해당하지 않지만, 지능지수(IQ)가 71~84 범위에 속하는 아동을 말한다. 이를 '경계선 지적 기능(borderline intellectual functioning)' 또는 '경계선급 지능'이라고 부르기도 한다.(APA, 2013)

느린 학습자는 또래에 비해 인지 처리 속도가 느리고, 새로운 정보를 이해하고 기억하는 데 더 많은 시간이 필요하다. 복잡한 개념이나 추상적인 사고를 이해하는 데 어려움을 겪으며, 학습 속도가 전반적으로 더뎌 수업 시간에 반복 설명이나 재확인이 자주 필요하다. 특히 배운 내용을 오래 기억하는 데 한계가 있으므로 주기적인 복습이 필수적이다.

이러한 특성 때문에 느린 학습자는 또래와 비교해 부정적인 자기 개념을 가지기 쉽다. 반복된 실패 경험은 새로운 시도에 소극적이거나 회피하려는 행동으로 이어질 수 있다. 또한 의사소통 속도와 이해 능력의 한계로 인해 친구 관계 형성에서도 어려움을 겪을 수 있다.

느린 학습자와 지적장애 아동은 모두 학습과 학교적응에서 어려움을 보이지만, 특성과 지원 방식에는 차이가 있다. 느린 학습자는 새로운 개념을 습득하는 속도가 느리고 사회·정서적 어려움이 나타나지만, 일상생활 기능은 대체로 정상 범위에 있다. 따라서 학교나 직장에서 적절한 지원을 받으면 학습과 독립적인 생활이 가능하다. 이들은 주로 일반 학급에 속해 개별 보충학습이나 맞춤형 수업을 통해 지원받는다.

반면 지적장애 아동은 지적 기능(IQ)과 적응행동(adaptive behaviors)이 모두 현저히 낮으며, 의사소통·사회성·자립 능력 전반에서 제한이 나타난다. 이들은 학습지원뿐 아니라 일상생활 전반에서 지속적이고 장기적인 도움이 필요하다. 지적장애 진단을 받은 학생은 대부분 특수학급이나 특수학교에서 개별화교육계획(IEP: Individualized Education Plan)에 따라 교육을 받으며, 학업성취보다는 일상생활 기술과 사회 적응 능력 향상에 중점을 둔다.

| 난독증: '읽기'에 대한 새로운 접근 |

난독증(dyslexia)은 학회나 학자에 따라 정의가 조금씩 다르다. 대표적으로는 미국 「장애인교육법(Individuals with Disabilities Education Act, IDEA, 2004)」에서의 법적 정의, 국제난독증협회(International Dyslexia Association, IDA)의 정의, 그리고 정신질환 진단 및 통계 편람 제5판(DSM-5)의 정의가 있다. 각 정의는 사용하는 용어나 강조하는 요인에서 차이를 보이지만, 공통으로 난독증을 '특정학습장애(Specific Learning Disorder)'의 한 유형으로 분류한다. 따라서 난독증을 이해하기 위해서는 먼저 학습장애 개념을 간단히 살펴볼 필요가 있다.

학습장애의 개념

「장애인 등에 대한 특수교육법 시행령」 제10조
학습장애를 지닌 특수교육대상자: 개인의 내적 요인으로 인하여 듣기, 말하기, 주의집중, 지각(知覺), 기억, 문제 해결 등의 학습기능이나 읽기, 쓰기, 수학 등 학업

성취 영역에서 현저하게 어려움이 있는 사람

한국특수교육학회

학습장애란 개인 내적 원인으로 인하여 일생에 발달적 학습(듣기, 말하기, 주의집중, 지각, 기억, 문제 해결 등)이나 학업적 학습(읽기, 쓰기, 수학 등) 영역 중 하나 이상에서 심각한 어려움을 겪는 것을 말한다. 이 장애는 다른 장애 조건(감각장애, 지적장애, 정서장애 등)이나 환경실조(문화적 요인, 경제적 요인, 교수적 요인 등)와 함께 나타날 수 있으나, 이러한 조건이 직접적인 원인이 되어 나타난 것은 아니다.

특정학습장애는 평균 범위의 지적 능력이 있음에도 불구하고, 개인 내부의 심리적 처리 과정에 어려움이 있어 학업 수행에서 또래 수준에 비해 현저하게 낮은 성취를 보이는 상태를 의미한다. 특히 읽기, 쓰기, 수학 등 주요 학업 영역 중 한 가지 이상에서 지속적으로 어려움이 있는 경우에 이 용어를 사용한다. DSM-5에서는 특정학습장애의 진단 준거를 다음과 같이 제시한다.

특정학습장애에 대한 DSM-5 준거

A. 여섯 가지 학업 기술 중 하나 혹은 그 이상에서 지속적 어려움
- 기초: 단어 읽기 정확성과 유창성(난독증)
- 복합성: 읽기 이해(이해력 부족 아동)
- 기초: 철자 쓰기

- 복합성: 작문
- 기초: 수 감각, 기본 셈하기(math fact), 수 연산(난산증)

B. 학업성취 검사의 점수가 해당 아동의 생활연령 평균 점수보다 현저히 낮고 기능장애를 일으킴

C. 문제는 학령기 초기에 시작되지만, 복합성 학습장애는 후기 학년에 임상적으로 유의미함

D. 지적장애, 말초 감각장애, 기타 정신 신경학적 장애, 심리적 어려움, 교수 시 사용되는 제2 언어에 대한 서투름, 불충분한 교수에 의한 것이 아님
(기초: 기초 학업 기술, 복합성: 복잡한 학업 기술)

준거 A에 따르면 난독증은 특정학습장애 하위 영역이며, 기초 학업 기술에 해당하는 '단어 읽기 정확성과 유창성'에 지속적 어려움을 지니는 상태로 분류되어 있다. 준거 B는 학업성취도 검사의 점수가 또래 아동의 성취 수준에 비해 현저히 낮은 상태를 뜻하며, 이 또한 난독증 진단 준거에 해당한다. 준거 C는 난독증의 선별과 진단은 학령기 초기에 시작될 수 있음을 나타내며, 준거 D는 지적장애 및 감각장애, 그 외 심리적 요인이나 교수 관련 요인에 의한 일시적 어려움은 아닌 것을 뜻한다. 이상의 준거 A B C D는 특정학습장애 진단의 준거임과 동시에 난독증을 판별하는 주요 준거이기도 하다.

난독증과 단순 읽기 부진: 원인에 따른 접근

난독증(dyslexia)은 겉으로는 일반적인 읽기 어려움이나 읽기 부진과 유사하게 보일 수 있으나, 기저 원인과 발달적 특성 면에서 구별되는 독립적인 신경 발달적 상태이다. 반면 읽기 어려움 또는 읽기곤란(reading difficulties)은 주로 제한된 읽기 경험, 불충분한 교수, 사회·문화적 환경 결손 등 외부 요인에 기인하며, 적절한 교육 기회를 제공하면 읽기 능력이 점진적으로 향상되는 경우가 많다.

아래의 표에서는 난독증을 가진 학생과 일반 읽기 어려움을 가진 학생이 어떻게 다른지 제시한다.

구분	난독증 (Dyslexia)	읽기 부진/곤란 (Reading difficulties)
정의	• 평균 혹은 그 이상의 지능이지만 단어 인식, 철자, 음운 인식에 지속적 어려움을 보이는 상태 • 특정학습장애 하위 유형	• 다양한 이유로 읽기 능력 발달이 또래보다 늦어지는 상태 • 학습 부진의 한 형태
원인	• 주로 신경학적·인지적 요인(음운 처리 결함, 시지각 처리 문제 등), 유전적 요인	• 환경적·교육적 요인이 주된 원인 • 가정 내 읽기 경험 부족, 학습 기회 부족, 수업 결손 등
주요 특징	• 단어 해독(decoding) 속도 매우 느림 • 읽기 및 철자(spelling) 오류가 빈번하며 특정 패턴을 보이는 경우가 많음 • 오류 패턴은 아동마다 상이함	• 읽기 유창성과 정확성이 또래보다 늦지만, 반복적이고 집중적으로 학습 시 점진적으로 향상 • 읽기 및 철자 오류 패턴이 불규칙한 경우가 많음
예후	• 조기 진단과 지속적 중재 시 읽기 능력 향상이 가능하나, 여전히 읽기 유창성·정확성에서 어려움이 남을 수 있음	• 적절한 환경 제공 시 읽기 능력이 또래 수준까지 회복 가능

난독증과 단순 읽기 부진(읽기곤란)이 어떻게 다른지 아래의 사례를 통해서 좀 더 자세히 살펴보자.

난독증과 읽기 부진 사례 비교

사례 1

지후는 초등학교 2학년으로, 말하기나 수학 실력은 또래와 큰 차이가 없다. 하지만 책을 읽을 때는 늘 어려움이 따른다. 글자를 뒤집어 읽거나 비슷한 글자를 자꾸 헷갈리며, 같은 단어를 여러 번 틀리기도 한다. 읽는 속도도 매우 느려 책을 읽는 것이 곧 스트레스가 된다. 결국 지후는 '나는 책을 잘 못 읽어.'라고 생각하며 자신감을 잃어 간다. 이처럼 난독증 아동은 언어 처리와 관련된 발달적 특성 때문에 읽기 자체가 힘들며, 반복적인 연습만으로는 쉽게 개선되지 않는다. 전문적인 읽기 중재가 꼭 필요한 이유가 여기에 있다.

사례 2

민지는 같은 학년이지만 상황이 다르다. 코로나 시기 원격 수업이 길어지면서 읽기 연습 기회가 충분하지 못했다. 그래서 책을 읽을 때 속도가 또래보다 조금 느리고, 문장을 매끄럽게 이어 가는 데 어려움이 있었다. 하지만 꾸준히 매일 부모와 함께 10~15분씩 책을 읽으며 연습하자 한두 달 만에 눈에 띄게 나아졌다. 글자 자체를 헷갈리지는 않고, 단지 경험이 부족했던 것이다. 이처럼 단순 읽기 부진은 학습 기회 부족으로 생긴 일시적인 현상이기 때문에 가정과 학교의 꾸준한 지원만으로도 충분히 개선된다.

사례 3

초등학교 3학년 시헌이는 책을 좋아하지만, 읽을 때마다 문장을 끝까지 읽지 못하고 단어를 중간에 빼먹는다. 예를 들어 "강아지가 공원에서 뛰어놀았다."라는 문장을 "강아지 공원 뛰어놀았다."라고 읽는다. 또한 비슷한 모양의 글자를 자꾸 혼동하고, 글자를 쓸 때도 순서를 바꾸는 경우가 잦다. 이런 어려움은 매일 읽기

> 연습을 해도 쉽게 개선되지 않는다. 부모는 아이가 게으르다고 생각했지만, 사실은 난독증으로 인한 해독 능력의 어려움이었다.
>
> **사례 4**
> 초등학교 2학년 도윤이는 활발하고 호기심이 많지만, 유치원 시절 그림책보다는 블록이나 게임에 더 관심을 가졌다. 그래서 초등학교에 입학했을 때 또래보다 글자를 읽는 속도가 느렸다. 하지만 부모가 매일 잠자리에서 그림책 한 권을 소리 내어 읽게 하고, 주말마다 도서관에 가도록 도와주자 두세 달 사이에 읽기 속도가 크게 향상됐다. 도윤이의 경우처럼 환경적 요인으로 인해 늦었던 읽기 발달은 충분한 경험과 연습을 통해 향상될 수 있다.

이처럼 난독증(위 사례의 지후, 서현)은 아이의 지능이나 학습 의지와 관계없이 나타나는 발달적 특성이다. 글자를 해독하고 소리 내는 과정에서 근본적인 어려움이 있기 때문에 단순한 반복 연습만으로는 쉽게 해결되지 않는다. 아이는 글자를 바꾸어 읽거나 같은 단어를 계속 틀리는 모습을 보이고, 읽기 속도도 눈에 띄게 느리다. 이로 인해 자신감을 잃고 학습 의욕이 떨어질 수 있으며, 무엇보다 전문적인 중재와 체계적인 읽기 지도가 필요하다.

반면 단순 읽기 부진(위 사례의 민지, 도윤)은 뇌 발달상의 문제라기보다 학습 기회 부족이나 환경적 요인에서 비롯되는 경우가 많다. 예를 들어, 읽기 경험이 적거나 수업 결손이 있었던 아이는 또래보다 읽기 속도가 느리거나 이해력이 떨어질 수 있다. 그러나 꾸준히 책 읽기를 반복하고, 가정과 학교에서 충분한 연습 기회를 제공하면 서서히 개선되는 모습을 보인다. 즉 단순 읽기 부진은 시간과 경험이 해결의 열쇠가 된다.

따라서 부모는 아이가 단순히 읽기를 싫어하는지, 반복적인 훈련에도 불구하고 여전히 글자 해독에서 큰 어려움을 보이는지를 구분해야 한다. 전자의 경우 꾸준한 연습과 환경 지원으로 회복이 가능하지만, 후자의 경우에는 조기 선별과 전문가의 개입이 필요하다.

| 난독증 아동의 내면 이해와 지지 |

❶ 신경생리학적 특성

읽기의 과정은 뇌의 직접적인 영향을 받는다. 눈으로 글자를 보기, 눈으로 본 글자에서 음소를 인식하기, 음소가 모여 이루는 음절을 인식하기, 음절이 모여 이룬 단어를 인식하기, 인식한 단어를 어휘 능력과 추론 능력을 통해 개념과 의미를 파악하기. 이와 같은 읽기의 전 과정은 뇌의 여러 영역이 유기적으로 상호작용 하며 활성화될 때 가능하다.

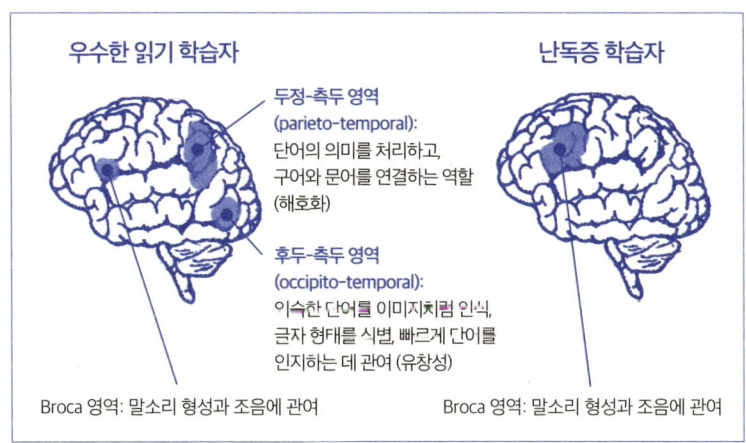

그림 출처: https://riseliteracy.org/dyslexia-resources

앞에서 왼쪽에 보이는 뇌 사진은 이와 같은 뇌의 유기적인 연결 또는 활성화가 가능한 상태를 보여 준다. 즉 '읽기'는 이와 같은 복잡한 뇌의 작용이 있어야 가능하다. 이 과정 중 한 영역이라도 충분히 활성화되지 못하거나 작용하지 않는다면 효과적인 읽기가 어렵게 된다. 오른쪽은 난독증이 있는 학생의 뇌 모습을 보여 준다. 이 경우 읽기 과제가 주어지면 뇌의 한정된 영역만이 읽기 과정에 관여하려는 특성을 보인다. 특히 글자라는 상징 기호를 소리로 읽어 내는 '해호화(decoding)'에 관여하는 영역이 상대적으로 활성화되지 않는 양상을 보이며, 난독증 아동들이 보이는 대표적인 어려움이 바로 이와 같은 해호화 능력의 결함이다.

❷ 언어, 읽기 및 학습 특성

앞서 살펴본 난독증 아동의 신경생리학적 특성은 겉으로 직접 관찰하기 어렵고, 전문적인 평가 도구와 숙련된 전문가의 검사를 통해서만 확인할 수 있다. 그러나 이러한 특성은 아동의 언어와 읽기 행동에 반영되며, 유아기부터 관찰이 가능하다.

아동이 학령기에 들어서 학교에서 읽기와 쓰기 수업을 시작하면, 난독증의 특성이 더욱 뚜렷하게 나타난다. 초등학교 1학년 1학기에는 자음과 모음을 배우고 이를 바탕으로 음절과 단어를 익히게 된다. 난독증 아동은 이 과정에서 자모 습득 속도가 또래보다 현저히 느리고, 모양이 비슷한 자음(예: ㅁ, ㅂ, ㅍ)이나 발음이 비슷한 자음(예: ㅅ, ㅈ, ㅊ)을 구별하는 데 어려움을 보인다.

또한 글자를 쓸 때 ㄱ과 ㄴ의 방향을 바꾸거나 상하가 뒤집힌 형태로 쓰는 오류를 자주 범하며, 이중모음을 읽는 데에도 어려움을 겪는 경우가 많다. 유아기에 말하기나 구어 표현에서 나타났던 오류 패턴이 초등 시기 단어 읽기 과정에서 반복되기도 한다.

읽기 과정에서는 새로운 단어를 접했을 때 익숙한 단어와 혼동해 바꿔 읽거나, 단어 내 음절 순서를 바꾸는 오류, 혹은 비슷한 자음으로 대치해 읽는 경우가 자주 발생한다. 이러한 읽기 오류는 쓰기에도 그대로 반영되어 철자 오류, 글자 누락, 순서 바꾸기 등의 형태로 나타난다.

해호화(decoding)와 부호화(encoding)

해호화란 아이가 글자(문자)를 보고 소리와 의미로 변환하는 과정을 말한다. 쉽게 말해 '읽기' 과정이다.

예시
- 아이가 '바다'라는 단어를 보고 있다.
- 'ㅂ'이 '바' 소리, 'ㅏ'가 '아' 소리, 'ㄷ'이 '다' 소리라는 것을 알고, 이들을 합쳐 '바다'라고 소리 내는 것이 해호화이다.
- 이 과정이 원활하면 아이는 글자를 빠르고 정확하게 읽을 수 있다.

난독증 아동은 바로 이 해호화 과정에서 글자-소리 연결에 어려움을 겪어, 글자를 뒤집거나 소리를 바꿔 읽는 경우가 많다.

부호화란 아이가 머릿속의 소리(음성 언어)를 글자로 변환해 기록하는 과정을 말한다. 즉 '쓰기' 과정이다.

예시
- 아이가 머릿속으로 '바다'라는 말을 떠올린다.

- 이 소리를 글자로 표현하기 위해, 먼저 '바' 소리를 내는 'ㅂ+ㅏ', 그리고 '다' 소리를 내는 'ㄷ+ㅏ'를 떠올린다.
- 이 과정을 거쳐 종이에 '바다'라고 쓰게 된다.

쓰기에 어려움을 겪는 아이들은 부호화 과정에서 글자를 빠뜨리거나 순서를 바꾸는 오류를 자주 보인다. 예를 들어, '바다'를 '마다' 혹은 '바'라고 적는 경우이다.

❸ 사회·정서 특성

여러 연구에 따르면 난독증이 아동의 사회·정서적 특성을 직접적으로 결정하지는 않는다. 그러나 학령기가 시작되면 난독증 아동은 읽기와 쓰기에서 반복적인 실패를 경험하는 경우가 많고, 이는 자신감 저하로 이어진다. 학습 실패가 지속되면 '나는 해도 안 된다.'라는 생각을 갖게 되며, 이는 학습 무기력 또는 학습된 무기력(learned helplessness)으로 나타난다.

이러한 경험이 누적되면 초등학교 고학년이나 청소년기에 이르러 읽기·쓰기 활동 자체를 회피하는 경향이 생길 수 있다. 특히 읽기는 모든 교과 학습의 기초이므로, 난독증 아동은 읽기 어려움으로 인해 전반적인 학업성취가 낮아지고, 따라서 학교 부적응을 보일 위험도 크다.

다만 난독증 아동이 모두 같은 사회·정서적 특성을 보이는 것은 아니다. 개인의 회복탄력성(resilience), 부모와 교사의 정서적 지원, 또래와의 긍정적인 관계 등 환경적 요인에 따라 그 양상과 정도는 달라질 수 있다.

> ### 수업 시간의 민아
>
> 민아는 초등학교 3학년이다. 오늘도 국어 시간에 책을 소리 내어 읽는 차례가 돌아왔다. 친구들은 매끄럽게 문장을 읽었지만, 민아는 글자가 눈앞에서 자꾸 흔들리는 것 같다. '학교'를 "하꼬"라고 읽자, 교실 뒤에서 킥킥대는 웃음소리가 들렸다. 얼굴이 화끈 달아올랐지만, 민아는 애써 모르는 척했다.
> 수업이 끝나자 선생님은 민아에게 따로 와서 "민아야, 조금 더 연습하면 잘할 수 있어."라고 격려했다. 하지만 민아의 속마음은 달랐다.
> '나는 아무리 해도 잘 못 읽어. 연습해도 맨날 틀리잖아. 노력해도 소용없어.'
> 집에 돌아와서도 책가방은 열지 않았다. 숙제 공책을 꺼내는 순간 또다시 자신감이 무너질 것 같았기 때문이다. 결국 민아는 숙제를 미루고, '나는 원래 공부를 못하는 애야.'라는 생각만 점점 깊어졌다.

민아가 느끼는 이 감정은 단순한 게으름이 아니다. 반복된 실패 경험 속에서 '해도 소용없다.'라는 마음이 자리 잡으며, 새로운 시도조차 하지 않게 된 것이다. 이것이 바로 난독증 아동이 겪는 학습된 무기력이다. 이 이야기를 통해 난독증 아동이 노력하지 않는 것이 아니라, 반복된 실패가 아이의 자기 인식과 동기 자체를 꺾을 수 있다는 점을 이해하는 것이 중요하다.

| 8장 | 아이의 성장을 위한
선별과 진단 |

아이의 발달은 한 가지 속도로만 설명되지 않는다.
아이들은 저마다의 속도와 방식으로 성장한다.
그러나 '조금 늦다'라는 표현 뒤에는 세심한 관심과
전문적인 지원이 필요한 신호가 숨어 있다.
그 신호를 발견하는 과정이 곧 선별과 진단이다.

| 느린 학습자의 선별과 진단: '다름'을 이해하는 과정 |

영유아 발달 지연, 조기 선별의 중요성

아이들의 발달은 모두 다르게 나타난다. 어떤 아이는 또래보다 말을 빨리하고, 어떤 아이는 일상생활에 필요한 기술을 익히는 데 시간이 더 걸리기도 한다. 이는 자연스러운 성장의 모습이지만, 그 뒤에 발달 지연이나 학습의 어려움이 있을 수도 있다. 그래서 아이의 변화를 일찍 알아채고 적절한 도움을 주는 것이 무엇보다 중요하다. 부모와 선생님이 함께 살피고 지원할 때, 아이는 더 안정적이고 건강하게 성장할 수 있다.

우리 아이 발달, 어디에 주목해야 할까?

아이의 발달에서 가장 먼저 변화를 알아차릴 수 있는 사람은 아이 곁에 있는 부모와 선생님이다. 일상에서 말하기, 행동, 또래와의 관계 등을 세심하게 살펴보는 것이 무엇보다 중요하다.

기다려도 괜찮을까?

"조금 늦는 거예요. 기다려 보세요."라는 말은 흔히 듣는 위로이지만, 이 때문에 중요한 시기를 놓칠 수 있다. 영유아기는 언어, 인지, 운동, 사회성 등 모든 발달 영역이 빠르게 상호작용 하며 성장하는 시기이기 때문이다. 작은 차이일지라도 부모와 교사가 함께 의미를 살펴보고, 필요한 경우 선별하고 진단하는 것이 중요하다.

부모와 교사의 역할

아이의 발달은 집과 학교에서 가장 잘 드러난다. 부모는 일상생활에서 아이의 말과 행동을 지켜볼 수 있고, 교사는 또래와 어울리는 모습 속에서 아이의 발달을 객관적으로 살필 수 있다. 이 두 시선이 모이면 아이를 더 깊고 균형 있게 이해할 수 있다. 그래서 부모와 선생님이 정기적으로 마음을 나누고 정보를 공유하는 일은 아이가 건강하게 성장하는 데 든든한 힘이 된다.

국가 지원 서비스

우리나라는 발달에 어려움이 있는 아동을 지원하기 위한 다양한 제도가 마련되어 있다.

- **발달검사비 지원**: 영유아건강검진 결과 발달 평가에서 '심화 평가 권고' 판정을 받은 아동 중 정밀 검사가 필요하다고 인정되는 경우, 검사비 일부를 지원받을 수 있다.
- **발달 재활 서비스**: 발달 지연 및 장애로 진단받은 영유아에게 언어, 인지, 감각, 운동 등 필요한 재활 서비스를 제공하여 기능 향상과 행동 발달을 도모하는 사업이다. 서비스 제공 기관을 통해 상담 및 치료를 받을 수 있다.
- **언어 발달 지원 사업**: 청각 손실이나 발달 지연으로 말하기에 어려움이 있는 아동을 지원한다.
- **발달장애인 거점병원 및 행동발달증진센터**: 발달장애인의 조기 진단, 치료, 행동 문제에 대한 전문적인 의료 서비스를 제공한다.

학교에서의 맞춤형 통합지원

학교에 입학한 이후에도 아이들은 학업, 또래 관계, 정서, 생활 등 다양한 문제를 경험할 수 있다. 이를 돕기 위해 학교는 학생 맞춤형 통합지원 체계를 운영한다.

학교에서는 교장을 중심으로 보건교사, 전문상담교사, 교육복지사, 담임교사 등이 모여 통합지원팀을 구성한다. 이들은 학생의 문제를 함께 논의하고, 상담·치료·복지 연계 등 다양한 도움을 결정한다. 이는 교사에게는 협력적인 지원 체계를 제공하고, 부모에게는 자녀가 안전하게 보호받고 있다는 신뢰를 준다.

학교생활 속 어려움 발견 및 진단 과정

학생 맞춤형 통합지원은 '발견-진단-계획-연계/지원-모니터링 및 평가'의 흐름으로 진행한다. 그중에서도 '발견'과 '진단'이 가장 중요한 첫 단계이다. 학기 초에는 집중 관찰 기간을 두고, 담임교사가 전체 학급 아동의 행동, 언어, 정서 상태 등을 살펴보며 '위험 징후'를 탐색한다. 담임교사나 교과 담당 교사가 수업이나 일상생활에서 발견된 문제점을 관찰한다.

학생의 어려움이 발견되면, 통합지원팀은 협의회를 통해 해당 사안을 공유하고 심층적인 문제 원인을 파악한다. 예를 들어 가정 문제, 심리·정서적 어려움, 학습 부진, 학교폭력 등 다양한 측면에서 진단이 이루어진다. 이 과정에서 필요한 경우 외부 전문가의 의견이나 심리검사 등을 활용할 수 있다. 진단 도구로는 심리검사(K-WISC, MMPI, 적응행동척도 등), 기초학력 진단검사, 정서·행동 평가 체크리스트, 가정환경 및 생활 관찰, 인터뷰 등이 활용될 수 있다. 이러한 종합 진단을 통해 학생이 겪는 어려움의 원인을 파악하고, 적절한 개입 방식(상담, 치료, 복지 연계 등)을 결정하게 된다.

아이의 발달과 성장은 부모만의 책임도, 교사만의 과제도 아니다. 부모의 세심한 관심과 교사의 전문적인 관찰이 만날 때, 아이는 더 튼튼하게 성장할 수 있다. 조기 발견과 맞춤형 지원은 아이의 현재를 지켜줄 뿐 아니라, 미래를 열어 가는 든든한 디딤돌이 된다.

| 느린 학습자의 선별과 진단 |

"지능이 낮지는 않다는데, 왜 우리 아이는 자꾸 학습에서 뒤처질까요?"
"조용하고 순한데, 수업 내용을 이해하는 데 시간이 오래 걸려요."

교실에서 만날 수 있는 이러한 학생들은 단순한 학습 부진이 아니라 느린 학습자의 신호일 수 있다. 느린 학습자는 눈에 띄게 문제가 있어 보이지 않지만, 학습 속도가 더디고 추상적 개념을 이해하는 데 어려움을 겪으며, 또래 관계에서도 소외되기 쉽다.

왜 조기 선별과 진단이 중요한가?

느린 학습자는 시간이 흐르면서 학업 격차가 커지고, 자신감 저하와 학습 회피로 이어질 수 있나. 또래 관계에서도 잦은 오해와 소외를 경험하며 정서적 위축이 뒤따른다. 이를 조기에 발견해 적절히 지원하지 않으면, 성인기에 취업과 사회적 자립에도 큰 제약을 겪게 된다. 따라서 조기 선별은 아이가 보내는 작은 신호를 놓치지 않는 일이며, 조기 진단은 맞춤형 지원을 설계하는 출발점이다.

선별과 진단의 과정
❶ 교사의 관찰과 검사
매년 실시되는 기초학력 진단검사, 교사의 관찰과 추천, 학습 태도와 수업 참여 양상이 주요 단서가 된다. 또한 느린 학습자 선별 체크리스트, 읽기 특성 검사 등 보조도구도 활용된다.

❷ 전문적 진단
종합심리검사(풀배터리검사), 웩슬러 지능검사, 정서·행동 특성 검사 등을 통해 아이의 인지, 정서, 사회적 특성을 다각도로 분석한다. 이는 단순히 점수를 매기는 검사가 아니라, 아이의 강점과 약점을 이해하고 지원 방향을 정하는 나침반이다.

❸ 부모 상담
부모와 교사가 아이의 발달 과정을 함께 나누며 공감과 신뢰를 쌓는 과정이다. '부족한 아이'라는 낙인이 아니라 '특별한 지원이 필요한 아이'라는 관점에서 접근해야 한다.

❹ 학습지원대상학생 선정 및 지원
학생맞춤통합지원팀이나 학습지원위원회를 통해 종합적으로 판단하여 최종 선정하며, 이후 개별화된 맞춤 학습지원이 시작된다.

'경계'를 넘나드는 나의 하루

나는 종종 '경계를 넘나드는 아이'로 불린다. 어떤 날은 친구들처럼 수업을 잘 따라가는 것 같다가도, 또 어떤 날은 아무리 집중해도 머릿속이 하얘져서 전혀 이해하지 못한다. 나 스스로도 내가 어디에 속해 있는지 혼란스러울 때가 많다.

나는 중간에 서있다.

나는 지적장애 학생도 아니고, 그렇다고 일반 학생처럼 모든 것을 쉽게 배우는 것도 아니다. 그 사이 어딘가, 중간에 서있는 나를 사람들은 '경계선 지능'이라고 부른다. 때로는 나도 친구들과 비슷해 보이고 싶지만, 어떤 순간에는 따라잡을 수 없는 벽을 느낄 때가 많다.

날마다 달라지는 모습

내 모습은 하루에도 자꾸 달라진다. 아침에는 선생님 말씀을 잘 이해해서 자신감이 생기지만, 오후가 되면 같은 문제도 어렵게 느껴져 포기하고 싶어진다. 어떤 날은 수업에 집중할 수 있지만, 또 다른 날은 아무리 노력해도 집중이 되지 않는다. 그래서 마음속에서는 '내가 할 수 있을까?' 하는 의문이 자주 생긴다.

자꾸 생기는 오해와 실패

선생님이나 친구들이 볼 때 나는 그냥 '학습이 느린 아이'로 보일지도 모른다. 하지만 사실은 이해하는 힘이 조금 부족해서, 새로운 것을 배울 때 시간이 더 필요할 뿐이다. 그 차이를 몰라 주면, 나는 자주 오해받게 되고 실패를 반복하게 된다. 그래서 점점 자신감이 줄어들고, 마음속에서는 '나는 못하는 아이야.'라는 생각이 커지기도 한다.

나는 비록 느리지만, 성장할 수 있는 가능성이 있다. 내가 잘 배울 수 있도록 선생님이 여러 번 반복해 주고, 부모님이 옆에서 천천히 기다려 준다면 나는 조금씩 따라갈 수 있다. 나를 있는 그대로 인정하고 믿어 준다면, 나는 언젠가 반드시 변화할 수 있다.

| 느린 학습자를 위한 맞춤형 지원 |

구체적이고 반복적인 설명이 필요하다

느린 학습자는 한 번에 많은 것을 기억하거나 이해하기 어렵다. 하지만 선생님이 차근차근 설명해 주고, 같은 내용을 여러 번 알려 주면 어느 순간 머릿속에 그림이 그려지듯 이해가 된다. 반복은 느린 학습자에게 배움의 사다리와 같다.

이해할 수 있는 속도에 맞춘 기회 제공이 필요하다

느린 학습자는 다른 친구들보다 시간이 조금 더 걸린다. 너무 빨리 지나가 버리면 이해하지 못하고 놓쳐 버린다. 천천히 생각할 시간과 다시 해볼 기회가 꼭 필요하다.

성장 가능성에 대한 믿음이 중요하다

배우는 속도가 느리다고 해서 학습 능력이 부족한 것은 아니다. 조금 더 오래 걸릴 뿐, 결국은 해낼 수 있다. 선생님과 부모님이 학생을 믿어 줄 때, 힘을 낸다. "너도 할 수 있어."라는 말은 학생들의 마음을 지탱하는 가장 큰 버팀목이다.

포기가 아닌 기다림이 필요하다

스스로 포기하고 싶어질 때, 누군가 끝까지 포기하지 않고 곁에서 응원해 준다면, 학생들은 다시 일어설 수 있다. 학교는 공부하는 곳일 뿐 아니라, 친구를 사귀고 사회에서 살아가는 법을 배우는 소중한 공간이다.

그래서 느린 학습자에게 맞춤형 지원은 단순한 학습을 넘어 삶을 살아가는 힘을 길러 줄 수 있다.

학교의 역할

학교는 공부만 하는 곳이 아니다. 아이들은 교실에서 지식을 배우는 동시에, 사람들과 관계를 맺는 법, 자기 생각을 표현하는 법, 그리고 함께 협력하는 법을 익힌다. 그래서 학교는 아이들이 삶을 살아가는 데 꼭 필요한 사회적 연습의 장이 된다.

특히 느린 학습자들에게 학교는 더없이 중요한 배움터다. 학습지원도 필요하지만, 또래와 자연스럽게 어울리고 정서적으로 안정감을 느낄 수 있도록 돕는 과정이 함께 이루어져야 한다. 친구들의 표정이나 억양, 몸짓을 잘 이해하지 못해 엉뚱한 반응을 보이거나 대화의 흐름을 놓칠 때, 이 아이들은 금세 오해받고 관계에서 소외되기 쉽다. 반복되는 경험은 불안과 위축으로 이어지고, 결국 학교생활 전반에 대한 자신감을 잃게 만든다.

이럴 때 교실 속 작은 배려가 큰 힘이 된다. 함께 참여할 수 있는 활동의 기회를 더 자주 주고, 또래와 협력하며 성취를 경험하게 하는 것만으로도 아이는 조금씩 달라진다. 교사의 긍정적인 피드백은 아이의 자존감을 지켜 주고, 부모의 격려는 그 변화가 이어지게 한다. 가정에서의 따뜻한 대화와 학교에서의 체계적인 지원이 서로 연결될 때, 아이는 자신이 혼자가 아님을 깨닫고 더 큰 용기를 낼 수 있다.

학교는 지식을 쌓는 공간을 넘어, 아이가 사회와 연결되는 다리다. 하루하루 반복되는 교실의 경험이 쌓여 아이의 사회성이 자라고, 관계를 맺는 힘이 길러진다. 이러한 배움 속에서 아이는 비록 느린 걸음을 걷더라도, 자기 속도로 세상과 어울리며 성장해 나갈 수 있다.

조기 발견이 핵심

느린 학습자를 돕는 첫걸음은 바로 조기 발견이다. 하지만 현실에서 이 과정은 쉽지 않다. 많은 부모가 "아직 어려서 그런 거다.", "조금 느릴 뿐이다."라고 생각하며 아이의 신호를 지나치곤 한다. '느린 학습자'라는 개념 자체를 알지 못하거나, 혹은 '낙인'이 찍힐까 두려워 상담이나 정밀 진단을 피하는 경우도 적지 않다. 실제 조사에서도 영유아기의 발달 지연을 정확히 인지한 부모는 절반에 미치지 못하는 것으로 나타났다. 결국 아이의 상태를 초등학교 고학년이 되어서야 알게 되는 사례도 많다.

진단 과정에서 한계점도 있다. 전문 심리검사 비용은 가정에 큰 부담이 되며, 검사 기관에 접근하는 것조차 쉽지 않다. 교사용 체크리스트나 간이 검사는 도움이 되지만, 신뢰도와 정확도 면에서 정확하게 진단하기에는 한계가 있다. 여기에 더해, 우리 사회에는 경계선 지능인을 대상으로 한 공식적인 실태조사나 통계 자료가 거의 없다. 그래서 이들이 어디에, 얼마나 존재하는지조차 제대로 파악하기 어렵고, 정책 설계와 지원 계획 또한 뚜렷하게 세우기 힘든 것이 현실이다.

아이들을 정확히 이해하기 위해서는 지능검사와 적응행동 검사를 함께하는 것이 바람직하다. 그러나 모든 학생을 대상으로 이런 검사를 시행하기에는 현실적인 제약이 크다. 결국 학교와 가정의 세심한 관찰과 협력이 무엇보다 중요하다.

조기 발견을 위한 체크리스트

"우리 아이, 혹시 도움이 필요한 걸까?"

이 체크리스트는 아이가 보내는 작은 신호를 살펴보는 도구이다. 정식 진단을 대신할 수는 없지만, 교사와 부모가 아이를 관찰하고 대화를 나누는 과정에서 조기 지원의 필요성을 확인하는 출발점이 될 수 있다.

※ 다음 항목 중 3개 이상이 꾸준히 관찰된다면 담임교사나 전문가와 상담을 권장한다.

❶ 학습 관련 징후

- ☐ 수업 내용을 이해하거나 따라가는 데 어려움을 보인다.
- ☐ 반복 학습을 해도 개념을 이해하기 어렵다.
- ☐ 읽기, 쓰기, 수학 등 기초 학습 영역에서 또래보다 뒤처진다.
- ☐ 과제나 시험에서 지시를 잘못 이해하거나 누락하는 일이 많다.
- ☐ 문제해결력이나 추론 능력이 부족하고, 자세한 설명이 필요하다.
- ☐ 말로 들은 내용을 글로 정리하는 데 어려움이 있다.

❷ 사회성 및 정서 행동 관련 징후

- ☐ 또래와 어울리기 힘들어하거나 혼자 지내는 시간이 많다.
- ☐ 상황 판단이 미숙해 부적절한 행동을 하거나 자주 오해를 산다.
- ☐ 감정 표현이 미숙하고 쉽게 좌절하거나 짜증을 낸다.
- ☐ 자기주장을 잘 하지 못하고, 의사소통에서 수동적인 태도를 보인다.
- ☐ 작은 변화에도 불안해하며 새로운 상황에 적응하는 데 시간이 오래 걸린다

❸ 일상생활 및 자기조절 능력 관련 징후

☐ 준비물 챙기기, 정리하기 같은 일상적인 일을 반복해서 잊는다.
☐ 지시를 잘 따르지 못하고 순서를 자주 혼동한다.
☐ 시간 개념이 부족하여 약속이나 시간 관리에 어려움이 있다.
☐ 단순한 규칙이나 일과도 익히는 데 오랜 시간이 걸린다.
☐ 실패나 좌절에 대한 인내력이 낮아 금세 포기하는 모습을 보인다.

체크리스트 활용 시 유의할 점

- 아이의 하루 모습만 보고 판단하지 말고, 최소 1~3개월 동안의 흐름을 살펴야 한다.
- 학교와 가정에서 각각 작성하여 비교해 보는 것이 효과적이다.
- 체크 항목이 많다고 해서 곧바로 문제가 있다고 단정하지 말아야 한다.
- 중요한 것은 "이 아이에게 조금 더 따뜻한 도움이 필요하구나."라는 신호로 이해하는 태도이다.
- 필요하다면 전문가 상담과 심리검사를 통해 정확히 파악하고, 아이에게 맞는 지원 계획을 세워야 한다.

열린 시선이 필요한 이유

느린 학습자, 경계선 지능 학생을 조기에 발견하는 일은 아이의 삶 전체를 바꿀 수 있는 중요한 출발점이다. 그러나 실제로는 이 과정이 쉽지 않다. 부모는 "혹시 지능이 낮다는 말을 듣게 되지 않을까?" 하는 두려움 때문에 진단과 상담을 망설이기도 한다. 사회 전반에 경계선 지능에 대한 이해와 인식이 부족한 것도 큰 걸림돌이 된다.

이렇듯 어려움이 많기에, 학교와 가정이 함께 열린 마음을 가지는 것이 무엇보다 필요하다. 선생님은 수업 시간의 작은 태도나 일상 속 행동까지 세심하게 관찰해야 하고, 부모는 가정에서 나타나는 미묘한 변화를 놓치지 않아야 한다. 학교는 정기적인 상담과 소통을 통해 부모와 협력하며 실질적인 해결책을 찾아가야 한다. 무엇보다 중요한 것은, 이 아이들을 부족한 존재가 아닌 단지 조금 다른 속도로 성장하는 아이로 바라보는 인식이다.

무엇을 관찰하고 면담해야 할까?

아이의 모습을 이해하기 위해서는 학업성취도만이 아니라 생활 전반을 종합적으로 살펴야 한다.

- **학습 관련**: 낮은 성적과 학업 부진, 부적응적 수업 태도(수업 불참/거부, 산만함, 무기력, 과제 미제출 등), 수업 준비 소홀(학습 준비물, 숙제 등)
- **심리·정서 관련**: 어두운 표정, 불안, 우울, 무기력, 과잉행동 등
- **돌봄, 안전, 건강 관련**: 잦은 결석, 지각, 늦은 귀가 또는 방과후 배회, 건강 상태 취약, 위생 상태, 잦은 보건실 방문, 폭력 노출 정황(아동학대, 학교폭력) 등
- **사회성 및 관계**: 또래 관계와 의사소통에서 소외, 위축 등
- **기타**: 진로, 관심사, 취미, 개인적 고민, 생활 습관 등

이러한 관찰과 면담 속에서 평소와 다른 모습이나 지속적인 어려움이 드러난다면, 그것을 단순한 문제행동으로 치부해서는 안 된다. 그것은

분명히 "도움이 필요하다."라는 신호일 수 있으며, 이 신호에 얼마나 빨리, 그리고 따뜻하게 반응하느냐가 아이의 미래를 좌우한다.

진단 과정

1단계: 종합적인 자료 수집 및 분석

학교 구성원들의 관찰 기록, 학생정서행동특성검사 결과, 심리종합검사 결과, 기존 학습 자료 등 아이의 배경 정보와 자료를 폭넓게 수집하고 분석한다. 학습 부진 원인을 분석할 때 학습 성적이 낮은 것을 기준으로 삼지 않고, 무엇 때문에 학습에 어려움을 겪는지 그 개별적이고 복합적인 원인을 찾아낸다.

- 검사 도구 활용

교육부/교육청 주관 전수조사

학생정서행동특성검사와 기초학력검사가 가장 많이 활용된다. 이 외에도 미디어 과의존 전수조사, 학교폭력위기진단 체크리스트, 학생 자살징후 체크리스트 등이 활용된다. 이 검사 결과에 따라 주의가 필요하다고 선정된 학생 정보가 단위 학교에 제공되고 심층 검사 및 후속 지원이 이어진다.

전문성이 필요한 심리검사

종합심리검사(풀배터리검사), SCT(문장완성검사), 웩슬러 지능검사 등이 비교적 높은 비율로 사용되며, 이는 Wee 클래스나 외부 전문 기관에 의뢰하여 실시하고 결과를 활용하는 경우가 많다는 것을 보여 준다. MMPI, BDI, TCI, PAT, HTP, 로르샤흐 검사 등 다양한 심리·정서 관련 검사도 활용된다.

> **느린 학습자 및 읽기 특성 검사**
>
> 느린 학습자 선별 체크리스트, 읽기 학습 특성 체크리스트 등도 활용된다.

- **외부 전문가 연계**

학교 내에서 파악하기 어려운 특정 지식이나 전문성을 요하는 경우, 부모님과 학생의 동의를 얻어 외부 전문가(정신건강의학과 전문의, 심리평가사 등)의 도움을 받아 심층적인 진단을 진행한다.

2단계: 부모 상담

"가장 가까운 사람과 함께 이야기 나누는 시간."

학교에서 이 아이는 조금 더 살펴봐야 할 것 같다고 판단하면, 그다음 단계는 부모 상담이다. 이 상담은 단순히 상황을 설명하는 자리가 아니라, 아이의 성장 과정을 가장 가까이에서 지켜본 부모와 교사가 함께 아이를 이해하는 시간이다. 그러나 이 과정이 언제나 순조로운 것은 아니다. 부모 입장에서는 "혹시 지능이 낮다는 건가요?"라는 불안이 먼저 밀려오기도 하고, "우리 아이가 그런 평가를 받는 건 싫습니다."라며 마음을 닫아 버리는 경우도 있다. 아이를 향한 사랑이 깊을수록, 받아들이기 어려운 현실 앞에서 방어적인 태도가 드러나는 것은 자연스러운 일이다.

그렇기에 상담에서는 무엇보다도 공감과 신뢰가 필요하다. 교사와 부모 모두 아이의 행복을 바라는 마음은 같다는 사실을 잊지 않는 것이 중요하다. 그 공통의 마음을 바탕으로 서로의 이야기를 듣고, 아이에게 필요한 지원 방법을 함께 찾아가는 과정이 부모 상담의 본질이다. 아이를 둘러싼 가장 가까운 어른들이 손을 맞잡을 때, 그 순간이 아이에게는 든든한 울타리가 생긴다. 이를 위해서는 몇 가지 반드시 지켜야 할 원칙이 있다.

- **'동의'는 신뢰의 시작**

아이를 지원하는 모든 과정, 특히 개인정보 수집이나 외부 기관과의 연계에는 부모의 동의가 필수적이다. 이때 학교는 아이의 상황과 지원 내용, 그리고 개인정보보호 원칙을 명확히 설명해야 한다. 동의 과정에서 투명하고 성실한 설명이 이루어질 때, 부모와 학교 사이에는 신뢰가 쌓인다. 다만 아동학대나 자살 위험 등 긴급한 위기 상황에서는 법적 근거에 따라 부모의 동의 없이도 즉각적인 개입과 신고가 가능함을 반드시 기억해야 한다.

- **개인정보보호의 중요성**

아이의 민감한 정보는 필요한 범위 내에서만 공유되어야 하며, 철저한 비밀 유지와 보안 관리가 뒤따라야 한다. 무심코 오가는 말 한마디가 아이에게 또 다른 상처가 될 수 있음을 늘 명심해야 한다.

- **진단은 끝이 아니라 시작**

진단은 아이를 평가하기 위한 종착점이 아니라, 맞춤형 지원을 설계하는 출발점이다. 학교와 가정, 지역사회가 꾸준히 소통하고 협력하여 아이의 변화를 지켜보아야 한다. 특히 학년이 바뀔 때마다 교사 간 학생 정보가 자연스럽게 공유되어야 지속적인 지원이 가능하다. 아이가 성장하는 전 과정에서 끊임없는 배려와 연속적인 지원이 이어질 때, 비로소 그 아이는 자기 속도대로 성장하며 스스로의 가능성을 펼칠 수 있다.

3단계: 학습지원대상학생 최종 선정

"꼼꼼하게 살피고, 함께 결정한다."

조기 진단 결과, 교사의 추천, 부모 상담 등 다양한 정보를 종합적으로 고려하여 학교는 최종적으로 학습지원이 필요한 학생을 선정한다. 이 과정은 학교의 학습지원위원회나 관련 협의 조직을 통해 이루어지며, 개별 학생의 상황을 세심하게 검토한 뒤 신중히 결정된다. 단순한 성적이나 검사 결과만이 아니라, 교실 속 관찰, 가정의 의견, 정서와 사회성까지 모두 포함된 종합 판단이 중요하다.

4단계: 맞춤형 학습지원 시작

학습지원대상학생으로 선정되면, 그 순간부터는 아이를 위한 개별화된 맞춤 학습지원이 본격적으로 시작된다. 경계선 지능 학생이든, 또래보다 조금 느린 학습자든, 이들을 바라보는 출발점은 하나다. 그것은 '우리 아이를 제대로 바라보는 일'이다.

조기에 발견하고 조기에 지원한다면, 아이들은 분명히 자기 삶을 스스로 이끌어 갈 힘을 키울 수 있다. 이 장에서 강조하고자 하는 것은 어떤 아이를 '문제아'로 규정하려는 것이 아니다. 오히려 작은 신호 속에 숨어 있는 아이의 가능성을 놓치지 않기 위한, 우리 모두의 노력이 시작되어야 한다는 점이다.

함께 걷는 성장의 길

혹시 우리 아이가 조금 느리다고 느껴지는가? 혹은 수업에서 늘 뒤처지는 것 같아 마음이 무거운가? 그렇다면 혼자 고민하지 말고, 학교와 손을 잡아 함께 걸어가는 것이 필요하다. 가정과 학교, 그리고 지역사회가 함께 연결될 때, 아이는 비로소 든든한 울타리 안에서 자기 속도로 자라날 수 있다. 작은 신호에 귀 기울이고, 그 순간을 놓치지 않고 관심으로 이어 갈 때, 그 힘은 아이의 미래를 바꾸는 가장 큰 원동력이 된다.

종합심리검사(풀배터리검사)

학교에서 만나는 아이들은 겉으로는 비슷해 보여도, 학습 태도나 친구 관계, 감정 표현 방식이 각기 다르다. 어떤 아이는 수업 내용을 잘 이해하지 못하는데도 밝게 웃고, 또 어떤 아이는 성적은 우수하지만 늘 불안해 보이기도 한다.

종합심리검사(풀배터리검사)는 이런 아이의 발달 특성을 이해할 수 있는 하나의 방법이다. 우리가 몸의 건강을 확인하기 위해 건강검진을 받듯, 마음과 발달을 전반적으로 살펴볼 수 있는 과정이라 할 수 있다.

종합심리검사는 인지·사고 능력, 정서 상태, 행동 양식, 생활 방식 등을 다양한 심리검사로 종합 평가하는 검사이다. 만 4세부터 성인까지 누구나 받을 수 있으며, 나이와 발달 수준에 따라 검사 도구와 내용이 다르다. 종합심리검사는 크게 인지 기능 검사, 신경 심리검사, 정서 평가 세 영역으로 나뉜다.

인지 기능 검사에는 대표적으로 웩슬러 지능검사(K-WISC-V)를 사용한다. 언어 이해, 시공간, 유동 추론, 작업 기억, 처리 속도 등 5개 영역을 평가해 전체 지능지수뿐 아니라 영역별 강·약점을 파악한다.

신경 심리검사는 BGT, VMI 등 시각·운동 과제를 통해 시지각 능력과 신경생리학적 문제를 선별한다. 전산화된 주의력 검사로 시각·청각 주의집중 정도도 확인한다.

정서 평가로 그림 그리기, 모호한 자극 반응(투사 검사) 등을 활용하여 사고 과정과 정서 상태, 성격적 특징, 가치관, 내면의 갈등을 파악한다.

일부 기관에서는 부모 검사를 해 양육 태도, 스트레스 수준 등 가정환경이 아이 발달에 미치는 영향도 함께 확인할 수 있다. 검사는 부모·교사로부터 발달사, 현재 어려움, 관찰 내용을 듣는 사전 면담, 검사 실시, 검사 결과 분석과 해석, 검사 결과 설명과 상담 등의 절차에 따라 진행된다. 종합심리검사는 아래와 같은 경우에 실시한다.

- 아이가 지시나 규칙을 따르는 데 어려움이 있는 경우
- 또래 관계에서 지속적인 갈등이 있는 경우
- 여러 가지 문제로 수업과 활동 참여가 어려운 경우
- 특별한 문제는 없지만 아이를 더 이해하고 싶은 경우

종합심리검사는 소아정신과 심리상담센터에서 주로 받을 수 있다. 임상 심리 전문가 자격증을 소지한 전문가에게 검사를 받아야 한다. 검사 결과는 아이를 이해하고 지원하기 위한 출발점으로 삼아야 한다. 종합심리검사는 점수만 매기려는 검사가 아니라, 아이의 마음과 가능성을 이해하고 키워 주는 나침반 역할을 한다.

| 난독증 선별과 진단: '읽기' 어려움의 이유 찾기 |

난독증의 이해와 조기 발견의 중요성

난독증의 조기 선별과 진단은 아이가 학습에서 성공을 경험할 수 있도록 돕는 첫길음이다. 학교와 가정이 협력해 작은 신호를 놓치지 않고, 전문적인 검사를 통해 정확히 이해하며, 맞춤형 지원을 제공할 때 아이는 자신만의 방식으로 배움의 길을 이어 가며 가능성을 펼칠 수 있다.

난독증은 단순히 책을 잘 읽지 못하는 문제가 아니다. 지능이나 학습 의지가 부족해서 생기는 것도 아니다. 난독증은 뇌의 읽기 처리 과정에 특이성이 있어 글자를 정확하고 유창하게 읽는 데 어려움이 생기는 특정 학습장애다.

난독증 아동은 글자를 보고 소리로 바꾸는 '해독' 과정에서 어려움을 겪는다. 이 때문에 단어를 또박또박 읽지 못하고 속도가 느리거나, 일부 글자만 보고 전체를 추측하여 읽는 '추측 읽기'가 나타나기도 한다. 또한 읽기에 과도한 인지적 에너지를 쓰다 보니, 읽는 동시에 내용을 이해하는 데 어려움을 겪는 경우도 많다. 그래서 다른 사람이 읽어 주는 글은 잘 이해하지만, 정작 본인이 직접 읽는 데는 큰 부담을 느낀다.

이 아이들 가운데 일부는 책을 읽을 때 자꾸 더듬거리거나 단어를 잘못 읽기도 하고, 반복되는 좌절 때문에 아예 읽기를 꺼리기도 한다. 많은 부모와 교사가 이런 모습을 단순히 '게으름'이나 '집중력 부족'으로 오해하지만, 그 이면에는 난독증이라는 신경학적 요인이 자리할 수 있다.

중요한 점은 난독증이 극복 불가능한 문제가 아니라는 사실이다. 조기에 발견하고 체계적으로 지원한다면, 아이는 충분히 개선의 길을 걸을 수 있다. 따라서 난독증을 단순한 학습 부진이 아닌 다른 방식의 배움으로 바라보는 태도가 필요하다. 이른 발견과 맞춤형 지원이 아이의 미래를 바꾸는 첫걸음이 된다.

난독증에 대한 대표적인 오해와 진실

난독증은 여전히 많은 오해 속에 가려져 있다. 하지만 잘못된 인식을 바로잡는 것은 조기 발견과 효과적인 지원을 위해 꼭 필요한 과정이다.

- **지능이 낮아서 생기는 것일까?**

    아니다. 난독증은 지능과 무관하다. 오히려 높은 지능을 가진 난독증 인물도 많다. 영화감독 스티븐 스필버그, 배우 톰 크루즈가 대표적인 사례다.

- **시력이 나빠서일까?**

    아니다. 시력이 정상이어도 글자와 소리를 연결하는 뇌 회로의 특성이 바뀌지 않으면 읽기 어려움은 여전히 남는다.

- **시간이 지나면 저절로 나아질까?**

    아니다. 조기 개입 없이 방치하면 읽기 격차는 점점 더 커진다. 난독증은 아이가 성장하면서 자연스럽게 사라지지 않는다.

- **책만 많이 읽히면 해결될까?**

    아니다. 책을 많이 읽으면 어휘력은 향상될 수 있으나, 글자를 소리로 바꾸는 해독 능력은 충분히 개선되지 않는다.

- **글자를 거꾸로 쓰면 난독증일까?**

    꼭 그렇지 않다. 글자를 거꾸로 쓰는 것은 초기 발달 단계에서 흔히 나타나는 현상이다. 그러나 학령기에 들어서도 지속된다면 난독증을 의심해 볼 수 있다.

난독증은 '의지 부족'이나 '게으름'의 문제가 아니다. 이는 뇌가 글자를 소리로 변환하는 경로에 독특한 특성이 있기 때문에 나타나는 학습 방식이다. 중요한 것은 이 차이를 빨리 알아차리고, 아이에게 맞는 지원을 시작하는 일이다. 그 순간부터 아이는 더 이상 실패의 경험 속에 머무르지 않고, 자신만의 배움의 길을 걸어갈 수 있다.

난독증의 발달 단계별 초기 징후

난독증의 징후는 아이의 발달 단계에 따라 다양하게 나타난다.

❶ 초등학교 입학 전(유아기)

이 시기에는 주로 언어 발달과 관련된 어려움이 두드러지게 나타난다.

- 말하기 발달 지연

또래보다 말을 늦게 시작하거나 혀 짧은 소리(baby talk)가 오랫동안 지속된다. 단어를 자주 잘못 발음하는 모습도 보인다.

- 소리 인식의 어려움

말소리를 음절이나 음소 단위로 나누어 인식하는 데 어려움을 겪는다. 예를 들어, '곰'이라는 단어에서 'ㄱ'이 [g] 소리를 낸다는 것을 이해하기 힘들어한다. 특정 소리나 운율을 구별하는 능력도 약하다.

- 글자에 대한 낮은 관심

글자에 흥미가 적어 이름을 쓰기 어려워하거나, 이름 속 자음과 모음의 이름조차 익히지 못하는 경우가 있다.

- 순서나 이름 혼동

자음의 순서, 숫자, 요일, 색깔, 모양 등의 이름을 혼동하기도 하며, 사물이나 숫자, 글자 이름을 빠르게 말하는 데 어려움을 보인다.

- 긴 단어 발음 어려움

길이가 긴 단어를 정확하게 발음하지 못하고 중간 소리를 빠뜨리거나 어색하게 발음하는 경우가 많다.

❷ 초등학교 저학년 시기

아이들이 본격적으로 읽고 쓰기를 배우기 시작하는 시기에는 난독증의 특징이 더욱 뚜렷하게 드러난다.

• **단어 해독의 어려움**

아주 익숙한 단어를 제외하고는 글자를 제대로 읽지 못한다. 특히 받침이 있는 낱말이나 이중모음이 포함된 단어에서 어려움이 두드러진다.

• **읽기 오류**

글자의 형태와 관계없이 읽는 과정에서 잦은 실수가 나타나며, 특히 소리를 나누어 읽어야 하는 단어나 발음이 바뀌는 단어를 읽을 때 큰 어려움을 겪는다.

• **쓰기 어려움**

눈으로 보고 따라 쓰는 베껴 쓰기는 가능하지만, 들은 말을 적는 받아쓰기는 매우 힘들어한다. 쓰기 속도가 느리고, 글씨를 알아보기 어려운 경우가 많다.

• **자음, 모음 순서 혼동**

단어 속에서 자음과 모음의 순서를 자주 혼동하여 글자를 바꿔 쓰거나 빠뜨린다.

• **읽기 활동 회피**

혼자 책을 읽거나 문제를 푸는 활동을 기피하는 경향이 강하다. 그러나 다른 사람이 글을 읽어 주면 내용을 비교적 잘 이해하는 모습을 보인다.

❸ 초등학교 고학년 시기

읽기 활동이 점점 더 복잡해지는 시기에는 난독증으로 인한 학습 격차가 더욱 커지기 쉽다. 이 시기 아동은 읽기뿐 아니라 학습에서 난독증의 영향을 크게 받는다.

- 느리고 힘든 읽기

글을 유창하게 읽지 못하고 속도가 느리며, 읽는 과정 자체를 힘들어한다.

- 읽기 오류 지속

긴 단어나 낯선 외래어를 읽을 때 글자를 생략하거나, 비슷한 단어로 바꿔 읽는(대치) 오류가 자주 나타난다.

- 읽기 이해 부족

조사와 같은 기능어를 잘 이해하지 못해 문장의 의미를 정확히 파악하지 못하며, 전체 글의 내용을 이해하는 데도 어려움을 겪는다.

- 쓰기 및 작문 어려움

철자법과 띄어쓰기를 자주 틀리고, 문단 구성이나 표현력이 부족해 작문 능력이 떨어진다.

- 책 읽기 회피

읽기 실패가 반복되면서 자존감이 낮아지고, 책 읽기에 대한 거부감이 커진다.

- 과제 수행의 어려움

읽기 속도가 느려 과제를 시간 내에 끝내지 못하는 경우가 많으며, 전체적인 학습 성취에도 영향을 미친다.

❹ 청소년기 및 성인기

읽기 어려움이 지속되면서 학습 전반은 물론 일상생활 전반에도 난독증의 영향이 나타난다. 이 시기에는 학업성취와 진로 선택, 사회적 관계에도 직접적인 영향을 미치게 된다.

- 느리고 힘든 읽기의 지속

여전히 글을 빠르고 유창하게 읽지 못하며, 때로는 소리 내어 읽어야만 내용을 이해할 수 있다.

- 읽기 방식의 변화

글을 자세히 읽기보다 대충 훑어보는 경향이 강해지고, 독서 활동량 자체가 크게 줄어든다.

- 이해 및 작문 능력 부족

읽기 이해력이 낮고, 작문 능력이 부족하며, 철자법 실수가 성인이 되어서도 반복된다.

- 기억의 어려움

날짜, 사람 이름, 전화번호 등을 외우는 데 어려움을 겪으며, 특정 단어나 이름을 정확히 발음하거나 기억하지 못하는 경우가 있다.

- 일상생활의 어려움

구두 어휘력이 제한적이거나, 문서를 작성하고 독서를 끝내는 데 어려움을 느낀다. 영어와 같은 외국어 학습에서 특히 난관을 겪는 경우가 많다.

난독증은 시간이 지나면 저절로 나아지는 어려움이 아니다. 적절한 지원 없이 방치되면 초등학교 저학년부터 또래와의 읽기 격차가 벌어지기 시작하고, 그 차이는 청소년기까지 이어진다. 이렇게 누적된 격차는 학습 전반에서 자신감을 잃게 만들고, 다른 교과 학습에도 부정적인 영향을 미칠 수 있다.

따라서 난독증이 의심된다면 학령기 전이나 초기에 정확한 진단과 개입을 받는 것이 가장 효과적이다. 조기에 시작한 지원은 아이가 좌절 대신 성취를 경험하도록 이끌며, 자기 잠재력을 충분히 발휘할 수 있는 토대를 마련한다.

난독증 선별 방법

난독증 선별은 학교나 가정에서 아이를 관찰하고, 간단한 검사를 통해 심층 검사가 필요한 학생을 가려내는 과정이다. 조기 진단으로 이어지는 출발점이자, 아이의 배움과 성장을 지켜 내는 중요한 절차다.

❶ 면접

면접은 난독증 위험이 있는 학생을 파악하기 위한 과정이다. 교사와 부모의 대화를 통해 아이의 발달 과정과 학습 태도를 세심하게 살핀다.

- 아이의 특성 알아보기

가정과 학교에서 보이는 아이의 모습을 비교하여 장점과 취약한 부분을 살펴본다.

- 가족력 확인

부모 중 한 명이라도 난독증이 있는 경우, 자녀에게서 같은 어려움이 나타날 확률이 높다.

- 언어 발달 지연 여부 확인

언어 발달 지연은 난독증의 직접적인 원인은 아니지만, 읽기와 쓰기 발달을 늦추어 난독증을 심화할 수 있다.

면접은 단순한 질문과 답변을 넘어, 아이의 성장 과정을 입체적으로 이해하는 과정이다. 작은 단서들이 모여 아이의 학습 어려움을 조기에 발견할 수 있는 소중한 자료가 된다.

❷ 관찰 평가

관찰 평가는 아이의 일상에서 나타나는 읽기 관련 행동과 태도, 읽기 습관과 특징을 세밀하게 살펴보는 과정이다. 교실이나 가정에서의 작은 모습 하나가 난독증의 조기 징후를 알려 줄 수 있다.

- 유아기(5~7세)

알파벳(자모음)이나 글자 인식에서 어려움을 보이거나, 말소리를 구별하고 운율을 파악하는 일에 서툴다. 익숙한 사물, 글자, 숫자의 이름을 빠르게 말하지 못하며, 책에 관심이 적은 경우가 많다.

- 초등(8~12세)

책 읽기 활동이 부족하고, 읽기 속도가 느리며 부정확하다. 읽은 내용을 기억하거나 이해하는 데 어려움을 보이고, 철자와 맞춤법에서도 오류가 잦다.

- 청소년기 및 성인기

읽기와 작문에서 반복적인 오류가 지속되며, 긴 단어와 새로운 단어를 읽거나 발음하는 시간이 오래 걸린다. 읽기 속도가 느리고 쉽게 피로해져 독서 활동량이 현저히 줄어드는 것이 특징이다.

관찰 평가는 난독증을 진단하기 위한 단순 기록이 아니라, 아이의 배움 방식과 어려움을 이해하는 창이다. 작은 행동 하나도 놓치지 않고 살펴볼 때, 조기 개입의 기회가 열린다.

❸ 간단한 검사

관찰과 면담에서 난독증이 의심될 경우, 학교와 가정에서는 간단한 검사 도구를 활용해 아이의 읽기 특성을 좀 더 구체적으로 파악할 수 있다. 이는 정밀 심리검사가 필요한지 가늠하는 중요한 과정이다.

- 1분 읽기 유창성 검사

학년 수준에 맞는 짧은 텍스트를 1분간 읽게 한 후, 정확하게 읽은 글자 수(음절 수 또는 어절 수)를 산출하여 읽기 유창성을 확인한다. 또래와 비교했을 때 읽기 수행이 눈에 띄게 낮은지, 어떤 유형의 오류가 반복되는지 살펴보는 데 유용하다.

- 한글 또박또박 검사

웹 기반 검사로, 5분 이내의 짧은 시간에 학생의 한글 해득 수준을 점검할 수 있다. 글자-소리 대응, 단어 읽기(받침 유무, 의미/무의미 단어), 읽기 유창성, 쓰기 능력 등을 확인하며, 검사 결과를 통해 개별 학생의 지도 계획을 세우는 데 도움을 준다.

- **읽기 학습 특성 체크리스트**

한국교육과정평가원에서 만든 표준화 검사이다. 저학년(18문항)과 고학년(20문항)으로 나뉘며, 약 15분 정도 걸린다. 검사에서는 소리 인식, 글자·단어 읽기, 읽기 속도와 정확성, 글 이해, 글 쓰기 등 다섯 영역을 살펴본다. 그 결과 난독증 가능성이 있는지 또는 읽기곤란 위험군(고위험/저위험)에 속하는지를 알 수 있다. 다만 학생의 읽기 특성을 잘 아는 사람이 검사해야 하며, 주관적인 판단이 개입될 수 있다는 점을 유의해야 한다.

❹ 전문가에 의한 심층 진단

선별검사에서 난독증이 의심되는 학생은 전문가의 도움을 받아 종합적이고 심층적인 검사를 받게 된다. 이는 단순히 읽기 성취 수준만을 확인하는 것이 아니라, 읽기 수행과 밀접한 관련이 있는 인지 처리 과정까지 함께 살펴보는 절차다.

- **읽기 성취 능력 검사**

> **해독(Decoding)**
> 글자를 소리로 변환할 수 있는 능력을 평가한다. 의미 단어와 무의미 단어, 음운변동이 없는 단어와 음운변동이 있는 단어 등을 읽게 하여 정확성을 측정한다.
>
> **단어 읽기 유창성**
> 제한된 시간 내에 단어를 얼마나 빠르고 정확하게 읽을 수 있는지를 평가한다.

문단 글 읽기 유창성
문장과 문단 수준에서 속도와 정확성을 종합 평가한다.

읽기 이해
글을 읽고 내용을 이해하는 능력을 평가한다. 사실적 이해, 추론적 이해, 평가적 이해 등 다양한 수준에서 측정한다.

철자(Spelling)
맞춤법에 맞게 글자를 쓰는 능력을 평가한다. 교사가 불러 주는 낱말이나 문장을 받아쓰는 과제와 자기 생각을 글로 표현하는 능력이 포함된다.

듣기 이해
글을 읽어 준 뒤 내용을 얼마나 정확히 이해했는지 질문을 통해 측정한다.

- 읽기 관련 인지 처리 능력 검사

난독증은 단순히 글자를 읽고 쓰는 기술의 문제가 아니라, 읽기를 가능하게 하는 인지 처리 과정의 어려움과 깊이 연관되어 있다. 따라서 심층 진단에서는 다음과 같은 인지 영역을 함께 평가한다.

음운 인식 능력
말소리의 구성 단위인 음절과 음소를 인지하고, 이를 분절, 합성, 분리, 탈락, 대치하는 등의 조작 능력을 평가한다. 이는 난독증의 핵심 원인으로 가장 중요하게 다뤄진다.

음운 작업 기억

음운 정보를 일시적으로 저장하고 필요한 순간에 불러내는 능력이다. 숫자, 문장, 낱말, 무의미 음절을 따라 말하게 하는 과제를 통해 평가한다.

빠른 이름 대기(Rapid Naming)

글자, 숫자, 사물, 색깔과 같은 자극을 보고 장기기억 속 음운 정보를 얼마나 빠르고 정확하게 인출하는지 측정한다. 읽기 속도, 유창성과 밀접하게 연결된 영역이다.

자모 지식

자모의 이름과 소리를 정확하게 알고 있는지, 이를 얼마나 신속하고 정확하게 산출할 수 있는지를 평가한다.

시각 주의력 검사

시각적 자극에 주의를 집중하고 효율적으로 처리하는 능력을 평가한다. 이는 글자를 식별하고 주어진 텍스트에 집중하는 능력과 관련된다.

- **표준화된 진단검사 도구**

난독증의 진단은 과학적이고 신뢰할 수 있는 표준화된 검사 도구를 통해 이루어진다. 이러한 검사는 아이의 읽기 성취 수준뿐 아니라, 읽기에 영향을 미치는 인지 처리 과정을 다각도로 평가할 수 있도록 설계되어 있다.

읽기 성취 및 읽기 인지 처리 능력 검사(RA-RCP)

초등학교 1~6학년 학생을 대상으로 하며, 읽기 성취 수준과 읽기 관련 인지 처리 능력을 함께 측정한다.

한국어 읽기 검사(KOLRA)
한국어의 발달적, 언어적 특성에 기초한 읽기 장애 평가 도구로, 학생의 읽기 위험 여부와 함께 하위 영역별 강점과 약점을 파악할 수 있다.

종합학습능력검사(CLT-R)
아동과 청소년을 대상으로 난독증의 조기 선별과 진단, 그리고 중재 후 향상 정도까지 확인할 수 있는 검사이다.

기초 학습 기능 수행평가 체제(BASA)
초기 문해(EL)와 읽기(R) 영역을 평가하여 아동의 문해 수행 수준과 발달 정도를 살피고, 읽기 유창성과 오류 패턴을 파악한다.

국립특수교육원 기초학습능력검사(NISE-B·ACT)
유치원부터 중학교까지 학생을 대상으로 기초학습능력을 평가하며, 특수교육대상 학생 여부를 선별하고 진단하는 데 활용된다.

난독증 진단과 지원의 원칙

난독증은 단순히 '책을 잘 읽지 못하는 것'만으로 판단할 수 없다. 정확한 진단을 위해서는 읽기 능력뿐 아니라 지능, 언어, 기억, 주의력 등 학습 전반의 기초 능력을 함께 살펴보아야 한다. 이러한 과정은 전문적인 지식과 경험이 요구되므로, 반드시 임상심리사, 언어재활사, 특수교사 등 전문가의 도움을 받는 것이 중요하다.

난독증 진단에는 읽기 검사 외에도 지능검사, 인지 처리 능력 검사, 발달사 분석이 포함된다. 종합 검사를 통해 난독증 여부를 확인할 뿐만 아니라, 아이의 강점과 약점을 파악하여 맞춤형 지도 계획을 세울 수 있다.

다만 난독증으로 판단하기 전에, 읽기 어려움이 다른 원인에서 비롯된 것은 아닌지 반드시 확인해야 한다. 다음과 같은 요인이 명확히 존재한다면 난독증이 아니라 '읽기 부진'으로 분류할 수 있다.

- 감각적 요인: 시각장애, 청각장애
- 발달·인지 요인: 지적장애, 발달 지연
- 정서·행동 요인: 우울, 불안, 주의력결핍 등
- 환경적 요인: 교육 기회 부족, 문화·언어 차이, 경제적 결핍

그러나 이러한 배제 요인이 명확하지 않다면, 무조건 난독증이 아니라고 결론짓기보다 잠재적인 난독 위험군으로 분류하여 조기 지도와 지원을 시작하는 것이 바람직하다.

난독증 학생은 진단 이후 개별 맞춤형 읽기 학습지원을 받을 수 있다. 이는 교육청 조례에 따른 공적 지원, 난독증 바우처 기관을 통한 전문 훈련 및 치료 지원 등으로 이어진다. 이러한 지원은 단순히 읽기 능력 향상에 그치지 않고, 아이가 학습 자신감을 회복하고 정서적 안정을 찾는 데 큰 도움이 된다.

따라서 난독증 진단은 단순히 '읽기 검사 한 번'으로 끝나는 과정이 아니다. 종합적 평가 ⇨ 배제 요인 확인 ⇨ 맞춤형 지원이라는 세 단계를 거쳐야만 아이는 읽기 어려움의 벽을 넘어설 수 있다.

| 장애 진단: '낙인'이 아닌 '지원'의 시작 |

장애 진단은 단순히 의학적 판단이나 서류상의 절차가 아니다. 아이가 일상과 학습에서 겪는 어려움을 정확히 이해하고, 필요한 지원을 제공하기 위한 출발점이다. 지능, 언어, 감각, 정서, 행동 등 다양한 영역을 종합적으로 살펴야 하며, 그 과정에서 교사, 부모, 전문가가 함께 협력한다. 겉으로 드러나는 모습만으로는 쉽게 판단하기 어렵다. 정밀한 검사와 다각적인 관찰, 부모와의 상담을 통해 아이의 발달적 특성과 요구를 이해하는 과정이 필요하다. 무엇보다 중요한 것은 장애 진단이 아이의 가능성을 제한하는 낙인이 아니라, 적절한 지원을 연결하는 열쇠라는 점이다. 조기에 정확한 진단을 통해 맞춤형 지원이 시작될 때, 아이는 자기 속도에 맞게 배우고 성장하며, 삶의 여러 영역에서 잠재력을 발휘할 수 있다.

발달 지연이 심해지거나 일정한 기준에 부합할 경우, 전문적인 검사를 거쳐 장애 진단으로 이어질 수 있다. 이 과정은 아이에게 낙인을 찍기 위한 절차가 아니라, 아이의 상태를 정확히 이해하고 법적·제도적 지원의 문을 여는 출발점이다. 진단은 곧 맞춤형 지원을 연결하는 다리이며, 아이가 교육 환경과 사회 속에서 자기 속도에 맞게 성장할 수 있도록 돕는다.

특수교육대상학생이란?

특수교육대상학생은 장애로 인해 학습과 생활에서 특별한 교육적 지원이 필요한 학생을 의미한다. 이는 단순히 '장애가 있는 학생'을 지칭하는 것이 아니고, 교육과정에 접근하고 학습을 성취하기 위해 개별화된 지원이 필요한 경우를 포괄한다.

시도교육청은 「장애인 등에 대한 특수교육법」에 근거하여 매년 특수교육대상자를 선정하고 배치하며, 지원은 유치원에서 초·중·고등학교, 나아가 전공과 과정까지 연속적으로 이어진다. 이 제도적 기반은 아이들이 배움의 권리를 잃지 않도록 지켜 주는 든든한 울타리이다.

특수교육대상학생의 장애 유형

「장애인 등에 대한 특수교육법」 제15조는 특수교육대상학생을 신체적·정신적 장애로 인해 교육적 지원이 필요한 아동·학생으로 정의한다. 법은 이들을 조기에 발견하고, 개별화된 교육 및 관련 서비스를 제공함으로써 모든 학생이 균등한 교육 기회를 보장받도록 하고 있다.

우리나라 특수교육대상학생의 장애 유형은 다음과 같이 구분된다. 각 유형은 학생의 특성과 교육적 필요를 반영하며, 둘 이상의 장애가 동시에 나타나는 중도중복장애 학생도 포함한다.

- **시각장애**: 시력 손실이나 시각 처리 기능 이상으로 학습 활동에 어려움이 있는 경우. 점자 지도, 확대 교재, 보조공학 기기 지원 등이 필요하다.
- **청각장애**: 청력 손실이나 청각 처리 기능 이상으로 의사소통과 학습이 제한되는 경우. 보청기, 인공와우, 자막 지원, 수어 통역 등이 제공된다.
- **지적장애**: 지적 기능과 적응행동 모두에서 발달이 지체되어 교육적 지원이 필요한 경우. 기초학습능력 지도와 더불어 일상생활 기술 훈련이 함께 이루어진다.
- **정서·행동 장애**: 정서적 불안정이나 행동 조절의 어려움으로 학교생활에 적응하기 힘든 경우. 상담·치료와 함께 학습 환경 조정이 필요하다.
- **지체장애**: 신체의 일부 또는 전반의 기능이 저하되어 이동이나 활동에 제한이

있는 경우. 무장애 환경 조성과 보조도구 지원이 핵심이다.

- **자폐성장애**: 사회적 의사소통과 상호작용에 어려움이 있고, 제한적, 반복적 행동이 특징적인 경우. 개별화 교육과 구조화된 환경 제공이 중요하다.
- **의사소통장애**: 말·언어 발달 지연이나 장애로 의사소통에 제한이 있는 경우. 언어치료와 대체·보완 의사소통(AAC) 지원이 포함된다.
- **학습장애**: 지능은 정상 범위이지만 특정 학습 영역(읽기, 쓰기, 수학)에 현저한 어려움이 있는 경우. 난독증(읽기), 난산증(수학), 난필증(쓰기)이 대표적이다.
- **건강장애**: 장기간 치료가 필요한 만성질환이나 건강 상태로 학교생활이 제한되는 경우. 심장질환, 뇌전증, 암 치료 등으로 인한 교육적 지원이 여기에 해당한다.
- **발달지체**: 만 3세 이상 9세 미만의 아동이 인지, 의사소통, 사회·정서, 운동, 적응행동 등 한 가지 이상의 발달 영역에서 발달이 늦은 경우이다. 조기 발견과 개입이 무엇보다 중요하며 놀이, 언어, 운동 발달 지원 프로그램이 효과적이다.
- **중도중복장애**: 두 가지 이상의 장애가 함께 나타나거나, 하나의 장애가 매우 심하여 학습과 생활 전반에 걸쳐 광범위한 지원이 필요한 경우. 지적장애와 청각장애가 동시에 있거나, 지체장애가 매우 심한 경우 등이 해당한다. 의료, 재활, 교육을 아우르는 다학문적 접근이 요구된다.

정확한 장애 유형 판별은 단순한 분류 작업이 아니다. 이는 학생 개개인에게 가장 적합한 교육적 지원을 설계하는 출발점이다. 예컨대 발달지체로 진단된 유아는 초기 개입을 통해 발달 속도를 높일 수 있으며, 중도중복장애 학생은 특수교사, 치료사, 특수교육 지원인력이 협력하는 통합적 지원 체계가 필요하다.

특수교육대상학생 진단·평가 절차

우리 아이가 또래와 비교했을 때 발달이 늦거나 학습, 의사소통, 행동에서 지속적 어려움이 있다면 이는 단순한 일시적 부진이 아니라 특수교육이 필요한 상황일 수 있다. 이 경우 「장애인 등에 대한 특수교육법」에 근거하여 진단·평가 절차를 거치게 되며, 이를 통해 아이는 자신에게 꼭 맞는 교육적 지원을 받을 수 있다.

진단·평가 절차는 단순히 '장애 여부'를 판정하기 위한 과정이 아니다. 오히려 아이의 발달적 특성과 교육적 요구를 정밀하게 파악해 맞춤형 지원을 설계하는 첫 관문이다. 이 과정에서 부모, 교사, 전문가가 협력하면 아이는 자기 잠재력을 최대한 발휘할 수 있다.

진단·평가의 주요 단계

❶ 추천

부모, 담임교사, 유치원 교사, 특수교사, 의료·재활 전문가 등이 아이의 발달 지연이나 학습, 의사소통, 행동상의 어려움을 발견하면 교육적 지원이 필요하다고 판단하여 추천한다.

❷ 자료 수집

학교, 가정, 의료기관을 통해 발달 기록, 학업성취 자료, 건강 정보, 관찰 기록 등 다양한 기초자료를 폭넓게 수집한다

❸ 전문가 평가

교육지원청 특수교육지원센터나 지정 전문 기관에서 지능검사, 학습

능력검사, 발달검사, 언어검사, 종합심리검사, 감각·운동기능검사 등 다각적인 전문 평가가 실시된다. 특히 발달지체나 중도중복장애의 경우, 발달 영역별 차이와 복합 장애 요소를 세밀히 분석한다.

❹ 선정 및 심의

전문가들은 검사 결과와 관찰 자료를 종합해 교육적 필요와 장애 유형을 선정한다. 선정 결과는 특수교육운영위원회에 회부되며, 이곳에서 학생의 특성과 필요에 맞는 학교 배치, 치료 지원, 보조공학기기, 통학 지원 등의 세부 방안을 심의한다.

❺ 배치 및 통보

특수교육대상자 선정과 배치 결과는 부모에게 서면으로 통보되고, 일반학교 일반학급, 일반학교 특수학급 또는 특수학교 배치 절차가 진행된다.

❻ 개별화교육계획 수립

학생이 배치된 기관에서는 학습, 사회성, 자립생활, 치료 지원, 특수교육 관련서비스 등 전 영역을 아우르는 개별화교육계획(IEP)을 수립하여 맞춤형 교육을 시작한다.

특수교육대상학생의 진단·평가 절차는 아이를 단순히 판정하기 위한 과정이 아니다. 그것은 아이가 가진 강점과 잠재력, 그리고 추가적인 지원이 필요한 영역을 찾아내기 위한 출발점이다.

많은 부모가 '특수교육대상'이라는 말에 막연한 두려움을 느끼지만,

이 절차를 거치면 오히려 아이에게 꼭 맞는 지원과 환경을 확보할 수 있다. 특히 발달지체나 중도중복장애 아동처럼 조기 개입이 중요한 경우, 진단과 평가는 그 아이의 성장 곡선을 바꾸는 결정적인 계기가 된다.

추천에서 시작해 자료 수집, 전문가 평가, 위원회 심의, 부모 동의, 학교 배치와 IEP 수립에 이르는 모든 단계는 서로 연결된 교육 여정의 퍼즐 조각이다. 그 퍼즐이 완성될 때, 아이는 자기 속도에 맞춰 배우고 성장할 수 있는 길 위에 서게 된다.

따라서 부모와 교사는 절차를 정확히 이해하고 필요한 자료와 의견을 적극적으로 제공해야 한다. 전문가와의 긴밀한 협력 속에서 아이는 안전하고 든든한 교육 환경을 보장받고, 자신의 가능성을 마음껏 펼칠 수 있다. 이것이 바로 진단·평가 절차가 지닌 가장 큰 의미다.

우리 아이의 성장을 위한 동반자

'선별과 진단'은 우리 아이의 특별한 성장을 이해하고, 그에 맞는 지원을 열어 가는 첫 단추다. 발달 지연이나 학습의 어려움은 결코 아이나 부모의 잘못이 아니다. 중요한 것은 아이가 보내는 작은 신호를 놓치지 않고, 전문가의 도움을 받아 정확히 진단하며, 필요한 지원을 찾아 나서는 용기다.

부모는 아이의 가장 가까운 관찰자이자 든든한 지지자이며, 교사는 아이의 성장을 객관적으로 살피고 전문적이며 교육적인 개입을 제공하는 파트너다. 부모와 교사가 신밀히 협력하고, 학교와 지역사회가 유기적으로 연결될 때 아이는 자신에게 꼭 맞는 학습 환경 속에서 건강하고 행복하게 성장할 수 있다.

제3부

실천 중심의 맞춤형 지원 전략: 교실과 가정의 실천

9장 느린 우리 아이, 어떻게 도와줄까

10장 실천 학습 가이드:
 읽기, 쓰기, 수학 지도 따라 하기

11장 난독증 학생,
 배움의 문을 열어 주는 실천법

12장 자폐스펙트럼장애와 ADHD 학생,
 공감과 소통으로 이해하기

| 9장 | 느린 우리 아이,
어떻게 도와줄까 |

아이는 함께 배우면서 성장하고,
결국 스스로 해낼 수 있는 힘을 갖는다.
이 장에서는 협력과 모방을 통해
아이의 잠재 가능성에 한 걸음씩 다가서기 위한 방법을 안내한다.

| 느린 학습자 지도를 위한 우리의 마음가짐 |

아이가 글을 읽지 못하고, 자기 생각을 글로 표현하기 어려워하며, 간단한 셈하기마저 자주 틀린다면 어떠한 마음이 들겠는가? '또래 친구들보다 느릴 뿐이니 괜찮겠지.' 하며 무작정 기다릴 것인가? 어쩌면 느린 학습자가 겪는 어려움은 적절한 지도 방법과 충분한 지원이 부족한 데서 비롯된 어른들의 책임이 아닐까?

학생의 배움은 교실에서만 머물러서는 안 된다. 학교 울타리를 넘어 가정, 학교, 지역사회 등 다양한 생태학적 환경에서 지속적인 반복과 연습을 통해 스스로 실천할 수 있는 내면의 힘을 길러 줘야 한다. 무엇보다 학생들이 배우는 내용은 자신에게 의미 있고 유용하며 가치가 있어야 한다.

| 모든 아이는 가능성을 가지고 태어났다 |

인간은 누구나 기본적인 발달 능력을 지니고 태어나며, 자라나는 모습이 저마다 다르듯이 다양한 발달 가능성이 있다. 세상 어디에도 완벽하게 태어나거나 발달하는 아이는 없다. 우리 모두는 부족함 속에서 다양한 경험을 통해 다음 단계로 나아가면서 새로운 것을 배우고 익히며, 때로는 새로운 것을 만들어 가기도 한다.

교사와 부모는 아이의 발달과 인지 상태를 알고, 무엇을 어려워하며, 무엇을 요구하는지 알아야 한다. 그래야 기존의 교육 내용과 방법을 다르게 접근할 수 있고 성취하는 바를 이룰 수 있다.

러시아의 심리학자이자, 교육자인 비고츠키(Lev Vygotsky)는 우리에게 근접발달영역(Zone of Proximal Development, ZPD)이라는 개념으로 잘 알려져 있다. '근접발달영역(ZPD)'이란, 새로운 학습을 할 때 과제를 완수할 수 있도록 성인이나 또래 친구가 적절한 도움을 주는 것을 의미한다. 예를 들면 교사가 학생에게 먼저 시범을 보여 주거나, 교사가 문제를 풀면서 문제 풀이 과정을 소리 내어 말하고, 중요한 내용에 대해 질문을 하여 문제를 쉽게 이해할 수 있도록 힌트를 주는 등의 방식이다. 이렇게 적절한 도움을 주고 받으면서 문제를 해결해 가는 다양한 경험의 기회를 제공하는 것이 중요하다. 이때 스스로 과제를 해결할 수 있도록 충분히 기다려 주는 일은 더욱 중요하다.

비고츠키는 발달은 혼자가 아닌 누군가의 도움을 받아 이뤄지는 것이고, 그 과정에서 협력을 강조하였다. 협력은 혼자서 수행할 수 있는 현재 발달 수준과 도움을 받아야만 수행할 수 있는 발달 수준의 간격을 좁혀 주는 것을 의미한다.

느린 학습자에게 얼마나 양질의 교육 지원을 하느냐에 따라 성장하는 폭은 크게 달라질 수 있다. 다양한 기회로 많은 다른 사람과 관계를 맺고, 그 안에서 소통하는 방법을 배우며, 일상의 사회적 경험(예: 예절, 규칙, 약속 등)을 하면 충분히 성장하고 긍정적인 변화도 일어날 수 있다.

모든 배움의 과정에는 기본적인 사회적 인정과 관계적 존중이 바탕이 되어야 한다. 비록 학습은 느려도 친구들과 함께 어울리며 다양한 활동에 참여할 수 있어야 부족한 부분을 채워 나갈 수 있다. 느린 학습자에 대한 사회적 편견, 낮은 기대치, 무관심 등은 또래 친구들과 함께 어울리며 배울 기회를 점점 멀어지게 할 수 있다.

따라서 함께할 수 있는 교육활동을 계획하고, 자연스럽게 참여하도록 격려하며, 과업을 끝까지 수행할 수 있도록 지원해야 한다. 잘한 점을 찾아 꾸준히 실천할 수 있도록 북돋아 주고, 더 잘할 수 있는 방법을 찾아 적극적으로 지원하는 노력이 필요하다.

특히 교사와 부모는 아이가 과업을 수행하는 데 많은 시간이 걸려도 기다릴 줄 알고, 함께할 수 있는 경험의 기회를 최대한 많이 제공해야 한다. 왜냐하면 학습은 연속적으로 이뤄지는 것이 아니라 일정한 준비(인지 발달)와 조건이 충족되었을 때 비약적으로 도약하기 때문이다. 겉으로는 달라진 게 없어 보여도 반복적인 연습이 축적되면 어느 순간 성취하는 모습을 보게 된다.

아래 그림과 같이 인간의 발달과 학습은 직선처럼 꾸준히 오르는 것 같지만 실제로는 단계적으로 도약한다. 따라서 교사와 부모는 조급해하지 말고 기다려야 하며, 다양한 교육 경험의 기회를 지속적으로 제공해야 한다.

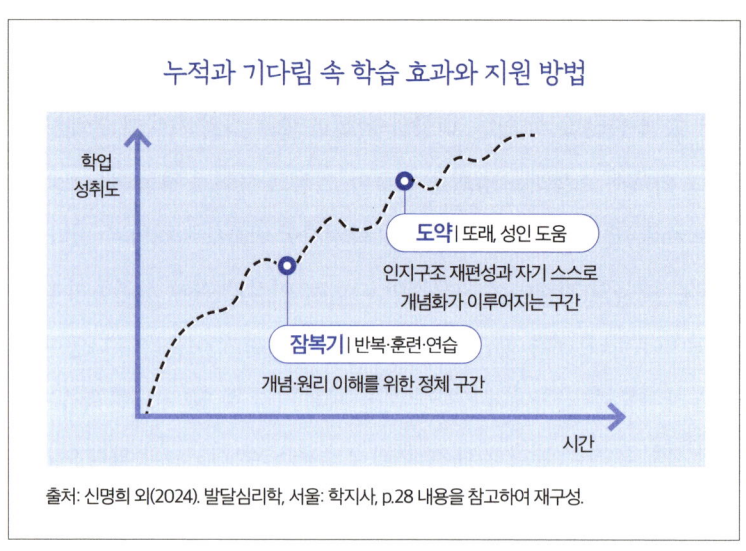

이러한 단계적 도약 학습의 효과는 오랜 시간 반복 학습과 시행착오를 거쳐서 나타나는데, 자신이 학습한 내용을 이해하고 실행에 옮겼을 때 학업 성취도가 높게 나타난다. 수평 구간(잠복기)에서는 지속적인 반복과 연습으로 학생이 학습하는 과정에서 성취감을 느낄 수 있도록 해야 한다. 특히 이 구간은 큰 변화가 없을 수 있으니 중간에 포기하지 않도록 다양한 방법으로 반복하고 지속적으로 연습하는 것이 중요하다.

반복과 연습이 실패가 아닌 작은 성취감으로 가득하고, 다양한 교육 경험의 기회가 될 수 있도록 교사와 부모가 노력해야 한다. 느린 학습자의 경우 겉으로는 멈춰 있는 것처럼 보여도 아이의 머릿속에서는 새로운 개념을 이해하고 받아들일 준비가 차근차근 이루어지고 있다. 어떤 시기에는 발전이 보이지 않아 답답할 수 있지만 꾸준한 연습과 경험이 쌓이면 어느 순간 눈에 띄게 도약하는 모습이 나타난다. 보이지 않는 내적 성장이 진행되는 동안은 쉽게 지루해하며, '나는 안돼'라고 생각할 수 있다. 교사와 부모도 지칠 수 있는 시기이지만 성급하게 재촉하기보다는 차분히 기다리며 격려하고, 잘하고 있다고 힘을 실어 줘야 한다. 이때 또래 친구나 교사 또는 부모의 도움이 있으면 어느 순간 다음 계단으로 뛰어오를 수 있다.

교사와 부모의 역할

- 꾸준한 반복과 연습으로 기초 학습 기반 다지기
- 또래 아이와 비교는 지양하고 개인 속도 존중
- 작은 변화 포착하여 즉시 칭찬하기
- 성장의 계단을 오를 거란 믿음으로 긍정적 마음 갖기

느린 학습자의 인지 과정 이해하기

느린 학습자의 산만함을 잠재우고, 학습에 집중시킬 방법은 없을까? 수업 시간에 배운 내용을 좀 더 잘 기억하게 할 수는 없을까? 아래 그림은 인간의 기억 모형으로 인지 과정을 나타내고 있다. 이를 통해 느린 학습자가 겪는 어려움을 객관적으로 이해하고 어떻게 지도하면 좋을지 단계별로 간단한 지도 방법과 사례도 함께 제시하였다.

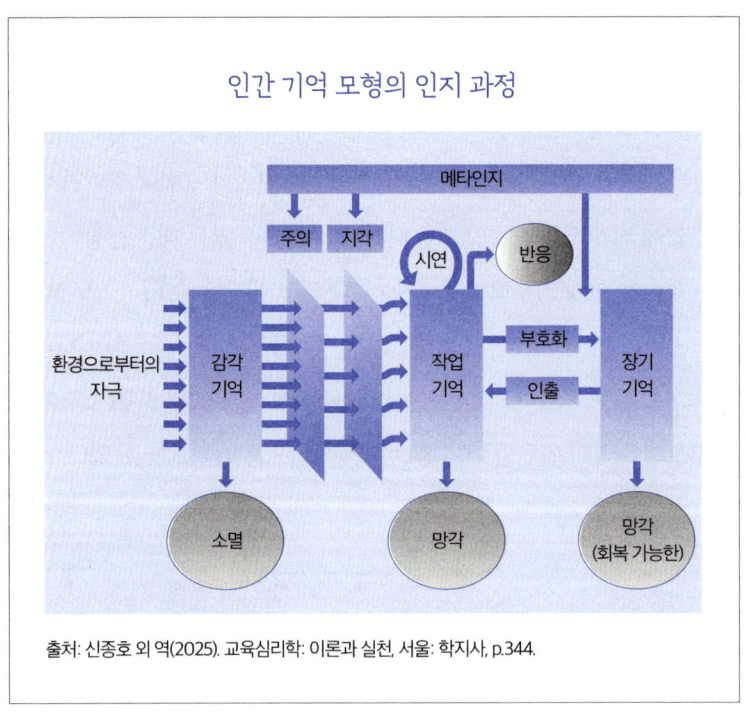

출처: 신종호 외 역(2025), 교육심리학: 이론과 실천, 서울: 학지사, p.344.

❶ 주의 집중력 높이기

우리는 학습할 때 과제에 필요한 자극에 주의를 기울이고 관련 없는 자극은 무시한다. 이러한 선택적 주의 집중은 시간이 흐름에 따라 환경으로부터 오는 다양한 방해 자극을 억제하면서 집중을 유지하게 해준다.

반면 느린 학습자는 또래 학생에 비해 어떻게 주의를 기울여야 하는지 어려워하는 경우가 많다. 동시에 많은 자극에 주의를 기울이다 보니 산만해 보일 수밖에 없는 것이다. 특히 학습 상황에서는 관련 자극이나 중요하다고 생각하는 것에 초점을 맞추거나, 불필요한 자극을 버리거나 한 과제에서 다른 과제로 주의를 이동해야 하는 데 선택적 주의 집중이 안 되니 어려울 수밖에 없다. 따라서 느린 학습자가 집중할 수 있도록 교육 환경을 조성하고, 다양한 방법을 꾸준히 지원한다면 주의력은 점차 향상될 것이다.

> **주의 집중력 높이는 지도 방법**
>
> **규칙적인 하루 일과(routine) 만들기**
> - 같은 시간에 일어나고, 식사하고, 공부하고 놀이하는 습관 들이기
>   예: 학교 가기 → 하교 후 간식 먹기 → 숙제하기 → 친구와 놀기 → 저녁밥 먹기 → 씻고 양치하기 → 책 읽기 → 잠자기
>
> **짧고 집중이 가능한 학습 시간 유지하기**
> - 짧은 학습 시간과 짧은 휴식 주기
>   예: 타이머 활용하여 15분 공부, 5분 휴식
>
> **주의를 산만하게 하는 요소 제거하기**
> - TV, 스마트폰, 장난감 등이 보이지 않는 환경 만들기
> - 조용하고 단순한 공간에서 공부하기

주의력을 높여 주는 놀이하기
- 숨은그림찾기, 퍼즐 맞추기, 블록 쌓기, 카드 뒤집기, 색칠하기 등

칭찬과 보상으로 동기 부여하기
- 집중해서 과제를 마쳤을 때 구체적으로 칭찬하기
  예: "10분 동안 자리에 앉아 숙제했네! 집중을 정말 잘했어!"
- 보상하기
  예: 스티커, 좋아하는 간식, 자유 시간 등

운동과 신체활동 하기
- 두뇌를 활성화하고 집중력을 높여 주는 신체활동 하기
  예: 아침 스트레칭, 실내 체조, 공놀이, 줄넘기 등

명상, 호흡 훈련하기
- 간단하게 호흡 놀이나 짧은 명상하기
  예: 코로 3초 들이마시고 입으로 3초 내쉬기(풍선 부는 상상하기)

충분한 수면과 건강한 식습관 갖기
- 수면 부족은 집중력 저하의 가장 큰 원인으로 정해진 시간에 잠자기 연습하기
  예: 규칙적이고 건강한 식사하기 등(과도한 당분 섭취 제한)

특히 주의력결핍 과잉행동장애(Attention-Deficit Hyperactivity Disorder, ADHD)는 과제를 계속할 수 있도록 격려해야 한다. 아이의 성향, 기질, 장·단점, 수행 수준 등을 고려하여 시간이 걸려도 기다리고, 개별적인 방법으로 지원해야 한다. 아이 스스로 실천하기가 매우 어렵기 때문에 평소 규칙적인 일과를 할 수 있도록 환경을 구조화해야 한다. 일과

는 일관성이 있고, 반복하여 강화할 수 있어야 한다. 예를 들면 아침에 일어나 침대 또는 이불 정리하기, 화장실 가기, 양치하기, 옷 입기, 책상 정리하기, 청소하기 등 꼭 해야 할 일과 목록을 함께 만들고 확인하는 것이다.

이때 스스로 할 수 있도록 자율성을 주는 것이 중요하다. 독립적으로 할 수 있는 일(앞으로 스스로 해야 할 일)에 대한 경험을 최대한 많이 하고 실패해도 괜찮다는 자신감과 정서적인 안정감을 마음에 심어야 한다. 새로운 과업에 대한 전략을 세우고 실천하면서 성공과 실패의 경험 그리고 반복, 연습을 통해 스스로 내면화하고 일반화되는 과정을 깨닫는 시간이 필요하다.

교사와 부모는 옆에서 지켜보면서 격려하고 심리적 안정감을 줘야 한다. 답답함을 못 견뎌 다그치거나 잔소리하면서 직접 해주는 일이 없도록 해야 한다. 대부분 마음이 조급하고 내가 조금만 도와주면 금방 할 수 있을 텐데 하고 생각한다. 그러나 그 생각을 버리고 참고 기다리는 연습이 필요하다. 공부도 중요하지만, 그 이전에 자신의 생활을 관리하는 자기관리 전략과 실천은 매우 중요하다.

❷ 기억력 높이기

환경으로부터 자극이 오면 감각기억에서(보고, 듣고, 맛보고, 냄새 맡고, 느낄 수 있는 자극 등) 최초로 정보를 처리하여 의미를 파악한다. 이때 다양한 감각기억 중 어떤 정보를 단기기억으로 보낼 것인지 주의를 기울여야 한다.

단기기억은 몇 초, 몇 분에 걸쳐 내용을 회상할 수 있는 능력(예: 몇 초 동안 숫자 4, 5 잠깐 기억하기)을 말한다. 작동기억은 단기기억을 사용하면서 동시에 정보를 조작하고 활용하는 능력으로 숫자를 기억하며 거꾸로 말하거나, 들은 문장을 바탕으로 지시를 수행하는 것이다.

느린 학습자는 단기기억이나 작동기억 속에 정보를 유지하기 위해 직접 해보는 활동과 정보를 범주화하는 학습 전략이 부족하고, 이를 활용하는 데 어려움이 있다. 따라서 정보를 기억하는 데 주의집중도 중요하지만, 기억력을 높이는 전략도 필요하다.

기억력 높이는 지도 방법

순서 기억 놀이(단기기억 강화)
- 교사가 짧은 단어 3~5개 들려주기(예: 사과, 의자, 강아지) → 아이가 순서대로 따라 말하기 → 난도를 높여 단어 수를 점점 늘리기
  예: "시장에 가면 ○○이 있고~."

시각-청각 통합 기억 훈련
- 시각과 청각 정보를 결합하여 기억 부하 완화하기, 그림 카드를 보여 주며 동시에 단어 읽어 주기
  예: 그림과 단어 짝 맞추기 → 5초간 그림 4장을 보여 주고 가리기 → 어떤 그림이 있었는지 말하기

지시 따르기 놀이(작동기억 강화)
- 기억하면서 동시에 처리하는 능력 향상하기, 2~3단계 지시를 한 번에 지시하기, 단계 수를 점점 늘리거나 지시 순서를 바꾸어 제시하기, 기억과 실행을 동시에 수행하기
  예: "공을 잡고, 두 번 튀긴 뒤, 바구니에 넣으세요."
  "빨간 연필을 들고, 파란 책 옆에 놓으세요."

이야기 재구성하기(정보 조직 능력 향상)

- 짧은 동화를 들려준 뒤 등장인물, 사건 순서, 결말을 재구성하기
  예: '해님과 바람' 이야기 들려주기 → "누가 먼저 나왔지?", "그다음에 무슨 일이 있었어?" 질문하기

리듬·운율 활용(정보 부호화 강화)

- 숫자·단어를 리듬에 맞춰 말하거나 노래로 암기하기
  예: 3, 6, 9, 12를 랩 박자에 맞춰 부르기 → 덧셈, 곱셈 패턴에 맞게 외우기

카드 뒤집기(시각적 단기기억+주의집중력 향상)

- 같은 그림 카드 2장을 찾아 맞추는 메모리 게임하기
  예: 한 번에 2장씩 친구와 번갈아 카드 뒤집기 → 위치 기억하기

    장기기억은 시간이 흐른 뒤에도 기억된 정보를 떠올릴 수 있는 것인데 필요할 때 정보를 꺼낼 수 있어야 한다. 이를 위해서는 학습 내용에 대한 재미와 호기심을 갖게 하고, 이해를 바탕으로 반복하고 연습해야 오랜 시간 기억할 수 있다. 가장 좋은 방법은 학습 후 바로 복습하고, 시간 간격을 두어 복습과 연습을 지속적으로 실시하는 것이다. 가정과 연계하여 부모와 복습 활동을 함께 한다면 더욱 기억력을 높일 수 있을 것이다.

    장기기억은 오랫동안 저장되는 정보이므로 학습 내용을 이해하고 의미를 부여하여 반복하고 연습하는 것이 핵심이다. 이때 시각, 청각, 운동 감각을 함께 사용하면 기억 흔적이 강해진다.

장기기억 높이는 지도 방법

의미 연결 학습(연상법): 새로운 정보를 기존 지식과 연결하여 의미 있는 구조를 형성해 준다.

- 새 단어를 아이가 이미 알고 있는 것과 연결하기
- 이야기, 그림, 상징 사용하여 설명하기
  예: '수증기'라는 단어 설명 시 컵에 뜨거운 물을 부었을 때 김 나는 것과 연결
   → 그림이나 사진 보여 주기

스토리텔링 활용하기: 사건의 흐름 속에서 정보를 오래 기억하게 해준다.

- 학습 내용을 하나의 이야기로 재구성하기
  예: 과학 시간 '물의 상태 변화' → 물방울이 모험을 떠나서 얼음나라, 물나라, 수증기 나라로 여행하는 이야기로 만들어 기억하기

지속적으로 반복하기: 오랜 시간 정보 저장을 강화해 준다.

- 하루 뒤 → 3일 뒤 → 1주 뒤 → 1달 뒤 복습하기
  예: 사회 시간 '우리 고장 이름' → 수업 후 다음 날 그림지도 퀴즈 → 3일 뒤 빈 칸 채우기 → 1주 뒤 구두로 말하기

여러 감각을 활용하여 기억하기: 시각, 청각, 촉각, 운동 자극을 결합하여 부호화한다.

- 글자 색칠하기, 손동작 또는 노래로 표현하기
  예: 구구단을 외울 때 손뼉 치며 리듬을 맞추거나 "삼 칠 이십일!" 몸동작으로 표현하기

자기 말로 설명하기

- 배운 내용을 친구에게 설명하거나, 스스로 말해 보기
  예: 수학 문제 풀이 후 왜 이렇게 풀었는지 아이가 직접 말하게 하기

> **프로젝트 또는 체험 학습하기**
> - 배운 내용을 만들기, 실험, 현장 체험과 결합하기
>   예: '식물의 성장' 학습 → 직접 씨앗 심기 → 사진 기록 → 성장 과정 발표하기
>
> **키워드, 마인드맵 정리하기**
> - 수업 후 주요 단어를 키워드로 적고 연결선 그리기
>   예: '봄' 단원 → '봄꽃', '따뜻함', '새싹', '봄비' 등 키워드로 마인드맵 작성하기

| 읽기·쓰기·수학 지도는 필수! |

국어, 수학 등 교과의 내용을 이해하고 활용하는 데 필요한 읽기, 쓰기, 셈하기를 포함하는 기초적인 지식과 기능은 학업성취도를 높일 뿐만 아니라, 일상생활을 수행하는 데도 영향을 미치기 때문에 반드시 지도해야 한다.

느린 학습자는 평균 이하의 지능과 낮은 동기, 느린 학습 속도, 비효율적인 학습 전략 사용, 학업 기술 부재 등으로 교과에서 낮은 성취를 보인다. 또한 언어발달 지체는 학업성취에 어려움을 가중하며, 특히 읽기 이해 영역이 가장 취약하다. 이를 위해 읽기 지도 시 실생활 중심의 기능적인 부분에 중점을 두며(예: 메뉴판 읽기, 기기 설명서 읽기, 안내문 읽기 등) 최근에는 증거 기반의 읽기 교수도 함께 강조되고 있다.

증거 기반 교수·학습 전략(Evidence-Based Teaching / Learning Strategies)이란 연구와 실증 자료를 바탕으로 효과가 과학적으로 검증된 교수·학습 방법을 말한다. 좋을 것 같다는 추측이 아니라, 반복된 연구

에서 실제 학습 효과가 통계적으로 입증된 전략을 의미한다. 학교 현장에서 주로 사용하는 증거 기반 교수·학습 전략은 아래와 같다.

증거 기반 교수·학습 전략

	교수·학습 전략	지도 방법	학교 현장 적용 사례
1	직접 교수법 (Direct Instruction)	목표를 명확히 제시하고 시범 → 유도 연습 → 독립 연습 순으로 진행	국어 시간, '받침 있는 글자 읽기' → 교사가 먼저 읽어 시범 → 학생이 함께 읽기 → 개별 읽기 후 즉시 피드백
2	점진적 안내 소거법 (Scaffolding & Fading)	초기에는 많은 도움을 주고, 점차 지원을 줄여 독립 수행 유도	수학 덧셈 문제 풀이 시, 처음엔 자릿수 맞추기 가이드를 제시 → 이후엔 가이드 줄이기
3	모델링 (Modeling)	교사나 또래가 시범을 보이며 학습자 모방 유도	미술 시간 '색칠하기 방법' 교사가 시범 → 학생이 동일하게 따라 하기
4	반응 기회 제공 (Opportunities to Respond)	질문, 토론, 활동으로 학생이 적극적으로 반응하도록 함	과학 시간, '식물의 성장' 과정 중간에 "다음에 무슨 변화가 올까요?" 질문하며 예측하기
5	즉각적, 구체적 피드백 (Immediate & Specific Feedback)	수행 직후, 잘한 점과 개선점을 구체적으로 알려 줌	줄넘기 시도 직후 "팔을 조금 더 넓게 벌리면 좋아." 같이 바로 조언
6	간격 반복 학습 (Spaced Repetition)	일정 간격을 두고 복습하여 장기기억 강화	사회 시간, '우리 고장 지명' → 수업 후 다음 날 퀴즈 → 3일 뒤 그림지도 맞추기
7	시각적 지원 (Visual Supports)	그림, 차트, 색상, 도식 등을 활용하여 이해와 기억 지원	교실 벽에 하루 일과 그림표 붙여서 일정 예측이 가능하게 하기
8	전문용어와 개념 설명 후 재진술 (Explicit Vocabulary Instruction)	새 단어를 설명하고, 학생이 자기 말로 다시 표현하게 함	'증발' 개념 설명 후 "증발이 뭔지 말해 볼래?" 질문하여 재진술하기

	교수·학습 전략	지도 방법	학교 현장 적용 사례
9	사회적 이야기 (Social Stories)	상황별 기대 행동을 짧은 이야기로 설명	급식실 이용 전 '줄 서기 이야기' 읽고 실제 줄을 서보기
10	기능적 과제 분석 (Task Analysis)	목표 과제를 작은 단계로 나눠 차례대로 지도	손 씻기: 물 틀기→ 손 적시기→ 비누 묻히기→ 헹구기→ 물 잠그기→ 수건으로 닦기

출처: 박승희 외 역(2018), 특수교육요구학습자 어떻게 가르칠 것인가, 경기: 교육과학사(발췌하여 재구성).

배운 내용의 '일반화'를 위한 체계적 지도

느린 학습자는 모델을 관찰하거나 모방할 때 이루어지는 우발학습(incidental learning, 우연학습) 능력이 부족하다. 그러나 우리는 종종 '직접 가르치지 않아도 알아서 배우겠지, 눈치껏 따라 하겠지.'라는 착각에 빠진다. 흔히 '어깨너머로 배운다.'라는 표현처럼 시간이 지나면 자연스럽게 습득할 것이라 여기지만 실제로는 직접적이고 단계적으로 가르쳐야만 한다.

우발학습은 다른 기능이나 개념 혹은 다른 상황으로 전이 또는 일반화하는 것과 관계가 있다. 느린 학습자는 새롭게 배운 지식이나 기능을 과제와 다양한 상황에 적용하는 것이 어렵고, 이전에 배운 내용과 새로운 상황에 활용하는 학습의 전이가 어렵다. 예를 들면 한 교과에서 배운 단어를 다른 교과에서는 읽지 못하거나, 교실에서 배운 내용을 다른 곳에서는 적용하지 못하거나, 학교 안에서는 음료수를 사고 돈을 계산할 수 있지만 학교 앞 편의점이나 가게에서는 계산을 어려워한다.

이처럼 느린 학습자는 학교나 가정에서 배운 내용을 실제 적용하거나 실천하는 일반화가 자동으로 이뤄지지 않기 때문에 일반화하는 방법도 가르칠 수 있도록 계획해야 한다. 이에 대한 구체적인 지도 방법은 '느린 학습자를 위한 생태학적 교육과정(176쪽)'에서 자세히 안내하였다.

교사와 부모는 느린 학습자가 우발학습이 어렵고 실제 연습할 수 있는 기회가 매우 적다는 사실을 기억해야 한다.

우발학습 지도하기 방법

- 교사와 또래가 목표 행동을 정확하게 보여 주기
- 즉각적으로 모방 기회 제공하기
- 복잡한 행동은 단계별로 보여 주기
- 잘 모방했을 때 칭찬과 표정으로 강화하기
- 풍부한 환경 제공하기(시각 자료, 교실 소품, 벽면 학습 자료 등 활용)
- 학생의 질문과 행동에 즉시 설명과 시범 제공하기
- 같은 개념을 여러 상황에서 자연스럽게 등장시켜 반복 지도하기

| 실패해도 괜찮아: 학습된 무기력 극복하기 |

학습된 무기력감이란 실패 경험이나 부정적인 피드백을 반복적으로 겪으면서 '나는 해도 안돼.' '어차피 못해.' 같은 부정적인 생각을 갖고 도전 자체를 포기하는 상태를 말한다. 어려운 과제 수행 시 적극적으로 참여하지 않거나 흥미를 보이지 않는 이유는 동기 유발이 안 된다기보다는 실패에 대한 두려움 때문이다. 자아 개념이 형성되기 전에는 작은 실

패나 꾸중에도 쉽게 자신감을 잃고 무기력에 빠질 수 있다.

무기력은 결과에 대한 반복된 좌절에서 시작되므로 그 고리를 끊기 위해서는 작은 성공, 따뜻한 공감, 자율성의 회복이 무엇보다 중요하다. 인간의 행복은 기쁨의 강도가 아니라 빈도가 중요하듯이 학습도 마찬가지이다. 개별 학생의 요구와 수행 수준을 고려하여 작은 성취감을 여러 번 지속적으로 경험하게 하고, 타인과 비교가 아닌 자신의 성장을 지켜보며 내 삶의 주인공이 될 수 있도록 해야 한다.

학습된 무기력 극복하기 지도 방법

작은 성공 경험 쌓기: 아이 스스로가 해결할 수 있는 수준의 활동을 반복하여 자신감 회복하기
"이 문제는 네가 잘하는 유형이니깐 먼저 풀어 보자."

과정 중심의 칭찬하기: 결과보다는 노력, 태도, 해결 방법 등을 칭찬하기
"맞췄구나."(x)
"끝까지 포기 안 하고 풀었네!"(○)

자기조절력 키우기: 스스로 학습 계획 세우고 실행하기 체크리스트, 학습다이어리 활용하기

정서적 지지와 공감하기: 아이의 감정 인정하고 지지하며, 태도에 귀 기울이기
"네가 그렇게 느낄 수 있어."

비교하지 않기: 형제나 친구와 비교하지 않고 개별적인 성상 칭찬하기

모델링과 역할놀이: 교사나 부모가 실패를 극복하는 모습 보여 주기
"선생님도 초등학교 때 수학이 무척 어려웠는데, 연습하니까 나아졌어."

| 안녕? 함께 놀자!: 사회성 기술 직접 지도하기 |

사회성 기술은 또래 관계 형성과 규칙 준수, 감정 표현, 협동 등 학교생활 적응과 학습 능력에 직접적인 영향을 미친다. 특히 친구 사귀기, 놀이에 참여하기, 갈등 조절 등 건강한 관계 형성에 중요하며, 이는 학습 능력과 연결되어 협력 학습, 질문하기, 발표하기 등 학습 과정에 적용된다.

사회성 기술 지도 방법

구체적인 기술 목록화 및 반복 지도하기
- 아이들이 사용할 수 있는 구체적인 문장과 행동을 직접 가르치기
  예: 친구에게 놀자고 말하기, 싫을 때 말로 거절하기, 차례 기다리기 등

역할극 및 상황극 활용하기
- 실제 생활에서 겪는 상황 역할극(상황극)으로 해보기
  예: 친구가 장난감을 빌려 달라고 했을 때, 화가 났을 때, 친구에게 "안녕?"이라고 인사할 때 등

또한 친구와 긍정적인 관계를 맺으면 '나는 소중한 존재'라는 자기 인식도 강화된다. 사회적 규칙과 기술을 익히면서 공격성, 회피, 소외 등의 문제행동도 감소하게 된다.

　느린 학습자의 경우 또래 학생보다 학습 속도와 사회적 이해력은 낮지만 정서적 공감력과 성장 가능성은 다분히 높아서 학습보다도 이를 선행하여 지도할 필요가 있다.

사회적 이야기 활용하기

- 그림과 짧은 문장으로 사회적 상황을 설명하고, 어떻게 반응해야 하는지 알려 주기

협력 게임 및 소그룹 활동하기

- 규칙 있는 놀이를 통해 자연스럽게 사회성 기술 익히기
  예: 보드게임, 릴레이 게임, 공동 미술 활동 등

모델링+피드백

- 교사나 또래가 바람직한 행동을 먼저 보여 주고, 아이가 따라 하면 즉각 피드백 주기

사회성 기술을 지도할 때는 어떤 사회적 기술을 가르칠 것인가를 명확한 목표로 구체화하고 놀이, 역할극, 실제 상황에서 반복하도록 한다. 모델링을 통해 모범적인 모습을 보여 주고 바람직한 행동에 즉각적인 피드백을 줘야 한다.

| 느린 학습자를 위한 생태학적 교육과정 |

교사와 부모는 아이가 배운 내용을 가정, 학교, 지역사회에서 자연스럽게 활용할 것이라고 쉽게 기대하는 경우가 많다. 그러나 착각이다. 예를 들어, 교실에서는 돈을 잘 셀 수 있지만 실제 가게에서는 물건을 사지 못할 수 있다. 자연스러운 일이다.

배운 내용을 일반화하려면 실제 환경에서 충분한 반복과 연습을 기본으로 하는 체계적인 교육이 필요하다. 학습은 단순한 지식 습득이 아니라, 연습과 다양한 경험을 통해 나타나는 행동의 지속적인 변화이기 때문이다. 따라서 학교에서 배우는 내용은 현재 생활에 필요할 뿐만 아니라 미래의 가정, 지역사회, 직업, 여가 활동 등 실제 삶 속에서도 직접적으로 적용될 수 있어야 한다.

이와 같이 학교에서 배운 내용을 실제 삶 속에 적용하려면 생태학적 교육과정의 관점을 살펴볼 필요가 있다. 생태학적 교육과정은 가정, 학교, 지역사회 등 다양한 삶의 맥락에서 실제로 유용해야 하고 생활연령에도 적합해야 한다. 만약 또래 학생들도 실천하기 어려운 과제이지만 반드시 가르쳐야 할 생활 기능이라면, 학생이 쉽게 적용할 수 있는 다른 방법을 찾아야 한다.

그렇다면 생태학적 교육과정에서 중요하게 포함해야 할 내용은 무엇일까? 우선 다른 사람에게 불필요하게 의존하는 것을 줄일 수 있는 기능적 기술을 포함해야 한다. 예를 들어 스스로 옷을 입고, 식사하며, 개인위생을 관리하고, 대중교통을 이용하거나 필요한 물건을 살 수 있는 능력이 여기에 해당한다. 다음으로는 선택하기 기술이다. 자신이 좋아하는 것을 직접 선택할 기회를 지속적으로 잃게 되면 의미 있는 경험을 스스로 만들어 가기 어렵다. 교사와 부모의 과잉보호는 결국 생각 없이 순응하는 존재로 만들 수 있다.

생태학적 교육과정의 영역 중 의사소통도 매우 중요한 내용이다. 자신의 욕구와 선호를 표현하고, 타인과 정보를 주고받으며 관계를 유지할 때 꼭 필요하다. 또한 여가 활동에 필요한 기술도 체계적으로 가르쳐야 한다. 여가 활동은 사회적 상호작용의 기회를 제공하고, 신체 기능을 유지하며, 학생이 지역사회에 자연스럽게 참여할 수 있도록 돕기 때문이다.

이와 같이 생태학적 교육과정은 학생이 현재와 미래의 일상생활에서 요구되는 기술을 습득하도록 하여 스스로 실천할 수 있는 독립적인 삶을 준비하는 데 중점을 둔다.

'활동'이란?

생태학적 교육과정을 구성하는 교육활동은 가정, 학교, 지역사회 등 다양한 환경에서 일반적으로 이루어지는 행동이어야 하며, 학생이 그 활동을 수행했을 때 의미 있는 성과를 가져와야 한다. 또한 이러한 활동은 자연스럽고, 예측이 가능하며, 규칙적인 순서가 있다.

예를 들어 '가게에서 물건 사기'는 생태학적 교육과정의 활동으로 적합하다. 그 이유는 다음 세 가지 조건을 충족하기 때문이다.

첫째, 일상생활에서 흔히 이뤄지는 일상 활동이다.
둘째, 물건을 직접 선택하고 구입하여 자율성과 성취감을 키울 수 있는 활동이다.
셋째, 일정한 순서로 예측 가능한 활동이다.
(예: 가게 가기→물건 고르기→계산하기)

출처: 이정은 역(2015). 전환교육의 실제. p.92, 서울: 학지사(일부 내용 발췌 후 수정).

예를 들어 단순히 '동전 세기'는 생태학적 교육과정 활동으로 적합하지 않다. 그것만으로는 의미 있는 성과를 가져오기 어렵기 때문이다. 따라서 '동전 세기'는 단독으로 가르치기보다 '가게에서 물건 사기'와 같은 실제 활동과 연계하여 가르치는 것이 바람직하다.

지역사회중심 교수 방법 적용

생태학적 교육과정 접근을 통한 가정, 학교, 지역사회 등의 적응기술을 높이는 방법으로 '지역사회중심 교수'를 소개하고자 한다. 지역사회중심 교수란, 지역사회의 다양한 환경에서 이루어지는 실제 활동에 참여하는 데 필요한 기술을 그 환경 속에서 직접 가르치는 교수 방법을 말한다.

다만 학교 현장에서 이를 곧바로 실행하기에는 여러 가지 현실적인 제약이 따르기 때문에 가정과 연계를 통해 실천하거나, 각 교과 활동 속에서 기능적 기술과 함께 연습하는 방법을 고려할 수 있다. (다음 표 참조)

그래도 무엇을 가르쳐야 할지 고민된다면 아래와 같은 원칙을 다시 한 번 점검해 보자.

- 현재와 미래의 생활에서 독립적으로 살아가는 데 도움이 되는가?
- 더 나은 삶을 살기 위해 꼭 필요한 일인가?
- 학생의 연령에 적합한 기술을 포함하고 있는가?
- 사회적으로 가치 있게 여겨지는 기술인가?
- 학생의 흥미를 반영하고, 잠재력을 키울 수 있는가?

기능적 기술 \ 지도 방법	[가정, 학교] 반복·연습하기	[학교] 반복·연습하기	[지역사회] 실천하기
옷 입기	셔츠 입고 벗기 다섯 번 시행하기, 옷 입기, 받침대 위에서 신발 끈 매기, 인형 옷 단추 채우기 등	체육복 갈아입기, 등하교 시간에 코트 벗기/입기, 미술 시간에 작업복 입기 등	마트에 가기 전에 코트 입기, 수영복 갈아입기, 백화점에서 옷을 사기 위해 입어 보기 등
물건 구입하기	교실에서 돈 세기, 물건을 구입하는 역할놀이 하기, 동전 구분하기 등	자판기에서 음료수 사기, 학교 편의점에서 물건 사기, 가게놀이 역할놀이 등	편의점, 마트, 다이소 등 지역사회 다양한 가게에서 물건 사기 등
의시소통/그림 이해하기	음식 그림과 반구체물* 연결하기, 이야기하는 그림 카드 판별하기 등 * 플라스틱 모형 사과, 점토로 만든 음식 등을 말함	그림 속에서 여가 활동 선택하고, 시간표(그림) 이용하기 등	메뉴판에서 음식 선택하기, 음식 주문하기 (키오스크), 화장실 찾아가기 등

10장 | 실천 학습 가이드: 읽기, 쓰기, 수학 지도 따라 하기

배움은 삶의 경험과 만날 때 비로소 깊어진다.
이 장에서는 학습의 기초가 되는 읽기, 쓰기, 수학을 중심으로
왜? 어떻게! 가르쳐야 하는지 안내한다.

| 읽기 지도, 왜 중요할까요? |

읽기는 학습의 기초를 다지는 핵심 요소이다. 읽기는 단순히 글자를 아는 것이 아니라 소리 내어 읽기, 이해하며 읽기, 즐기며 읽기로 확장되며 느린 학습자에게는 이 모든 과정에서 체계적인 교수·학습 지원과 지속적인 반복이 필요하다.

읽기 능력은 국어뿐 아니라 수학, 과학, 사회 등 전 교과 학습의 기초가 되기 때문에 중요한 기초 학습 영역이다. 읽기는 곧 말하기, 쓰기 능력으로 연결되기 때문에 의사소통 능력 향상에도 도움을 준다. 또한 읽기 능력이 향상되면 자존감과 학교생활 만족도도 높아지므로 학습 동기 부여에도 큰 역할을 한다.

초기 읽기 학습 능력을 키우는 방법

- 잠들기 전 침대에서 책 읽어 주기
- 책 만져 보고 책장 넘겨 보기
- 자기가 경험한 세계와 이야기 연결하기
- 단어나 그림 보고 읽기

| 읽기 지도, 이렇게 실천하세요. |

읽기 위해서는 눈과 손의 협응력, 모양 변별, 전경과 배경 변별력 등이 필요하다. 눈과 손의 협응력은 글자를 따라 읽기 위한 것으로 그어진 선

따라 가기, 점선 따라 다양한 선 긋기(예: 직선, 위와 아래 선, 곡선 등), 점과 점 잇기 활동을 통해 익힐 수 있다.

시지각은 눈으로 본 정보를 뇌에서 인식하고 처리하는 능력으로 글자 구별, 모양 인식, 공간 지각, 방향 인식 등 교과 학습의 기초 기능이다. 시지각 훈련에는 여러 가지 모양 중 다른 것 찾기, 같은 그림 선 긋기, 도형 완성하기, 오른쪽 절반 그리기, 숨은그림찾기, 그림 속에 숨어 있는 그림 찾기 등이 있다.(아래 그림 참조)

시지각 훈련 지도 방법

모양 찾기 훈련(시각 변별력)
다른 모양을 찾아 동그라미 하세요.

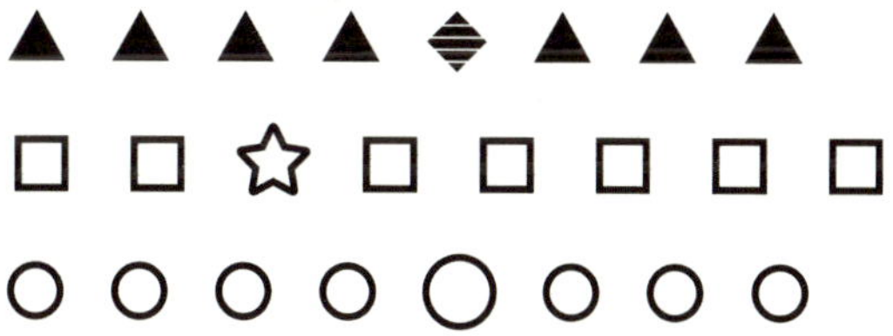

▲ ▲ ▲ ▲ ◆ ▲ ▲ ▲

□ □ ☆ □ □ □ □ □

○ ○ ○ ○ ◯ ○ ○ ○

같은 그림 선 긋기(시각 일치력)
왼쪽의 그림과 같은 그림을 찾아 선으로 연결하세요.

🐶   🐱 🐶 🐸 🐵

🍎   🍎 🍌 🍇 🍓

🚗   ✈ 🚲 🚗 🚗

도형 완성하기(시각 기억력 + 공간 지각력)

나머지 반쪽을 그려서 완성해 보세요.

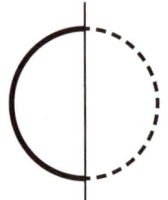

숨은그림찾기(시각주의력)

사과는 몇 개인가요? (○표 하기)

정답: 는 총 몇 개? ☐ 개

❶ 단어 읽기 지도 방법

 단어 읽기 지도는 의미 중심의 통문자로 읽는 방법과 자음과 모음을 소리 단위로 분절하여 지도하는 방법이 있다. 통문자는 '어머니', '아버지'와 같이 자음과 모음을 분절하지 않고 하나의 단어를 통째로 읽기 때문에 글자를 습득하는 데 더 효과적이다. 학생이 단어 읽기가 어느 정도 가능해지면 음운 중심으로 접근해도 좋다. 그러나 단순히 글자를 해독하는 것이 아니라 소리-의미-형태를 통합적으로 인식하는 훈련이 필요하다.

단어 읽기는 학생의 흥미를 고려하여 실생활에서 자주 접하는 친숙한 단어부터 시작한다. 예를 들면 엄마, 학교, 밥, 친구, 물, 공 등 단어를 사진 또는 그림과 함께 제시하면 효과적이다.

느린 학습자 중에는 낱글자는 읽지만, 가방이나 사과 등의 단어가 무엇을 뜻하는지 모르는 경우가 있다. 따라서 그림과 낱말 카드를 짝지어 읽거나, 실제 가방을 보여 주며 소리 내어 함께 읽는다. 한 걸음 더 나아가 '가방'이라는 단어가 들어간 문장을 반복적으로 연습하면 단어의 뜻과 형태가 연결되어 단어 읽기 정확도가 향상될 수 있다.

반복적으로 소리 내어 따라 읽는 과정에서 플래시 카드를 활용하거나 낱말 빙고 게임, 숨은 단어 찾기 등의 놀이를 통해 반복 지도하면 흥미를 유지하고 학습을 강화할 수 있다. 단어 읽기와 단어가 들어간 간단한 문장 지도에 대한 구체적인 지도 방법은 아래와 같다.

시각적 단서 제공하기

- 그림, 아이콘, 사진, 동영상, 색깔 등을 활용하여 단어와 내용을 직관적으로 이해하도록 돕기
    - 단어 지도 시 그림과 단어를 함께 제시하고 손으로 가리키며 천천히 소리 내어 읽도록 지도하기

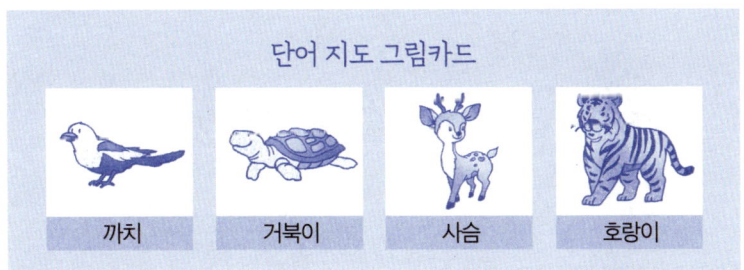

느린 학습자의 경우 배경지식이 부족하고 자신의 경험을 적절하게 떠올려 글로 표현하기 어렵다. 이때 자신이 나오는 사진을 활용하면 경험을 쉽게 떠올릴 수 있고, 과제 집중력도 높아져 단어 또는 간단한 문장 지도에 효과적이다.

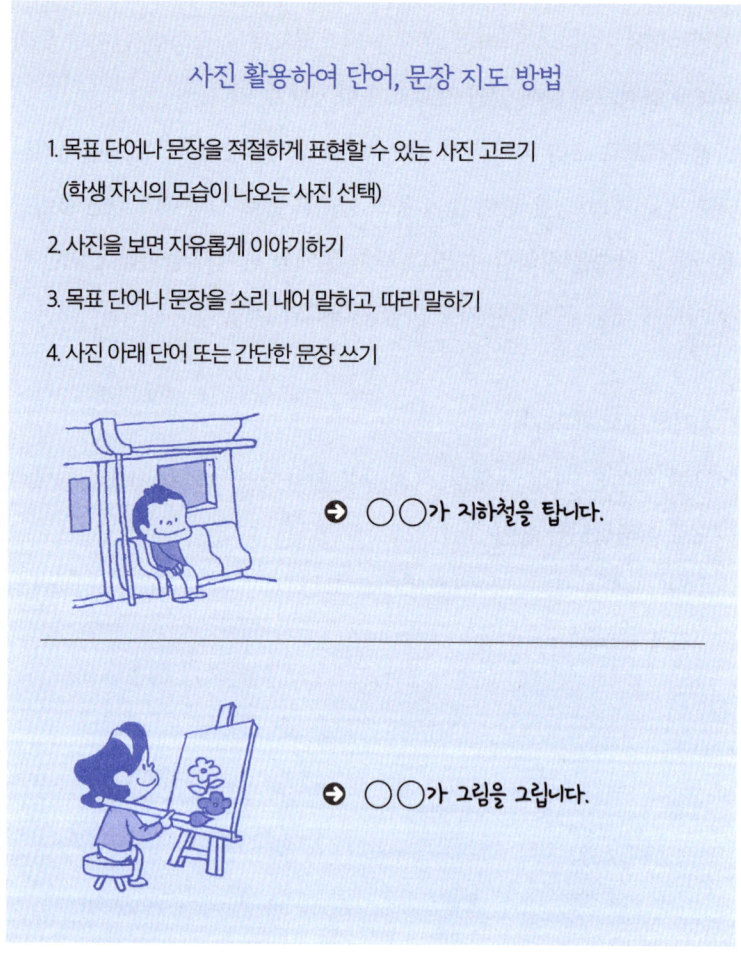

반복 학습하기

- 같은 단어와 문장을 반복 노출하여 기억 강화하기
- 내용을 정기적으로 확인하기
  ➡ 월요일부터 금요일까지 단어 반복하여 읽고, 금요일에는 한 주 동안 배운 내용을 복습 노트 활용하여 확인하기

짧고 쉬운 문장부터 지도하기

- 문장 구조가 단순하고 의미가 명확한 문장 사용하기
  ➡ 주어+동사, 주어+목적어+동사 형식의 문장부터 지도
  "나는 학교에 가요."
  "나는 밥을 먹어요."

단어 → 문장 → 짧은 글의 순서로 가르치기

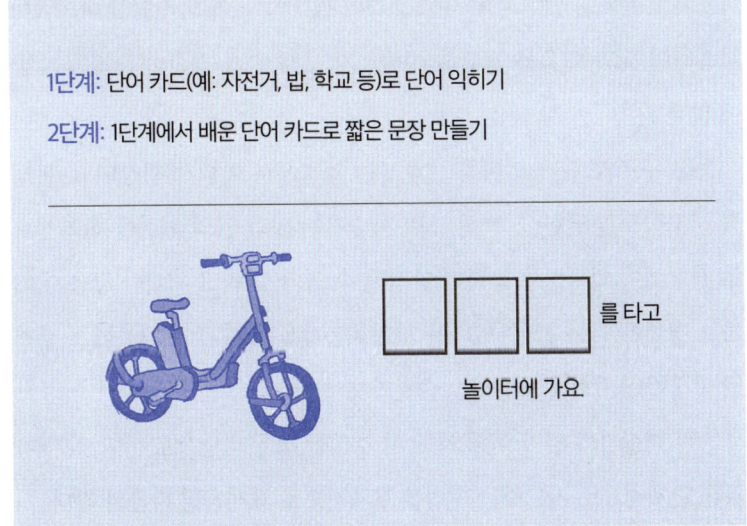

1단계: 단어 카드(예: 자전거, 밥, 학교 등)로 단어 익히기
2단계: 1단계에서 배운 단어 카드로 짧은 문장 만들기

□□□ 를 타고
놀이터에 가요.

실생활과 연계하거나 활용하여 읽기 지도

- 가정통신문, 음식 메뉴판, 버스표, 물건 설명서 등 실제 문서로 읽기 흥미 유도하기
  ➡ 마트 전단지에 적힌 물건 이름과 가격 읽기 등

게임 활용하기

- 단어 짝 맞추기, 숨은 글자 찾기, 문장 만들기 등 게임을 활용한 읽기 흥미 유발 및 지도하기

❷ 읽기 이해 지도

　느린 학습자에게 읽기 이해 지도는 단순히 '책 읽기 능력'을 키우는 것을 넘어 앞으로 모든 학습과 생활의 기초를 다지는 중요한 영역이다. 읽기 이해는 모든 교과 학습의 기반이 된다. 국어, 사회, 과학, 수학 문제 풀이조차도 문제를 읽고 이해하는 능력이 필수이다. 따라서 읽기 이해력이 부족하면 교과 내용을 정확히 이해하지 못해 학습 결손이 누적될 수밖에 없게 된다.

　문장 구조와 단어 의미를 이해하는 과정에서 어휘가 확장되고, 논리적 사고력도 발달한다. 특히 느린 학습자는 말과 글의 연결을 반복적으로 경험해야 의사소통 능력이 안정될 수 있다. 그리고 책이나 글을 이해하는 경험은 나는 할 수 있다는 자기효능감을 높여 주기 때문에 꾸준히 읽기 경험의 기회를 제공하고 습관화해야 한다.

　느린 학습자의 읽기 이해 지도 시 주의할 점을 바탕으로 문단 읽기 자료를 단계적으로 지도하는 방법을 구체적으로 제시하면 다음과 같다.

느린 학습자의 읽기 이해 지도 시 유의할 점

- 짧고 명확한 문장에서 시작하여 점차 길이와 복잡성 늘리기
- 읽은 후 즉시 말로 요약하여 이해 여부를 확인하기
- 글 속 등장인물, 장소, 사건을 그림이나 도표로 시각화하기
- 한 문단씩 끊어서 질문을 하고, 답을 찾는 질문-답변 구조를 반복하기
- 생활과 관련된 주제(학교, 가족, 친구 등)로 의미 있는 경험과 연결하기

읽기 이해 단계별 지도 방법

읽기 이해는 여러 단계로 나누어 지도하는 것이 효과적이다. 단계별 지도는 학생의 기본 해독 능력 수준을 바탕으로 이뤄지기 때문에 개별 맞춤형 교육 지원이 가능하다. 따라서 읽기 이해 부담은 줄어들고, 각 단계를 충분히 익힌 후 다음 단계로 넘어갈 수 있어 성공적인 학습 경험도 축적될 수 있다. 또한 교사가 학습 목표를 구체적으로 설정하고, 평가 기준을 명확히 제시할 수 있어 교수·학습 설계도 효율적으로 계획할 수 있다.

읽기 이해 지도 방법을 단계별로 제시하면 아래와 같다. 이때 읽기 이해 자료는 학생의 실생활과 밀접한 소재의 내용으로 지도하는 것이 좋다.

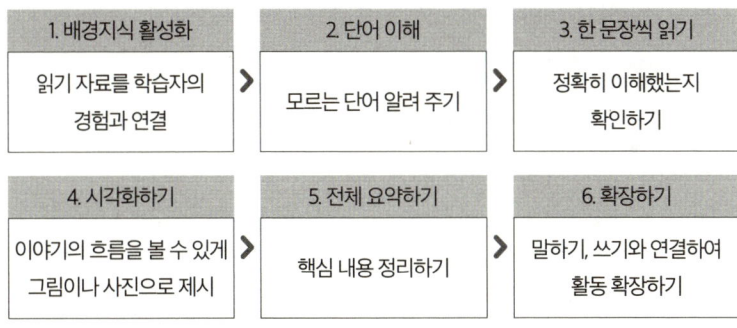

읽기 이해 지도 따라 하기

❶ 배경지식 활성화: 읽기 자료가 학습자의 경험과 연결되도록 하기

- "너도 아침에 늦게 일어난 적 있어?", "학교에 지각하지 않으려면 어떻게 해야 할까?" 하고 질문하기
- 아침에 일어나는 모습, 세수하는 모습, 학교 가는 모습 등 그림 자료를 함께 제시

❷ 단어 이해: 모르는 단어 알려 주기

- '늦잠', '다행히' 같은 단어를 쉬운 말로 설명하거나, 그림 카드, 몸짓 등을 활용하여 이해시키기
- "늦잠은 보통 몇 시쯤 일어나는 걸까?" 같이 생활 속 예시로 연결하기

❸ 한 문장씩 읽기: 정확하게 이해했는지 확인하기

- 교사가 한 문장을 읽어 주고, 학생이 따라 읽기
- 읽은 후, "지호가 아침에 뭘 했다고 했지?", "종이 치기 전에 교실에 들어갔다는 건 무슨 뜻일까?" 하고 질문하기

❹ 시각화하기: 이야기의 흐름을 눈으로 볼 수 있게 그림이나 사진 제시

- 순서대로 그림 카드 놓기

- 학습자가 직접 그림을 그리고 순서에 번호 붙이기

❺ 전체 요약하기: 핵심 내용 정리하기

- 핵심 단어를 빈칸으로 하여 문장 완성하기 등의 방법으로 내용 정리하기

❻ 확장하기: 말하기, 쓰기와 연결하여 활동 확장하기

- 요약한 내용을 말이나 글로 표현하기

이와 같이 짧은 글을 읽고 의미를 이해하는 과정을 반복하여 연습하면, 읽기 경험이 실제 생활과 연결되어 이해와 기억 능력이 모두 강화될 수 있다. 또한 동화책 속 일부 내용을 활용하여 단계적인 읽기 이해 지도를 할 수 있다. 동화책을 선택할 때는 문장이 짧고, 이야기 구조가 단순하며, 그림이 풍부한 것이 적합하다. 느린 학습자의 생활연령 및 학습 수행 수준과 흥미를 고려한 동화책 몇 권을 소개한다. 동화책을 활용한 읽기 지도는 한 번 읽고 끝내지 말고, 2~3차시로 나누어 반복적으로 지도하면 효과적이다.

동화책	지도 중점 및 확장 활동
《책 먹는 여우》 프란치스카 비어만 (주니어김영사)	짧은 문장과 반복되는 구조로 구성 • "책을 먹는다"라는 비유적 표현을 실제와 비교하며 시각화 지도 가능 • 확장 활동: '내가 책 속 주인공이라면?' 상상 글쓰기
《컬러 몬스터》 아나 예나스 (청어람아이)	짧은 대사와 단순한 그림 구조로 단어 이해와 감정 표현 지도에 적합 • 감정 단어 카드나 감정 바퀴와 함께 사용하여 지도 • 확장 활동: 경험한 감정 말하기, 역할놀이 활동과 연계하여 감정 이해력뿐 아니라 공감 표현 훈련하기

동화책	지도 중점 및 확장 활동
《무지개 물고기》 마르쿠스 피스터 (시공주니어)	**이야기 흐름이 명확하고 주제가 분명** • 사건 순서 그림으로 나타내기 (물고기 → 비늘 나눔 → 친구 사귀기) • 확장 활동: 친구와 나눌 수 있는 물건 그려 발표하기
《사과가 쿵!》 다다 히로시 (보림)	**의성어·의태어가 많아 읽기 재미와 어휘 감각 능력 향상** • 쿵, 와르르 등 소리를 몸짓과 표정으로 표현하며 읽기 • 확장 활동: 사과 대신 다른 과일이나 물건으로 바꿔 이야기 만들기
《알사탕》 백희나 (창비)	**그림과 글의 비율이 적절하고, 한 페이지 단위로 내용 구성이 명확** • 알사탕을 먹은 후 변화한 장면을 시각화하고 요약하기 • 확장 활동: '내가 알사탕을 먹는다면?' 상상 이야기 쓰기

| 쓰기 지도, 왜 중요할까요? |

쓰기는 읽기와 함께 모든 교과 학습의 기본 도구이다. 읽고 이해한 내용을 글로 표현할 수 있어야 교과 학습, 수행평가, 일상생활에서의 다양한 글쓰기 등에서 어려움이 줄어들 수 있다. 또한 쓰는 과정에서 생각을 구조화하고, 기억을 오래 유지할 수 있기 때문에 생각을 정리하고 글로 표현하는 연습이 필요하다. 말하기로 표현이 어려운 경우에도 쓰기 활동은 자기 생각과 감정을 전달할 방법이므로 어릴 때부터 체계적인 지도가 필요하다.

쓰기 지도에서 '쓰기 표현 기술'은 단순히 글을 잘 쓰게 하는 기술이 아니라, 생각을 구조화하여 글로 표현하는 능력을 말한다. 쓰기는 말하기와 더불어 자기 생각과 감정을 표현하는 중요한 수단으로 글로 표현하는 법을 배우면 상황, 대상, 감정을 명확하게 전달할 수 있게 된다. 특히 구어로는 표현할 수 있지만 문어로의 전환이 어려운 아동에게 쓰기 지도는 언어 발달의 다리 역할을 하게 된다.

글을 쓰기 위해서는 주제 선정 → 내용 구성 → 문장 표현 → 수정·보완의 계획적 사고 과정도 필요하다. 이러한 과정의 연습은 단순한 문장 작성 능력을 넘어 비판적 사고와, 논리적 사고를 키워 준다. 학년이 올라갈수록 수학, 사회, 과학 등 모든 교과 학습에서 서술 형태의 평가가 이뤄질 뿐만 아니라, 디지털 환경(예: 블로그, SNS, 온라인 학습)에서도 글쓰기는 필수 능력이다. 이와 같이 쓰기 표현 기술 지도는 학생의 학습 능력, 의사소통, 사고력, 정서 발달에 직접적으로 연결되는 핵심 교육 영역으로 체계적인 지도가 필요하다.

| 쓰기 지도, 이렇게 실천하세요. |

학업 전 쓰기 기술 지도 방법

먼저, 학생이 글씨 쓰기에 쉽게 피로함을 느끼거나 쓰기를 회피하는지 살펴본다. 느린 학습자 중에는 필기도구를 사용할 때 힘 조절이 어려워 연필을 너무 세게 눌러 손이 아프거나 반대로 너무 약하게 써서 글자가 흐릿한 경우가 있다. 이는 손가락 소근육 발달이 부족하고 필압 조절이 미숙하기 때문이다.

학업 전 쓰기 기술 지도 방법

학업 전 쓰기 기술	지도 방법
소근육 발달, 필기도구 사용 (연필 잡기, 필압 조절, 손가락 힘 강화)	• 집게로 콩 옮기기, 빨대 꽂기 • 구슬 꿰기, 점 잇기, 미로 찾기 활동 • 두꺼운 색연필, 두꺼운 연필 사용하기
방향 감각과 도형 그리기 (글자의 모양과 방향을 인식하는 능력 강화)	• 선 긋기(좌→우, 상→하) 연습 • 원, 삼각형, 사각형 등 기본 도형 따라 그리기 • →↑↓ 화살표 방향 따라가기 게임
시각-운동 협응 (눈으로 본 대로 손이 움직이는 능력 강화)	• 그림 따라 그리기 • 도형 속 색칠하기(경계선 안 넘기) • 점선을 따라 선 긋기
문자와 소리 대응 기초 (글자와 소리의 관계를 이해하는 초석 마련)	• 그림 카드와 글자 카드 매칭 • 'ㅅ = 사과의 ㅅ'처럼 초성-낱말 연결 게임 • 노래나 율동과 함께 글자 소리 익히기
의미 있는 기호 사용 경험 (글이 '의미를 담는 기호'라는 개념 이해)	• 간단한 그림 + 말풍선 쓰기 • 자기 이름 꾸며 쓰기 • 상징, 그림 문자 사용(오늘 날씨: 맑음 ☀)
점진적 글씨 쓰기 진입 (학습 부담 없이 글자 쓰기에 연결)	• 큰 칸 모눈에 자음 모양 쓰기 → 모음 쓰기 → 받침 있는 글자 쓰기 • 한 글자씩 완성 후 스티커 보상 • 생활 속 단어(이름, 가족 이름, 좋아하는 음식) 쓰기

글자 모양과 방향을 혼동하는 경우도 많다. 시각-공간 인식 발달 지연과 좌우 구분이 어려워 'ㄱ'과 'ㄴ', 'ㅁ'과 'ㅂ'처럼 비슷한 글자를 자주 바꿔 쓰거나, 글자 방향이 거꾸로(예: ㄱ → ㄴ) 되기도 한다. 이와 같이

본격적인 쓰기 활동을 하기 전에 필요한 기초 움직임, 인식, 표현 능력인 학업 전 쓰기 기술이 필요하다. 이 단계를 충분히 거쳐 글씨 쓰기에 무리 없이 진입할 수 있도록 해야 한다.

학습 전 쓰기 기술을 지도할 때는 쓰기 속도보다 정확한 모양과 방향을 가르친다. 한 번에 많은 글자를 요구하지 말고, 짧은 시간에 자주 연습하는 것이 중요하다. 시각 자료, 촉각 자료(모래 위 글씨, 점자판 등)를 함께 활용하면 좋다. 무엇보다 중요한 것은 성취감을 자주 경험하게 하여 쓰는 활동에 대한 불안감을 감소시키는 것이다.

쓰기 표현 기술 지도 방법

느린 학습자가 보이는 쓰기 표현 기술의 어려움을 살펴보고, 어떻게 지도해야 하는지 사례 중심으로 제시하였다.

❶ 글감 떠올리기의 어려움

➲ 그림과 사진을 제시하거나 구어화 단계, 질문 자극 활용하기

느린 학습자는 글쓰기 주제와 관련하여 무엇을 쓸지 떠올리기 어려워한다. 예를 들어 '주말에 한 일'을 쓰라고 하면 무엇을 쓸지 한참 동안 멍하니 있다가 세부 내용 없이 "주말에 놀았어요"라고 짧은 문장만 떠올린다. 결국 교사가 질문으로 끌어내야 문장이 나온다. 이는 경험을 언어로 재구성하는 능력이나 장면 회상, 이야기 구조화 능력이 부족하기 때문이다.

이러한 어려움을 해결하기 위해 시각 자료를 제시하여 글감 연상을 유도하거나, 먼저 이야기를 한 뒤에 그 내용을 글로 옮기게 한다. 또한 누구랑? 어디서? 무엇을? 어떻게? 같은 5W1H 질문을 던질 수 있다. 예를 들

어 '주말에 한 일'에 대한 글을 쓸 때 교사가 사진(공원, 놀이터, 가족 식사 장면)을 보여 주며, "누구랑 갔어?", "뭐 했어?" 같이 질문하고, 학생의 대답을 간단하게 메모한 후 그 메모를 순서대로 문장으로 표현하는 것이다.

❷ 문장 구성의 어려움

➡ 문장 틀, 구체적 단어 목록 제공, 문장 이어 쓰기

글감이 떠오르지 않는 것과 반대로 생각은 많은데 문장으로 연결하는 과정에서 주어, 서술어, 조사가 빠지거나 잘못 사용되는 경우이다. '엄마랑 공원', '비눗방울'과 같이 문장 형식에 대한 이해가 부족한 채로 쓰거나 구어와 문어의 차이에 대한 인식이 약할 수 있다.

이런 경우에는 '○○가 ○○했다.'와 같이 문장 형식을 미리 제공하는 편이 좋다. 관련 명사나 동사, 형용사의 구체적인 단어 목록도 미리 제시하면 문장을 쓸 때 훨씬 수월하다. 2개 문장을 그리고, 그래서, 하지만 등 접속사로 연결하는 훈련이나 문장 이어쓰기 연습도 함께 해보자. 예를 들어 '나는', '공원에', '갔다' 카드를 미리 제공하고 이를 순서대로 배열한 후 소리 내어 읽게 한다. 그리고 쓰기 활동으로 연결한다.

❸ 맞춤법, 받침 표기의 어려움

➡ 소리-글자 대응 훈련, 받침과 맞춤법 놀이하기

느린 학습자는 음운변동 규칙 적용이 약하거나 소리를 그대로 표기하는 등 맞춤법, 받침 표기에서 어려움을 보인다. 예를 들면 '사과'를 '사가'로, '학교'를 '학꾜', '갔어요'를 '가써요'라고 표기하는 경우인데 글의 가독성이 떨어질 수밖에 없다.

이러한 문제를 해결하기 위한 지도 방법으로 비슷한 발음을 구별(가/카, 다/타)할 수 있도록 소리와 글자 대응 훈련을 할 수 있다. 받침이 있는 단어 그림 카드와 단어 맞추기 게임 활동을 하거나, 두 가지 표기 중 올바른 것 고르기 등의 연습이 필요하다. 예를 들면 '학교'와 '학꾜' 중 맞는 것을 고르고 손동작으로 ㄱ+ㅛ 발음을 천천히 분리해서 연습한다.

❹ 내용 전개의 비논리성

➡ 그림 순서 배열, 쓰기 계획표 활용하기

쓰기 표현에서 느린 학습자가 겪는 어려움은 글의 앞뒤 순서가 바뀌거나, 주제와 상관없는 내용을 중간에 넣는 것이다. "어제 친구랑 놀았다. 비가 왔다. 아이스크림이 참 맛있다." 같이 이야기 구조(시작 – 중간 – 끝) 개념이 부족하고 계획 없이 즉흥적으로 글을 쓰는 특징이 있다.

그림 카드를 활용하여 사건 순서대로 그림을 배열한 후 이야기를 구성하도록 해보자. 쓰기 계획표를 활용할 때 '시작 – 중간 – 끝' 구조에 맞춰 간단한 메모를 하게 되면 글의 순서를 바로잡을 수 있다. 또한 인물, 장소, 사건을 도식화한 후 글을 쓰는 방법도 활용해 보길 바란다.

❺ 수정, 검토 과정의 어려움

➡ 수정 및 검토할 수 있는 체크리스트 활용하기

띄어쓰기 오류나 단어 반복이 있어도 다시 읽어 보지 않고 맞춤법과 문장의 어색함을 확인하지 않는 경우이다. 글을 다 쓰고 나면 수정하고 검토하는 습관을 갖도록 연습이 필요하다. 이를 위해 '맞춤법 O/X', '띄어쓰기 O/X', '끝말 확인' 등 간단한 체크리스트 목록을 제공한다. 짝꿍과 '서로의 글 읽어 주고 좋았던 점, 고칠 점 말하기 활동'을 통해서도 수정하고 검토할 수 있다. 이와 같이 느린 학습자의 쓰기 표현 기술의 어려움을 해결하기 위한 지도 방법을 간단히 정리하면 아래 표와 같다.

쓰기 표현 기술 지도 방법

어려움	지도 방법
글감 떠올리기	▲ 그림과 사진 활용하기: 시각 자료를 제시하여 글감 연상 유도 ▲ 구어화 단계 거치기: 먼저 말로 한 후 그 내용을 글로 옮기기 ▲ 질문 자극: 누구랑? 어디서? 무엇을? 어떻게? 같은 5W1H 질문하기
문장 구성	▲ 문장 틀 제공: "○○가 ○○했다." 형식 틀로 시작 ▲ 구체적 단어 목록 제공 ▲ 문장 이어쓰기 연습: 2개 문장을 그리고, 그래서, 하지만 등 접속사로 연결하기 연습
맞춤법·받침 표기	▲ 소리와 글자 대응 훈련: 비슷한 발음 구별하기(가/카, 다/타) ▲ 받침 놀이: 받침이 있는 단어 그림 카드와 단어 맞추기 게임하기 ▲ 맞춤법 선택지 제공: 두 가지 표기 중 올바른 것 고르기
내용 전개 비논리성	▲ 그림 순서 배열: 사건 순서대로 그림 정렬 후 이야기 구성하기 ▲ 쓰기 계획표 활용: '시작 - 중간 - 끝' 구조에 맞춰 메모하기 ▲ 이야기 지도 그리기: 인물, 장소, 사건을 도식화 후 글쓰기
수정·검토 부족	▲ 점검 목록 제공: '맞춤법 O/X', '띄어쓰기 O/X', '끝말 확인' 등 ▲ 짝 활동: 서로의 글 읽어 주고 좋았던 점 1개, 고칠 점 1개 말하기

쓰기 표현 기술 단계적 지도 방법

느린 학습자는 구어를 문어로 전환하는 과정에서 많은 어려움을 겪는다. 글을 쓰라고 막연하게 과제를 제시하기보다 '말로 표현하기→그림으로 나타내기→단어 또는 짧은 문장 쓰기→문단 쓰기'와 같이 단계별로 접근하면 쉽게 지도할 수 있다. 또한 작은 목표를 차례로 성취하게 하면 자신감이 생기고 쓰기에 대한 긍정적인 태도도 형성된다.

'주제 선정 → 내용 계획 → 문장 작성 → 수정'의 단계적 훈련은 '시작 - 중간 - 끝' 구조로 글을 정리하는 사고 능력을 길러 준다. 이러한 단계별 접근은 느린 학습자가 한 번에 모든 쓰기 기술을 습득하기 어려운 점을 고려하기 때문에 단계별 수준을 조절하는 등 개별 맞춤형 학습지원도 가능하다.

쓰기 표현을 위한 단계별 지도 방법

1. 말로 표현하기	2. 내용 구조화	3. 짧은 문장 쓰기
말로 생각을 정리하고 표현	생각을 시각적으로 구조화	구조화된 내용을 문장으로 표현

4. 문장 연결하기	5. 문단 완성하기	6. 수정·검토하기	7. 발표·공유하기
사건 순서를 고려하여 문단 구성하기	하나의 완결된 글 작성하기	맞춤법, 띄어쓰기, 내용 보완하기	글쓰기에 대한 성취감과 동기 부여

쓰기 표현 지도 따라 하기

❶ **말로 표현하고, 경험 나누기**: 말로 생각을 정리하고 표현하는 기초 능력 강화

- 주제와 관련된 그림, 사진, 실물 자료 제시하거나 교사와 학생 사이에 질문과 대화를 통해 소재를 구체화하기
- 5W1H 질문(누가, 언제, 이디시, 무잇을, 어떻게, 왜)을 활용해 내용 확상하기
  (적용) '주말에 한 일'을 주제로 교사가 공원 사진을 보여 주며 "누구랑 갔어?", "뭐 하고 놀았어?", "기분은 어땠어?" 질문하고 대답을 키워드로 칠판에 기록하기

❷ 그림·도식화로 내용 구조화: 생각을 시각적으로 조직화

- 그림 그리기, 이야기 순서 그림(시작 – 중간 – 끝) 활용하기, 마인드맵이나 '이야기 지도'로 인물, 장소, 사건, 느낌 정리하기
- 구조화 자료를 바탕으로 단어와 짧은 구 적기

  (적용) 현장체험학습 경험을 그림 4칸(출발 → 놀이 → 점심 → 돌아오기)으로 나누고, 각 칸 아래 단어 쓰기

  (출발: 버스, 친구 / 놀이: 회전목마 / 점심: 김밥, 주스 / 돌아오기: 정리, 잠)

❸ 단어 → 짧은 문장 쓰기: 구조화된 내용을 문장으로 표현하기

- "○○가 ○○했다.", "나는 ○○에 갔다." 등 기본 문장 틀 제공하기
- 단어 목록을 활용해 문장을 만들거나 문장 길이를 짧게 유지하고 주어와 서술어 구조를 명확히 지도

  (적용) 단어: 버스 / 친구 / 갔다→ 문장: "나는 친구와 버스를 탔다."

❹ 문장 연결하기: 사건 순서를 고려하여 문단 구성

- 접속사(그리고, 그래서, 하지만 등), 시간 연결어(먼저, 다음에, 마지막에 등) 지도하기
- 문장 퍼즐(잘라 놓은 문장)을 순서대로 배열 후 다시 쓰기

  (적용) "나는 친구와 버스를 탔다." / "회전목마를 타고 놀았다."

  ➡ "나는 친구와 버스를 타고 놀이공원에 갔다. 그리고 회전목마를 타고 놀았다."

❺ 문단 완성하기: 하나의 완결된 글 작성하기

- 시작 – 중간 – 끝 구조를 점검하며 내용 확장하기

- 교사가 예시 글을 읽어 주며 형식을 모델링하고, 내용이 부족한 부분은 질문을 통해 보완하기

> (적용) 제목: 즐거운 현장체험학습
> 오늘 현장체험학습을 갔다. 나는 친구와 버스를 타고 놀이공원에 갔다. 그리고 회전목마를 타고 놀았다. 점심으로 김밥과 주스를 먹었다. 현장체험학습이 재미있었다. 또 가고 싶다.

❻ 수정·검토하기: 맞춤법과 띄어쓰기 확인, 내용 보완
- 체크리스트(주어와 서술어, 맞춤법, 띄어쓰기 등) 제공하기
- 짝 활동(친구 글 읽고 좋았던 점 1개, 고칠 점 1개 말하기)

  (적용) 글 완성 후 "모든 문장이 주어와 서술어가 있나요?" 질문하여 빠진 부분 찾기, 띄어쓰기 오류 수정하기

❼ 발표·공유하기: 글쓰기에 대한 성취감과 동기 부여
- 교실 게시판에 작품을 전시하거나, 짧게라도 친구들 앞에서 읽어 발표하기, 완성한 글 부모에게 보내기

  (적용) '우리 반 글 모음집'에 아이들 글과 그림을 모아 책자 제작하기

이와 같이 쓰기 표현 기술 지도는 하루에 긴 글을 완성하려 하지 말고 짧게 자주 반복해야 하며, 오타나 맞춤법보다 의미 전달이 우선해야 한다. 또한 시각, 촉각, 청각 자극을 함께 주면 기억에 오래 남고 성취 경험을 누적하여 쓰기에 대한 자신감을 형성할 수 있다.

수학 지도, 왜 중요할까요?

수학 지도는 읽기, 쓰기와 마찬가지로 학습과 일상생활에서 아주 중요한 기초 학습 영역이다. 일반적으로 학생들이 수학을 어렵다고 생각하는 것은 숫자와 상징(기호)과 같이 추상적인 내용으로 구성되어 있어 조작하기 어렵고, 수학에서 사용하는 언어는 일상생활 언어와 달라 이해하기 복잡하기 때문이다.

수학이라고 하면 흔히 '수와 연산'을 떠올리게 된다. 수학은 '수와 연산' 이외에도 '도형', '측정', '규칙성', '자료'와 '가능성' 등의 다양한 영역이 존재하며 이들 영역이 일상생활에서 실제 어떻게 활용되는지 가르쳐야 한다. 영역별 기초적인 수학 개념이나 원리를 이해하는 데서 그치는 것이 아니라 일상생활에서 다양한 문제를 해결할 수 있어야 한다.

수 개념의 이해와 셈하기는 모든 수학 영역(덧셈, 뺄셈, 곱셈, 나눗셈, 도형, 측정)의 토대가 된다. 수학 문제를 풀기 위해서는 상황을 이해하고, 계획하고, 계산하며, 검증의 과정을 거치기 때문에 문제 해결과 논리적 사고의 발달에도 중요한 영역이다. 또한 시계 보기, 돈 계산, 물건 개수 세기, 요일과 날짜 파악 등 일상생활의 많은 부분이 수 개념과 연산 능력에 의존하고 있기 때문이다.

수학은 기초 개념이 약하면 학년이 올라갈수록 난이도가 높아져 학습 부진이 심화되므로, 충분한 반복 연습과 간단한 계산·문제 해결을 통해 성취감을 느낄 수 있도록 해야 한다. 느린 학습자가 수학 영역에서 주로 겪는 어려움을 살펴보고, 구체적인 지도 방법을 제시하고자 한다.

| 수학 지도, 이렇게 실천하세요. |

❶ 수 이전 영역의 습득 부족: 통합적 활동으로 접근하기

수 이전 영역에서는 구체적인 수를 다루지 않지만 수학 전체 교육 내용의 기초가 되는 활동이자 생활 속에서 꼭 필요한 내용이다. 수 이전 영역의 내용으로는 사물의 속성 탐색, 비교하기, 구분하기, 관련짓기, 일대일 대응하기, 분류하기, 패턴 형성하기가 있다. 영역별 지도 방법과 실제 생활 연계 지도 방법은 아래와 같다.

수 이전 영역 지도 방법과 실생활 적용 방법

영역	목표	지도 방법	실생활 연계 지도
① 사물의 속성 탐색하고 기술하기	사물의 색, 모양, 크기, 질감 등 특징을 관찰하고 말로 표현하기	• 생활 속 물건을 직접 만지고 살피게 하며 사물의 속성 말하게 하기 • 오감을 활용(보기, 만지기, 냄새 맡기)하여 구체적으로 기술하기	▲ 가정: "이 컵은 둥글고, 파란색이고, 차갑네." ▲ 교실: 색연필을 꺼내며 "빨간색이고 길며 뾰족하다."라고 묘사
② 사물 비교하기	2개 이상의 사물의 공통점과 차이점 인식	• 같은 속성을 기준으로 비교하기(길이, 무게, 색, 모양 등) • 비교할 때는 구체적인 형용사 사용하기(길다/짧다, 무겁다/가볍다)	▲ 장바구니 속 과일 비교: "사과는 동그랗고, 바나나는 길쭉하다." ▲ 블록 2개 무게 비교: "이 블록이 더 무겁네."
③ 구분하기	속성에 따라 물건을 나누기	• 색깔, 크기, 용도 등 한 가지 기준으로 먼저 구분 → 두 가지 기준으로 확장하기 • 구분 기준을 아동이 스스로 정하게 하기	▲ 세탁 시 빨래 색깔로 구분 (흰색 옷 / 색 있는 옷) ▲ 장난감 상자 정리: 작은 자동차/큰 자동차로 나누기

영역	목표	지도 방법	실생활 연계 지도
④ 관련짓기	사물의 쓰임, 위치, 순서를 연결	• 사물과 용도 연결하기 (컵 - 물 마시기, 빗 - 머리 빗기) • 이야기 속 등장인물과 소품 연결하기	▲ 요리 준비: 국자 - 국, 젓가락 - 밥, 칼 - 채소 연결 ▲ 동화책 읽기 후: '빨간 모자' 이야기에서 빨간 모자 - 소녀 연결
⑤ 일대일 대응하기	사물과 수량을 짝지어 세기	• 물건 하나에 사람 하나씩 배정하기(의자 - 학생, 접시 - 사람) • 물건을 셀 때 1개씩 옮기거나 손으로 가리키며 진행하기	▲ 식탁 차리기: 가족 수만큼 접시와 숟가락 놓기 ▲ 나무 심기 놀이: 화분 하나에 씨앗 하나 넣기
⑥ 분류하기	여러 가지 기준으로 물건 나누기	• 처음에는 한 가지 기준으로 분류 → 두 가지 기준(색+모양)으로 확장하기 • 분류 후 각 그룹의 공통점 설명하기	▲ 장난감 블록을 색별로 나누기, 그다음 크기별로 다시 나누기 ▲ 빨래를 옷 종류대로(상의, 하의, 양말) 분류
⑦ 패턴 형성하기	반복되는 규칙을 찾아내고 만들기	• 색깔, 모양, 크기, 소리 등 반복 요소로 패턴 만들기 • 처음엔 간단한 두 가지 요소(빨강 - 파랑 - 빨강 - 파랑) → 점차 복잡하게 확장하기	▲ 구슬 끼우기: 빨강 - 노랑 - 빨강 - 노랑 ▲ 율동: 손뼉 - 무릎 - 손뼉 - 무릎 ▲ 점심 준비: 컵 - 접시 - 컵 - 접시 순서로 놓기

출처: 남윤석 외 (2025), 특수교육 수학교육론, 경기: 교육과학사(발췌하여 재구성).

수 이전 영역의 내용을 가르칠 때는 통합적 접근이 필요하다. 느린 학습자는 상징에 대한 이해가 부족한데 이들이 주로 접할 수 있는 교수·학습 자료와 내용은 일상생활에서 주로 통합적으로 일어나기 때문이다. 수 이전 영역의 내용을 일상생활과 연계하여 통합적으로 접근하여 지도할 수 있는 사례를 제시하면 다음과 같다.

요리 활동하기

재료의 색과 모양 말하기(속성 탐색) → 필요한 그릇과 재료 수 맞추기(일대일 대응) → 쓰임 연결(관련짓기) → 도마 위 재료를 모양과 크기별로 나누기(분류)

교실 청소하기

청소 도구 속성 말하기 → 무겁고 가벼운 것 비교 → 쓰임별로 정리 → 패턴 있게 배치(예: 빗자루 - 쓰레받기 - 빗자루 - 쓰레받기)

동화책 읽기

등장인물이 입은 옷의 색과 모양 말하기 → 같은 색 옷을 입은 인물끼리 묶기 → 사건 순서 정하기 → 반복되는 이야기 구조 찾기

❷ 수 개념 형성의 어려움: 구체물 조작, 수직선 활용, 반복 연습하기

느린 학습자는 수량과 숫자 기호의 연결 경험이 부족하고, 추상적 개념을 구체적으로 인식하는 것이 어렵기 때문에 수 개념 형성에 어려움을 보인다. 수의 크기, 순서, 양 개념을 이해하는 속도도 느리다. 7이 5보다 크다는 것은 알지만, '얼마나 더 큰지'를 감각적으로 파악하지 못하는 것이다.

수 개념 형성을 위해 블록, 구슬, 수 막대 등 실제 물체로 수량을 비교하거나 숫자 위치와 크기 비교를 시각화할 수 있는 수직선을 활용하여 지도할 수 있다. 무엇보다 중요한 것은 매일 5~10분 정도 꾸준히 연습하는 것이다. 수량의 감각을 익히기 위해 구슬 7개와 5개를 각각 손에 쥐게 한 후 어느 쪽이 더 많은지 비교하고 그 차이를 세어 보게 한다.

❸ 수 세기와 위치값 이해 부족: 다양한 수 세기 활동 반복 연습하기

수를 세는 과정에서 숫자를 빠뜨리거나 중복으로 세고, 자릿값(십의 자리, 일의 자리) 이해가 어려운 모습을 보이기도 한다. 예를 들면 28 다음에 29가 아니라 30이라고 말하거나, 104를 '일십사'로 읽는 경우이다. 수 세기와 자릿값 구조에 대한 경험이 부족하기 때문이다.

노래나 리듬에 맞춰 수를 세거나, 박수 치며 수 세기 활동을 통해 흥미를 높일 수 있다. 자릿값 구조에 대한 이해를 높이기 위해 자릿값 판을 만들어 '십의 자리-일의 자리' 구분 칸에 수 카드를 넣어 보는 활동도 좋다. 자릿값 판에 2와 8을 놓고 '이십팔' 소리 내어 읽은 후, 10의 자리 카드를 3으로 바꾸면 '삼십팔'로 읽는 연습을 반복할 수 있다. 생활 속 다양한 수 세기 활동도 추천한다. 계단을 한 칸씩 오를 때마다 숫자를 말하거나, 물건 세기, 장난감 세어 정리하기 등을 활용할 수 있다.

❹ **기초 연산 숙달 어려움: 구체물 조작, 시각화, 반복·연습, 실생활 연결, 긍정적 피드백으로 순환적 지도 필요**

기초 연산의 어려움은 수 개념의 부족 → 원리 이해 미숙 → 기억·집중 한계 → 자동화 부족 → 정서 문제로 이어지는 연쇄적 문제로 나타난다. 숫자가 단순한 기호가 아니라 양(量)을 나타내는 것이라는 이해가 부족하여 3+2=5에서 식의 의미를 직관적으로 파악하기 어려울 수 있다. 5라는 숫자를 보고 구체적으로 사과 5개를 바로 떠올리지 못하는 것이다. 덧셈, 뺄셈, 곱셈, 나눗셈의 기본 구조를 이해하기 전에 기계적 암기에 의존하고, 덧셈은 '합치기', 뺄셈은 '덜어내기'라는 실제 의미와의 연결이 약하다. 즉 3+4=7이라고 외우지만, 실제 사탕 3개에 4개를 더해 7개가 되는 과정은 모르는 것이다.

또한 느린 학습자는 연산 중간값을 기억하고 다음 단계로 연결하는 능력이 약하다 보니 2단계 계산에서 1단계 결과를 잊어버려 다시 처음부터 계산하는 모습을 종종 볼 수 있다. 주의집중력이 떨어져 순서를 놓치기도 한다. 받아올림을 해야 하는데 중간에 딴생각하다가 잊는 경우가 그렇다.

이와 같이 느린 학습자에게 기초 연산이 어려운 이유는 단순히 계산이 느려서가 아니라 인지, 언어, 기억, 정서가 복합적으로 작용하기 때문이다. 따라서 기초 연산을 숙달시키기 위해서는 구체물 조작 → 시각화 → 반복 연습 → 생활 연결 → 긍정 피드백의 순환적 접근이 필요하다. 한 번에 끝내지 말고 새로운 연산 상황을 제시하면서 다시 첫 단계로 돌아가 지속적이고 반복적으로 지도해야 하는 것이다. 덧셈 지도 시 순환적 접근을 위한 단계별 지도 방법은 다음 쪽의 표와 같다.

순환적 접근 단계별 지도 따라 하기

단계	목표	지도 방법	핵심 point
① 구체물 조작	'5에 3을 더하면 8'이라는 개념을 실물로 경험하기	• 먼저 빨간 구슬 5개를 줄에 놓기 → 그 옆에 파란 구슬 3개를 이어 붙이기 → 전체 구슬 개수를 함께 세기 → 8개 확인하기	▲ 직접 손으로 구슬을 옮기게 하여 '합친다'라는 의미를 감각적으로 익히기
② 시각화	구체물 없이도 눈으로 보고 이해 전환	• 수직선 활용: 0에서 출발, 5까지 점프 → 5에서 오른쪽으로 3칸 이동 → 8에 도착 • 그림 모델: 사과 그림 5개 + 사과 그림 3개 그리기 → 총합 세기	▲ 구체물 경험을 '그림'이나 '수직선' 같은 시각 자료와 연결하기
③ 반복 연습	계산을 빠르고 정확하게 자동화	• 주사위 2개를 던져 나온 수의 합 구하기 → 5와 3이 나오면 "8!" • 플래시 카드(5+3=?), 덧셈 빙고게임 활용, 시간 제한 두고 "5+3=?" 반복 퀴즈	▲ 같은 구조(5에 ○을 더하기) 문제로 변형하여 패턴 인식하기 ▲ 짧게, 자주(하루 5분) 연습하기
④ 생활 연결	덧셈이 실제 생활에 쓰이는 경험 제공	• 사탕 5개를 주고, 3개를 더 주며 "이제 몇 개야?" 물어보기 • 장보기놀이: 500원짜리 사탕 5개에 3개를 더해 가격의 합 구하기 • 책상 위 연필 5자루에 3자루를 더 올려놓고 합계 세기	▲ 실생활 사물이나 상황을 활용하여 기억이 오래가고 거부감이 줄어들도록 하기
⑤ 긍정 피드백	성취감과 학습 지속 의지 강화	• "와! 5개랑 3개를 합치면 8개라는 걸 직접 찾았구나!"처럼 과정 칭찬하기 • 연습 후 스티커나 점수판에 성취 표시하기 • "다음에는 네가 문제를 만들어 줄래?"처럼 학습 주도권 부여하기	▲ 결과뿐 아니라 과정과 시도를 인정하는 피드백 중요

❺ **문제 해결 과정 이해 부족: 핵심어 표시, 그림 그리기 전략, 역할극 활용하기**

문장제 문제에서 핵심 정보를 파악하기 어려운 경우로 읽기 이해력이 부족하고 수학적 언어와 일상 언어의 차이를 인식하는 데 어려움이 나타난다. 예를 들면, "사과 5개 중 2개를 먹었어요. 몇 개 남았을까요?" 문제에서 '먹었다'가 빼기를 뜻하는 것을 연결하지 못한다.

이때 상황을 그림이나 도형으로 시각화하는 그림 그리기 전략을 사용할 수 있다. 예를 들어 교사 또는 학생이 '먹었다'는 빼기, '합쳐서'는 더하기로 이해하여 핵심어에 색연필로 표시하게 한다. "사과 5개 중 2개를 먹었어요."에 해당하는 그림으로 사과 5개를 그리고 2개에는 X 표시를 한 후 남은 사과의 수를 세는 것이다. 문제 상황을 실제로 재현하는 역할극을 활용할 수도 있다.

❻ **공간과 도형 개념 부족: 입체 모형 조작, 위치 놀이, 비교·분류 게임하기**

사각형과 직사각형을 구분하지 못하거나, "왼쪽에 ○○가 있다"와 같은 지시를 잘못 이해하는 등 도형의 이름, 특징, 위치 개념(위아래, 왼쪽과 오른쪽)을 혼동하는 어려움을 보인다. 실제 조작 경험과 시각 - 공간 지각 능력이 부족하기 때문이다.

블록이나 점토(clay)로 입체 모형을 직접 만들거나, '책상 위 또는 아래에 연필 두기' 같은 구체적인 활동을 놀이에 접목하면 자연스럽게 공간 개념을 익힐 수 있다. 사각형과 삼각형 도형 카드를 섞어 두고 '변이 3개인 것만 찾아 바구니에 넣기'와 같이 비교·분류 게임을 하면 모양, 변의 수, 각도로 분류 개념을 익힐 수 있다.

❼ 시간, 길이, 무게, 돈 등 생활 수학 개념 부족: 실물 활용, 상황 놀이하기

생활 속 수학 경험이 부족하여 시계 보기, 물건값 계산하기, 단위 개념 이해 등에서 어려움이 있다. 실제 시계, 자, 저울, 동전(또는 지폐)을 많이 사용하는 경험을 제공해야 한다. '가게놀이'와 같은 상황극을 통해 돈을 주고 거스름돈 받기 놀이를 해도 좋다.

❽ 학습 불안, 자신감 저하: 성공 경험 기회 제공, 칭찬, 친구와 협동

느린 학습자는 수학 문제를 틀릴까 봐 풀이 시도 자체를 꺼리는 경우가 많다. 실제 할 수 있는데도 "나 수학 못해."라고 말하는 것은 그동안 반복된 실패 경험과 부정적 피드백으로 인한 성취감 부족에서 나타나는 결과이다. 따라서 정답률 높은 문제를 먼저 풀게 하여 성공 경험을 쌓도록 해야 한다. 수학 문제를 해결하는 노력과 과정에 대한 긍정적 피드백도 중요하다. 친구와 함께 문제를 해결하도록 과제를 제시하는 것도 수학에 대한 자신감을 키우는 방법이다.

11장 | 난독증 학생,
　　　　　배움의 문을 열어 주는 실천법

나는 또래보다 한참 뒤처지는 듯한 기분을 느낀다.
글자가 또렷하게 다가오지 않아 한 줄을 여러 번 더듬어야 하고,
그럴 때마다 '나는 왜 이렇게 다를까?'라는 불안이 마음을 흔든다.
하지만 진정으로 내가 필요로 하는 것은 더 빨리, 더 잘 읽으라는 재촉이 아니다.
부모님의 기다림과 격려, 선생님의 전문적인 지도와
사회의 제도적 지원이 있을 때, 나는 혼자가 아님을 느낀다.

| 난독증 학생을 위한 효과적인 읽기 지도 |

난독증은 평생에 걸쳐 영향을 미칠 수 있지만, 조기 개입과 예방 프로그램을 통해 읽기 능력을 크게 향상시킬 수 있다. 따라서 난독증 학생을 지도할 때는 우연적 학습에 맡기기보다, 근거 기반 프로그램을 활용한 체계적이고 과학적인 접근이 필요하다.

많은 연구에서 난독증 아동에게 효과적인 교수 방법으로 음운 인식 지도, 낱자-소리 대응 중심의 읽기 교육(파닉스), 해독 연습, 읽기 유창성 지도, 철자 지도를 제시하고 있다. 난독증의 진단이 전문가의 영역에서 이루어지듯, 지도 또한 전문가의 개입과 협력이 필수적이다. 미국의 '국가읽기위원회(National Reading Panel, NRP)'는 난도증 학생의 읽기 지도에 필요한 다섯 가지 핵심 요소를 강조한다. 그것은 음운 인식, 파닉스, 읽기 유창성, 어휘, 읽기 이해이다.

❶ 음운 인식 지도

음운 인식은 구어 속 여러 말소리를 지각하고 조작할 수 있는 능력으로, 난독증 학생에게 가장 기초적이면서도 중요한 영역이다. 조기에 지도할수록 효과가 크다. 음운 인식 지도는 종이나 연필보다는 입과 귀를 활용하는 활동 중심 지도로 진행된다. 말소리를 구분하고 다루는 데 초점을 맞추어, 단어의 소리를 세어 보고, 비슷한 소리를 변별하거나, 소리를 생략하거나 첨가하고, 분절하거나 합성하는 훈련이 이루어진다. 또한 한 소리를 다른 소리로 바꾸어 보는 대치 활동도 포함된다. 음운 인식 지도는 단계적으로 접근할 수 있다. 특히 한글을 배운 지 1년 이상 지난 아동이라면, 음소 수준 지도에 집중하는 것이 가장 효과적이다.

- **어절 수준**: 문장을 어절 단위로 나누기(예: 꽃이/피었다.)
- **음절 수준**: 단어를 음절로 쪼개기(예: 기/차, 바/나/나, 하/늘)
- **음절체 수준**: 초성(위), 중성(가운데), 종성(아래)을 구분하기(예: '밤' 지도하기, 'ㅂ' 초성, 'ㅏ' 중성, 'ㅁ' 종성)
- **음소 수준**: 개별 음소를 지각하고 조작하기(예: 가: 음소 'ㄱ'+'ㅏ')

음운 인식 지도는 난독증 학생의 읽기 발달에 있어 기초이자 핵심이다. 그러나 단순히 훈련을 반복하는 것이 아니라, 학생의 발달 수준과 흥미를 고려한 체계적이고 구체적인 접근이 필요하다. 효과적인 음운 인식 지도를 위해 다음과 같은 원칙을 기억하는 것이 좋다.

- 글자-소리 대응 지도와 병행하기

음운 인식 지도는 낱자 소리 대응(파닉스) 지도와 함께 이루어질 때 학습 효과가 가장 크다. 소리를 인식하고 이를 실제 글자와 연결하는 경험이 필수적이다.

- 한두 가지 기술에 집중하기

동시에 여러 가지 과제를 가르치기보다, 한 번에 한두 가지 기술에 집중하는 것이 학습의 안정성과 이해도를 높인다.

- 시각 자료 활용하기

소리 인식은 학생들에게 추상적으로 느껴질 수 있다. 그림 카드와 같은 시각 자료를 함께 사용하면 구체성을 높이고 학습 몰입을 돕는다.

• 읽기를 돕는 수단임을 강조하기

음운 인식은 그 자체가 목표가 아니라, 읽기 능력을 발달시키는 중요한 도구임을 지도 과정에서 명확히 인식해야 한다.

• 쉬운 단계에서 어려운 단계로 진행하기

처음에는 음절 수준에서 시작하여 점차 음소 수준으로 나아가야 한다. 학습자가 성취감을 느끼며 단계적으로 도전할 수 있도록 체계적으로 구성한다.

• 짧게 자주 지도하기

하루 10~15분 정도의 짧고 집중적인 활동을 반복하는 것이 효과적이다. 개별 지도하거나 비슷한 수준의 학생들을 소그룹으로 묶어 지도하면 학습 효과가 더욱 높아진다.

❷ 발음 중심(파닉스) 지도

체계적인 발음 중심 교수는 난독증 학생을 포함한 모든 아동에게 효과적인 방법으로 입증되었다. 글자와 소리의 대응을 명확하게 가르치는 상향식 교수법으로, 흔히 한글 파닉스 지도라고도 한다. 이 지도법은 낱자의 음가를 분명히 인식시키고, 새로운 낱말에 적용할 수 있는 전이 효과를 높여 준다. 주요 지도 내용은 아래와 같다.

• 낱자의 음가 지도

각 낱자의 소리를 명시적으로 알려 준다. 모음은 입 모양을 매개로 하여 낱자와 소리를 연결하고, 자음은 소리와 낱자 간의 공통성과 차별성을 부각해 가르친다.

- 음소 수준 지도

초성, 중성, 종성을 모두 다루며, 소리 단위로 낱자를 해석하고 결합하는 훈련을 한다.

- 학습 전이 효과

글자-소리 대응 관계를 이해하면, 처음 보는 단어라도 그 원리를 적용해 해독할 수 있다. 이는 파닉스 지도의 가장 큰 장점 가운데 하나다.

- 해독 중심 활동

파닉스 지도는 문자를 단순히 인식하는 데서 나아가, 문자와 소리가 어떻게 연결되는지를 체계적으로 설명하고 연습하게 한다. 이를 통해 학생은 원리를 다른 단어에 적용하며 읽기 능력을 확장한다.

- 다감각 교수(multisensory teaching)

청각, 시각, 촉각 등 다양한 감각을 활용해 학습과 기억을 강화한다. 교사가 특정 자음과 모음을 발음할 때 입 모양, 혀의 위치, 입과 코에서 나오는 공기의 흐름, 입술과 입안에서 느껴지는 힘 등을 시범 보이면, 학생은 이를 따라 하며 정확한 발음을 익힐 수 있다. 한글은 입 모양이 분명히 드러나는 언어이므로, 시각적·촉각적 피드백이 특히 효과적이다.

- 음운 변동 지도

한글은 글자와 소리의 대응이 비교적 일관적이지만, 음절과 음절 사이에서 일어나는 음운변동은 단순한 대응 원리만으로는 이해하기 어렵다. 따라서 음운변동이 발생하는 유형을 명확히 설명하고, 교사가 발성 원리를 시범으로 보여 준 뒤 다양한 단어 예시로 반복 연습하는 것이 필요하다.

❸ 해독 연습 및 읽기 유창성 향상

낱자와 소리의 대응 기술을 익힌 뒤에는, 해독이 자동화될 수 있도록 반복적이고 체계적인 연습이 필요하다. 이때는 의미 단어뿐 아니라 무의미 단어, 그리고 낱자-소리가 일치하거나 일치하지 않는 단어를 소리 내어 읽게 하는 것이 효과적이다. 이러한 해독 훈련을 통해 학생은 읽을 수 있는 단어의 범위를 점차 넓히며, 단어 인식이 점점 더 유창해진다.

난독증 학생은 해독 능력뿐 아니라 읽기 유창성에서도 어려움을 보인다. 글을 느리고 힘겹게 읽는 경우가 많아, 읽은 내용을 이해하는 데까지 에너지를 쓰기 어렵다. 따라서 읽기 유창성은 단순히 빠르게 읽는 기술이 아니라 정확성, 신속성, 표현력을 포함한 종합적인 능력이며, 읽은 내용을 깊이 이해할 수 있도록 돕는 핵심적 요소다. 유창성이 향상되면 단어를 자동적으로 인식하게 되어 해독에만 집중하지 않아도 되므로, 글의 의미에 주의를 집중할 수 있다. 읽기 유창성 지도 방법은 아래의 내용을 포함한다.

- 모델링 제공

교사가 직접 소리 내어 읽어 주거나 녹음 자료를 통해 시범을 들려주는 것은 매우 효과적이다. 올바른 발음과 억양을 경험하며 학생은 읽기의 리듬과 흐름을 체득한다.

- 반복 읽기 기회 제공

학생에게 같은 글을 반복하여 소리 내어 읽을 기회를 충분히 주어야 한다. 하나의 텍스트를 최소 4회에서 12회까지 반복하면 읽기 유창성이 크게 향상될 수 있다.

- **흥미와 수준에 맞는 글 선택**

학생의 발달 수준과 관심사에 적합한 글을 제공하는 것이 중요하다. 읽기에 대한 동기와 흥미를 높여야 반복 연습이 지속될 수 있다.

- **점진적 읽기 단계**

시범 보이기 → 따라 읽기 → 함께 읽기 → 혼자 읽기의 과정을 거치면서 점진적으로 독립적인 읽기를 지원한다.

- **다양한 읽기 방법 활용**

따라 읽기, 합창 읽기, 짝 읽기, 연극 대본 읽기, 신경학적 각인법(교사의 목소리를 듣고 따라 읽는 과정을 통해 학생의 뇌에 올바른 읽기 패턴과 리듬이 각인되도록 돕는 것) 등 다양한 방식으로 소리 내어 읽는 경험을 제공한다.

- **즉각적 피드백**

교사와 또래의 피드백은 학생이 발음을 올바르게 수정하고 자신감을 기르는 데 큰 도움이 된다. 피드백은 비판이 아닌 격려와 지지의 형태로 주어야 한다.

❹ 철자 지도

난독증 학생은 해독 능력에서 어려움을 보일 뿐만 아니라, 철자 능력에서도 지속적으로 어려움을 경험한다. 단어를 정확히 읽지 못하면 올바르게 쓰는 데도 한계가 따르며, 반대로 철자의 혼란은 다시 읽기 과정에 부정적인 영향을 미친다. 효과적인 철자 지도는 다음과 같은 요소를 포함한다.

- 낱자-소리 일치 단어 지도

낱자와 소리가 일치하는 단어를 반복적으로 지도하여 기본 규칙을 안정적으로 습득하도록 돕는다.(예: 가방은 'ㄱ' 소리와 'ㅏ' 소리가 만나서 '가'가 되었고, '가방'이라고 읽는다.)

- 낱자-소리 불일치 단어 지도

발음과 표기가 일치하지 않는 단어를 명시적으로 지도하며, 규칙과 예외를 구분해 학습할 수 있도록 한다.(예: '읽다'→'일따'라고 소리 낸다.)

- 발음 습관으로 인한 오류 교정

일상적인 발음 습관 때문에 틀리기 쉬운 철자(예: 않다/안다)를 지도하고, 정확한 표기 원리를 학습한다.

- 겹받침과 맞춤법 지도

겹받침과 같은 복잡한 철자 규칙을 단계적으로 지도하며, 반복적인 쓰기를 통해 자동화될 수 있도록 돕는다.

읽기 능력은 철자 능력을 향상시키고, 철자의 발달은 다시 읽기 능력에 긍정적인 영향을 준다. 따라서 난독증 학생을 지도할 때는 읽기 지도와 철자 지도를 병행하는 것이 가장 효과적이다.

❺ 어휘력 및 읽기 이해 지도

텍스트를 성공적으로 이해하기 위해서는 단어를 정확하고 빠르게 해독하는 능력만으로는 충분하지 않다. 글 속에 등장하는 어휘의 의미를 정확히 알고 활용할 수 있는 능력, 즉 어휘력이 필수적이다. 어휘력은 읽기의 핵심 요소로서 읽기 유창성과 읽기 이해력 모두와 밀접한 상관관계를 가진다.

난독증 학생에게 어휘력 지도는 특히 중요하다. 교사가 고빈도 어휘에서부터 저빈도 어휘까지 명시적이고 체계적으로 지도해야 하며, 아래와 같은 방법이 효과적이다.

- 어휘의 정의를 명확히 가르치기
- 어휘 간의 의미적 상관관계 이해하기
- 문맥 속에서 여러 차례 반복된 어휘 학습하기
- 형태소 분석을 통한 어휘 학습하기(접두사, 어근, 접미사 등)

이러한 방식은 단순한 단어 암기를 넘어, 학생이 실제 읽기 상황에서 어휘를 적극적으로 활용할 수 있도록 돕는다. 읽기 이해는 글 속에서 의미를 도출하고 구성하는 고차원적인 인지 활동이다. 이를 위해서는 단어 해독 능력뿐만 아니라 어휘력, 구문 이해력, 작업 기억, 추론 능력, 메타인지(읽기 모니터링), 배경지식 등 다양한 언어 및 인지적 능력이 함께 뒷받침되어야 한다. 따라서 난독증 학생을 위한 읽기 이해 지도는 아래의 내용을 포함해야 한다.

- 글을 읽고 이해하며 지식을 습득할 수 있는 읽기 학습 전략을 명시적으로 가르치고, 이를 독립적으로 활용할 수 있도록 지도한다.
- 이야기, 설명문, 논설문 등 다양한 장르의 글 구성 조직을 구조적으로 이해할 수 있도록 지도한다.

- 글을 읽은 후 내용을 토론하고 논의하는 활동을 통해 비판적 사고와 의미 이해를 심화한다.

읽기 이해 지도는 단순히 글을 '읽는 법'을 넘어, 글을 통해 배우고 사고하는 힘을 길러 주는 과정이다. 난독증 학생이 이 힘을 기를 수 있도록 돕는 것은 교사와 부모가 함께 짊어져야 할 중요한 책무이기도 하다.

| 학교와 가정에서 제공하는 맞춤형 지원 |

난독증 학생이 교실에서 교육과정을 공평하게 학습하고 효과적으로 배움의 기회를 누리기 위해서는 교실 환경에서의 구체적인 지원과 함께, 교사와 부모의 올바른 인식이 무엇보다 중요하다. 난독증은 단순한 학습 부진이 아니라 신경학적 특성에서 비롯된 학습 차이이므로, 이해와 배려를 바탕으로 접근할 때 아이는 자신감을 회복하고 잠재력을 발휘할 수 있다.

심리적 지지 및 격려

난독증 학생은 해독과 철자 인식에서 어려움을 보이지만, 이해 능력과 인지 능력은 또래와 큰 차이가 없다. 따라서 교사는 난독증 학생 또한 모든 수업에 적극적으로 참여할 수 있고, 수업 내용을 충분히 이해할 수 있는 아동이라는 인식을 먼저 가져야 한다.

난독증은 학생이 게으르거나 부주의해서 생기는 것이 아니다. 그러나 반복되는 읽기 실패는 쉽게 좌절감을 낳고 자존감을 낮추기 때문에,

교사와 부모의 칭찬과 격려, 지속적인 지지가 아이에게는 무엇보다 큰 힘이 된다.

- 학생이 원할 때만 여러 사람 앞에서 책을 읽도록 하고, 강요하지 않는다.
- 읽기나 쓰기 과제에서 실수가 있더라도 비난하거나 야단치지 않는다.
- 난독증 학생은 호기심이 풍부하고 독창적인 사고를 하며, 특정 분야에서 탁월한 재능을 발휘하기도 한다. 교사는 학생이 지닌 장점을 바라보고, 흥미와 재능에 맞는 활동에 참여할 기회를 제공해야 한다.

난독증 학생 효과적으로 지원하기

난독증 학생은 교실 수업에서 다른 학생들과 같은 교육과정을 배우지만, 학습 속도와 방식에서 차이가 나타난다. 따라서 교사와 학교는 이들의 특성을 고려해 실질적이고 구체적인 지원을 제공해야 한다. 작은 배려와 제도적 조정이 아이의 학습 자신감과 성취에서 큰 차이를 만든다.

- **수업 과제 및 시험에 추가 시간 제공**

난독증 학생의 느린 읽기는 고학년 이후에도 지속된다. 따라서 시간 제한 평가 환경에서는 실제 능력보다 낮은 성취를 보일 수 있다. 시험이나 과제에서 추가 시간을 제공해 공정한 평가가 이루어지도록 한다.

- **과제의 양 조절**

과제를 끝내는 데 시간이 오래 걸리는 학생에게는 과제의 양을 줄여주거나, 그림, 마인드맵 등 대체 방식을 활용할 수 있도록 허용한다. 이는 학습 부담을 줄이고 성취감을 높인다.

- **대안적 학습 자료 및 평가 방법 활용**

교과서나 과제를 오디오북으로 제공하거나, TTS(Text to Speech) 프로그램을 사용하는 것을 허용한다. 또한 구두시험, 시험문제 읽어 주기, 그림, 그래프 자료 제공 등 다양한 평가 방식으로 학습의 기회를 넓혀야 한다.

- **쓰기 지원**

난독증 학생은 쓰기 속도가 느리고 글씨 판독이 어려운 경우가 많다. 교실에서는 키보드 사용을 허용해 학습 참여 기회를 확대한다.

- **개인정보보호 및 배려**

받아쓰기 성적이나 시험 점수가 공개되지 않도록 세심히 관리해야 한다. 또한 느린 읽기, 쓰기 속도로 인해 모둠활동에서 친구들과 불필요한 갈등이 생기지 않도록 교사가 적극적으로 배려해야 한다.

난독증 극복을 위한 주요 원칙

난독증을 극복하기 위해서는 단순한 노력이나 반복 학습만으로는 부족하다. 과학적 근거에 기반한 교육 원리와 아이의 심리적 안정을 보장하는 환경이 함께 마련되어야 한다. 난독증 학생 지원의 핵심 원칙은 다음 다섯 가지로 정리할 수 있다.

❶ 조기 발견과 전문적 진단

읽기 실패를 예방하고 효과적인 개입을 위해 가장 중요한 출발점은 조기 발견과 정밀한 진단이다. 아이가 보내는 작은 신호를 놓치지 않고, 전문가와 함께 정확한 평가를 진행해야 한다.

❷ 음운 인식과 문자-소리 대응 중심의 교육

부족한 음운 인식 능력을 보완하고, 발음 중심 교육과 해독 훈련, 읽기 유창성과 철자 지도가 결합한 교수법이 가장 효과적이다. 난독증 아동에게는 '읽기 원리'를 체계적으로 배우는 경험이 필요하다.

❸ 지속적이고 집중적인 교육

난독증 학생은 또래보다 읽기 속도가 느리고 습득이 늦기 때문에 더 자주 더 집중적이며 더 반복적인 지도가 이루어져야 한다. 꾸준히 이어지는 개입만이 읽기 격차를 좁힐 수 있다.

❹ 가정과 학교의 심리적 지지

반복된 실패로 자존감이 낮아지지 않도록, 장점을 발견해 칭찬하고 격려해야 한다. 읽기나 쓰기에서 실수가 있어도 비난하지 않고, 시도 자체를 긍정적으로 바라보는 태도가 필요하다.

❺ 아동의 재능 계발 기회 제공

난독증 학생은 호기심이 많고 독창적인 사고를 지닌 경우가 많다. 교사와 부모는 학생이 가진 흥미와 재능을 살릴 수 있는 활동 기회를 제공해, 읽기 능력의 한계를 뛰어넘어 다양한 영역에서 성취를 경험하도록 도와야 한다.

이 다섯 가지 원칙은 증거 기반 교육의 중요성을 강조한다. 증거 기반 교육이란 엄격한 연구를 통해 효과가 입증된 프로그램을 의미하며, 난독증 학생이 읽기 능력을 향상하고 자신감을 회복하며 학업성취를 높이는 데 필수적이다.

또한 교사의 전문성은 프로그램의 성공에 결정적인 영향을 미친다. 교사는 읽기 진단과 교수 방법, 학생의 수준을 정기적으로 모니터링하는 역량을 갖추어야 하며, 이를 위해 체계적인 연수와 교육이 뒷받침되어야 한다. 난독증 극복의 길은 쉽지 않지만, 올바른 원칙과 지원이 마련될 때 아이는 자신만의 속도로 읽기의 장벽을 넘어설 수 있다.

| 실천적 지원으로 이끄는 7가지 원칙 |

난독증 학생 지원은 단순히 읽기 능력만을 끌어올리는 것이 아니다. 중요한 것은 아이가 스스로 배울 수 있다는 자신감을 잃지 않도록 돕는 것이다. 교실과 가정에서 실천할 수 있는 다음의 원칙들은 난독증 학생의 배움과 성장을 든든히 뒷받침해 줄 것이다.

❶ 수업 자료를 다양하게 활용하기

난독증 학생은 글자를 해독하는 데 많은 에너지를 쓰기 때문에, 글자만 제시하면 쉽게 지치거나 집중력을 잃을 수 있다. 그림 도표, 동영상, 오디오 자료 등 시각과 청각을 함께 자극하는 자료를 활용하면 이해가 훨씬 빨라지고 학습 흥미도 높아진다.

❷ 학습 과제를 작은 단계로 나누기

긴 문장을 한 번에 읽도록 하면 좌절감을 느끼기 쉽다. 짧은 문장이나 단어, 심지어 음절 단위로 나누어 차근차근 연습하게 하면 매번 작은 성취를 경험할 수 있다. 이렇게 쌓인 성취 경험은 곧 학습 동기의 원천이 된다.

❸ 평가 방식을 유연하게 운영하기

프로젝트, 발표, 그림이나 마인드맵을 활용한 과제 등 다양한 평가 방식을 제공하면 아이는 자신의 강점을 살려 평가할 수 있다. 이는 성취 경험을 넓히는 동시에, 평가 불안감을 줄이는 효과도 있다.

❹ 심리적 안전망 마련하기

난독증 학생에게는 실수해도 괜찮다는 경험이 무엇보다 중요하다. 또래 앞에서 억지로 읽기를 시키면 위축감만 커질 뿐이다. 교실과 가정에서 실수를 자연스럽게 받아들이는 분위기를 조성하면, 아이는 도전을 두려워하지 않고 배움에 더 적극적으로 참여할 수 있다.

❺ 보조도구 적극 활용하기

글자 읽어 주는 프로그램, 오디오북, 색깔 오버레이, 큰 글자 책 등은 난독증 학생에게 단순한 편의가 아니라, 학습 접근권을 보장하는 도구다. 이러한 도구를 통해 아이는 글자를 해독하는 부담을 덜고, 내용을 이해하는 데 더 많은 에너지를 집중할 수 있다.

❻ 또래와의 협력 기회 제공하기

난독증 학생은 혼자 읽는 과제를 피하거나 위축되기 쉽다. 그러나 또래와 함께하는 협동학습이나 멘토링 활동에 참여하면 사회적 고립을 예방하고, 도움을 주고받으며 자연스럽게 학습 동기가 살아난다. 이는 단순히 학업 지원이 아니라, 사회성·자존감을 함께 키우는 경험이 된다.

❼ 지원을 위한 협력 체계 구축하기

난독증은 단기간에 해결되는 문제가 아니라, 지속적이고 일관된 지원이 필요하다. 부모가 관찰한 가정 내 모습, 선생님이 본 교실 속 행동, 전문가의 진단과 조언이 하나의 정보망 안에서 공유될 때, 아이는 혼란 없이 안정적인 지원을 받을 수 있다. 정기적인 상담과 협의는 아이의 성장 곡선을 더욱 안정적으로 이끈다.

난독증 학생 지원은 결국 '읽기를 잘하게 만드는 것'이 목표가 아니다. 그것은 아이가 다른 방식으로도 배울 수 있다는 확신을 갖고, 자신감과 자존감을 잃지 않으며, 사회 속에서 당당히 살아갈 수 있도록 돕는 과정이다. 교사와 부모, 그리고 사회의 배려가 어우러질 때, 난독증 학생은 더 이상 '읽기 부진'으로 불리지 않고, 자신만의 속도와 방식으로 가능성을 펼쳐 나갈 수 있다.

| 이해와 공감으로 시작되는 성장과 변화 |

난독증은 조기 개입과 적절한 지원이 이루어진다면 충분히 개선할 수 있다. 더 나아가 학업과 삶의 여러 영역에서 성공적인 성취를 거둘 수 있다. 난독증 학생이 겪는 가장 큰 어려움은 읽기 자체의 결함이라기보다, 그

로 인해 생기는 심리적 위축과 낮아진 자존감이다. 해독 과정에서 또래보다 많은 시간과 노력이 필요한 탓에 자신감을 잃기 쉽다. 그렇기에 교사와 부모가 먼저 '난독증은 노력 부족이 아닌 학습 처리 방식의 차이'라는 사실을 이해하고, 아이 곁에서 책임감 있는 동반자로 서는 것이 무엇보다 중요하다.

난독증 학생에게 제공되는 교육은 단순히 읽기 능력 향상에 머물러서는 안 된다. 자기 잠재력을 발견하고, 배움과 삶의 주도권을 되찾도록 돕는 것이 진정한 목표이다. 난독증에 대한 올바른 이해와 지원이 있을 때, 아이는 좌절이 아닌 희망으로 나아갈 수 있다. 변화는 이미 시작되고 있다. 우리가 아이와 함께 걸어갈 때, 난독증은 한계가 아니라 새로운 가능성을 여는 또 하나의 길이 될 것이다.

12장 | 자폐스펙트럼장애와 ADHD 학생, 공감과 소통으로 이해하기

우리 교실에서 통합 교육을 받는 장애 학생,
어떻게 이해하고 지원해야 할까?

| 자폐스펙트럼장애, 다양한 스펙트럼의 이해 |

자폐스펙트럼장애(Autism Spectrum Disorder, ASD)는 '스펙트럼'이라는 용어에서 알 수 있듯이 단일한 장애를 의미하지 않는다. 증상의 강도와 양상이 개인마다 매우 다양하게 나타나는 발달장애 범주를 말한다.(American Psychiatric Association, 2013) 자폐스펙트럼장애 학생의 핵심 특징은 크게 두 가지로 나눌 수 있다.

첫째, 사회적 의사소통과 상호작용의 어려움이다. 또래와 자연스럽게 대화하기 어렵거나 눈맞춤, 표정, 몸짓 같은 비언어적 신호를 이해하고 사용하는 데 어려움을 보인다. 이 때문에 친구 관계를 형성하기 어렵거나, 다른 사람의 감정을 파악하는 데 시간이 오래 걸리기도 한다.

사례 1. 학교에서

초등학교 2학년 지호는 경도자폐스펙트럼장애가 있는 아이다. 점심시간에 친구들이 "우리 같이 숨바꼭질하자!"라고 말했을 때, 지호는 곧바로 고개를 끄덕였다. 그러나 막상 놀이가 시작되자 그는 술래가 친구를 찾는 규칙을 잘 이해하지 못하고, 그냥 운동장 구석에 서있었다. 친구가 "지호야, 너 숨어야지!"라고 말했지만, 지호는 그 말의 의도를 곧바로 파악하지 못했다.
또 다른 날, 교실에서 친구가 새로 산 연필을 보여 주며 "내 연필 예쁘지?"라고 묻자, 지호는 친구의 표정이나 기대감을 읽지 못하고 단순히 "응, 파란색이네."라고만 대답했다. 친구는 조금 서운한 얼굴을 했지만, 지호는 그 감정을 눈치채지 못하고 자기 자리에 돌아가 버렸다.

> ### 사례 2. 가정에서
>
> 저녁 식사 시간, 엄마가 가족들을 보며 "오늘 학교에서 즐거운 일 있었니?"라고 묻는다. 형은 바로 손을 들며 "엄마, 오늘 체육 시간에 축구해서 골 넣었어!"라고 신나게 말한다. 동생도 "나는 미술 시간에 그림 그렸어!"라고 덧붙인다. 하지만 자폐스펙트럼장애가 있는 지호는 잠시 멈칫하더니, 밥만 바라보며 대답하지 않는다. 사실 오늘 학교에서 새로운 공책을 받은 게 기뻤지만, 질문이 '즐거운 일'과 연결된다는 맥락을 떠올리지 못해 말하지 못한 것이다. 가족들이 "지호야, 너는 어땠어?"라고 다시 물어도, 지호는 여전히 조용하다.
> 또 다른 날, 형이 장난으로 지호 앞에서 과자를 흔들며 "누가 먹고 싶을까?"라고 말하며 웃자, 지호는 농담을 농담으로 받아들이지 못한다. 그냥 과자를 뺏어 오거나, 진지하게 "나 먹고 싶어."라고만 말한다. 형의 얼굴에 담긴 농담 섞인 표정을 읽지 못했기 때문이다.

첫 번째 사례(학교에서)는 자폐스펙트럼장애가 있는 아동이 대화의 맥락, 규칙, 상대의 감정 표현을 자연스럽게 이해하고 반응하는 데 시간이 오래 걸린다는 점을 보여 준다. 단순히 말이 서툴다기보다, 사회적 신호를 해석하고 활용하는 과정 자체가 어렵다는 특징이 드러난다. 두 번째 사례(가정에서)에서는 자폐스펙트럼장애가 있는 아동은 대화의 숨은 의도, 감정이 담긴 표정, 농담 같은 사회적 신호를 이해하는 데 어려움을 보인다. 이런 순간에 부모 입장에서는 '고집이 세다'거나 '말을 안 한다'라고만 받아들이기 쉽다. 하지만 사실은 사회적 의사소통의 특성 때문이다.

둘째, 자폐스펙트럼장애 아동은 제한적이고 반복적인 행동 패턴을 나타낸다. 특정 주제에 강하게 몰입하거나 동일한 동작과 말을 반복하며,

일상적인 루틴이 깨지면 불안을 느끼는 경우가 많다. 일부 아동은 빛·소리·촉감 같은 감각 자극에 매우 민감하거나, 반대로 반응이 둔감하게 나타나기도 한다.

제한된 몰입과 반복 행동

초등학교 2학년 수호는 공룡에 푹 빠져 있다. 아침에 눈을 뜨자마자 "티라노사우루스는 몇 미터였는지 알아?"라고 묻고, 학교 가는 길에도, 밥을 먹는 동안에도, 친구에게도 같은 질문을 반복한다. 부모가 대화를 다른 쪽으로 돌리려 해도 다시 공룡 이야기로 돌아온다. 수호에게는 공룡이 세상에서 가장 중요한 주제이기 때문이다.

루틴 변화에 대한 불안

지민이는 매일 같은 순서로 아침을 시작한다. 먼저 파란색 컵에 우유를 마시고, 그다음에 가방을 메고 현관문을 나서는 것이다. 그런데 어느 날 파란 컵이 깨져서 다른 컵을 주자 지민이 얼굴이 금세 굳어졌다. "이거 아니야"라고 크게 소리치고 울면서 집을 나서길 거부했다. 익숙한 루틴이 깨지는 것이 지민이에게는 큰 불안으로 다가온 것이다.

감각 민감성

은수는 교실 형광등 불빛에 매우 민감하다. 다른 친구들은 아무렇지 않게 수업을 듣지만, 은수는 눈을 찡그리고 손으로 눈을 가리며 힘들어한다. "선생님, 불빛이 너무 아파요."라고 호소하는 경우도 있다. 같은 반에 있는 다른 아동은 소리에 둔감해, 친구가 크게 떠들어도 전혀 반응하지 않거나, 이름을 불러도 잘 알아차리지 못한다.

자폐스펙트럼장애의 원인은 아직 완전히 밝혀지지 않았다. 그러나 유전적 요인과 뇌 발달 과정에서의 신경학적 차이가 주요 원인으로 가장 설득력 있게 받아들여지고 있다. 따라서 ASD는 부모의 양육 방식 때문에 생긴다는 오래된 오해와 달리, 생물학적·신경학적 기반을 가진 발달장애라는 점을 분명히 이해할 필요가 있다.

ASD 진단은 주로 유아기, 특히 만 2~3세 무렵에 이루어지는 경우가 많으며 이는 학습장애나 지적장애보다 상대적으로 빠른 시기다. 유아기부터 언어 발달과 상호작용 발달 양상이 전형적인 발달과 다르게 나타난다. 말이 또래보다 현저히 늦거나, 눈맞춤과 호명 반응의 질이 낮고, 상호작용 빈도가 적은 모습이 대표적이다. 이러한 특성은 조기 선별과 개입의 필요성을 보여 준다.

자폐스펙트럼장애 의심 징후

연령대	의심 징후(예시)
영아기 (12개월 전후)	☐ 이름을 불러도 잘 반응하지 않음 ☐ 엄마, 아빠 얼굴을 보며 미소 짓는 사회적 미소 부족 ☐ 눈맞춤이 거의 없음 ☐ 옹알이나 제스처(손가락으로 가리키기 등) 사용이 적음
유아기 초기 (18개월~ 만 2세)	☐ 의미 있는 단어 사용이 매우 늦음 ☐ 또래처럼 가상놀이(pretending play, 예: 소꿉놀이)를 하지 않음 ☐ 특정 장난감 부품(바퀴 등)만 집착 ☐ 손을 펄럭이거나 빙빙 도는 반복 행동
유아기 후기 (만 3세~ 4세)	☐ 또래와 함께 노는 데 어려움, 혼자 놀이에 치중 ☐ 대화가 이어지지 않고 자기 관심사만 반복 ☐ 다른 사람의 감정을 잘 파악하지 못함 ☐ 일상의 작은 변화(길, 컵, 의자 위치 등)에 큰 불안

연령대	의심 징후(예시)
학령 초기 (초등 저학년)	☐ 수업 규칙이나 사회적 규범을 이해하기 어려움 ☐ 농담, 비유, 은유 표현을 잘 이해하지 못함 ☐ 특정 주제(예: 공룡, 기차)에만 과도하게 몰입 ☐ 친구 관계가 제한적이거나 반복적 갈등 발생
학령 후기 (만 9세 이상~)	☐ 또래 관계에서 고립되거나 오해를 자주 받음 ☐ 감각 민감성(빛, 소리, 냄새)에 과민하거나 둔감 ☐ 일상 루틴이 깨지면 극도의 불안·분노 표현 ☐ 정서적 어려움(불안, 우울) 동반 가능

| ASD 학생을 위한 공감과 실질적인 지원 |

자폐스펙트럼장애(ASD)는 유아기부터 특성이 나타나기 시작하지만, 초등학교 입학 이후 학령기에 들어서면 교육 환경, 또래 관계, 학습 과제 등 주변 조건이 크게 변화하면서 발달 특성이 더욱 뚜렷하게 드러난다. 학령기는 아동이 사회적 관계를 확장하고 학습 습관과 생활 태도를 형성하는 시기이므로, ASD 아동에게는 다양한 발달적 도전이 집중되는 시기다.

첫째, 또래 관계와 사회성 측면에서 자폐스펙트럼장애 아동은 말로 표현되지 않는 사회적 신호를 해석하거나 대화의 흐름을 자연스럽게 이어가는 데 어려움을 겪는다. 이러한 특성은 친구 관계 형성에 오해를 불러일으키거나 집단 활동 참여를 제한할 수 있다.

이와 같은 자폐스펙트럼장애 아동의 사회적 특성과 관련하여 부모와 교사는 의도적으로 사회성 학습 기회를 제공하는 것이 필요하다. 아이가 눈맞춤이나 표정, 차례 기다리기 같은 기본적인 신호를 자연스럽게 익히기 힘들다면 이를 직접 설명하고 그림이나 거울, 역할극을 통해 연습시킬 수 있다. 또한 자유 놀이보다 규칙이 있는 보드게임이나 협동 활동이 도움이 되며, 이해심 있는 또래를 짝으로 연결해 함께 작은 과제를 수행하게 하면 긍정적인 상호작용 경험을 쌓을 수 있다. 이 과정에서 "친구에게 눈을 보고 인사했구나, 아주 잘했어."처럼 구체적이고 즉각적인 칭찬을 건네는 것이 효과적이다. 결국 사회성은 타고나는 능력이 아니라 단계적으로 배우는 기술이므로, 반복적이고 구조화된 경험과 따뜻한 피드백이 아이의 자신감과 또래 관계 형성에 큰 힘이 된다.

둘째, 학습과 의사소통 측면에서 일부 아동은 언어 발달이 늦거나 비전형적인 말투를 사용한다. 이로 인해 교사의 설명을 신속히 이해하거나 과제를 정확히 수행하는 데 어려움이 생길 수 있다. 특히 추상적 개념이나 은유적 표현은 이해하기 어렵기 때문에 시각 자료 제공, 단계별 설명, 구체적 예시 제시가 효과적이다. 따라서 부모와 교사는 아이가 언어적 지시만으로 혼란을 겪지 않도록 그림, 사진, 도표 같은 시각 자료를 함께 제공하고, 과제를 작은 단계로 나누어 차근차근 안내하는 것이 중요하다. 또한 "책을 정리해라." 대신 "책을 세 권만 책장 위 칸에 올려 두자."처럼 구체적이고 명확한 표현을 사용하면 이해가 훨씬 쉬워진다. 이러한 방식은 아이가 지시를 정확히 따라갈 수 있도록 도울 뿐 아니라, 학습 상황에서 성공 경험을 쌓게 하여 자신감을 키우는 데도 효과적이다.

셋째, 행동과 감각 반응 측면에서 자폐스펙트럼장애 아동은 소리, 빛, 촉감 같은 감각 자극에 과민하거나 반대로 둔감할 수 있다. 이러한 특성은 특정 활동을 회피하게 만들거나 일상의 작은 변화에도 큰 불안을 느끼게 한다. 따라서 부모와 교사는 아이의 반응 패턴을 세심하게 관찰하고 환경을 조정해 주는 것이 필요하다. 예를 들어 형광등 불빛에 예민하다면 조도를 낮추거나 자연광을 활용하고, 큰 소리에 불안을 느낀다면 소음 차단 헤드폰을 제공할 수 있다. 반대로 감각 둔감성이 있는 경우에는 촉각 장난감이나 다양한 질감의 재료를 제공해 안전하게 감각 경험을 확장하도록 돕는다. 또한 일상의 변화는 미리 시각 자료나 그림 일정표로 예고해 주면 아이가 상황을 예측하여 불안이 줄어들 수 있다. 이렇게 아이의 감각 특성을 존중하고 환경을 맞춰 주는 것은 단순한 편의 제공이 아니라, 학습과 생활에서 안정감을 느끼게 해주는 중요한 지원이 된다.

넷째, 정서와 자기 인식 측면에서 반복되는 사회적 어려움과 학업 속도의 차이는 자신감 저하로 이어질 수 있으며, 장기적으로 불안이나 우울 같은 정서적 문제를 유발할 위험이 있다. 따라서 학령기 자폐스펙트럼장애 학생을 지원할 때는 학업적 지원뿐 아니라 정서적 안정과 자존감 회복을 위한 환경 조성이 반드시 포함되어야 한다. 따라서 부모와 교사는 학업을 도와주는 것에 그치지 않고 아이가 안전하다고 느끼는 정서적 환경을 마련해야 한다. 작은 성취에도 즉각적이고 구체적인 칭찬을 건네고, 실패 경험을 비난하기보다 "다시 시도해 볼 수 있어."라고 격려하는 것이 효과적이다. 또한 아이가 스스로 잘할 수 있는 활동(그림, 블록, 음악 등)을 통해 성취감을 경험하도록 돕고, 또래와 긍정적인 관계를 맺을 기회를 의도적으로 마련하면 자존감 회복에 큰 힘이 된다. 이런 정서적 지지가 함께할 때, 아이는 학업에서도 점차 안정과 자신감을 찾아갈 수 있다.

자폐스펙트럼장애는 학령기 아동의 사회성, 학습, 감각·행동 조절, 정서 발달 전반에 영향을 미친다. 그러나 조기 개입과 맞춤형 지원을 통해 강점을 강화하고 어려움을 줄일 수 있다. 중요한 것은 자폐스펙트럼장애를 단순히 '결핍'으로 보는 관점에서 벗어나, 독창적인 사고방식, 세밀한 관찰력, 특정 분야에서의 높은 집중력과 같은 강점을 발견하고 발휘할 수 있도록 돕는 것이다. 교육과 지원은 결함을 고치는 과정이 아니라, 개인의 잠재력을 최대로 끌어 내는 방향으로 설계되어야 한다. 조기 개입과 사회적 이해가 함께 이루어진다면, 자폐스펙트럼장애 아동도 의미 있는 성장과 성취를 충분히 이룰 수 있다.

| ADHD, '의지 부족'이 아닌 '뇌의 특성'으로 이해하기 |

주의력결핍 과잉행동장애((Attention-Deficit/Hyperactivity Disorder, ADHD)는 아동이 단순히 산만하거나 의지가 부족해서 생기는 문제가 아니다. ADHD는 뇌의 주의 조절과 실행 기능(executive function)에 관련된 신경 발달적 특성으로, 학령기 아동뿐 아니라 청소년기와 성인기까지 이어질 수 있다. ADHD의 핵심 증상은 크게 세 가지로 나눌 수 있다.

첫째, 주의집중의 어려움이다. ADHD 아동은 외부 자극에 쉽게 주의가 분산되며, 장시간 지속적인 집중을 요구하는 과제를 수행하기 힘들어한다. 예를 들어, 숙제를 하던 중 다른 생각으로 주의가 옮겨 가거나, 교사의 설명을 끝까지 듣지 못하는 경우가 많다.

둘째, 과잉행동이다. 손발을 끊임없이 움직이거나, 자리에 오래 앉아 있지 못하고, 차례를 기다리지 못하는 행동이 대표적이다. 특히 유아기나 아동기 초기에는 '가만히 있지 못하는 부산한 아이'로 보이기도 한다.

셋째, 충동성이다. 말이나 행동이 계획보다 먼저 나오고, 상대방의 말을 끊거나 결과를 충분히 예측하지 않은 채 결정을 내리는 모습이 자주 관찰된다.

ADHD의 원인은 복합적이며, 크게 유전적 요인, 뇌 구조·기능 요인, 환경적 요인의 상호작용으로 설명된다.

❶ 유전적 요인

가족력은 ADHD 발현 가능성을 높이는 주요 요소이다. 부모나 형제 중 ADHD가 있는 경우, 그렇지 않은 경우보다 발현 위험이 크다. 특히 쌍둥이 연구에서 ADHD의 유전율은 70~80%로 보고되며, 이는 ADHD가 주로 유전적 변이와 뇌 발달 특성과 관련이 있다는 근거가 된다.

❷ 뇌 구조·기능 요인

ADHD 아동은 전두엽(prefrontal cortex) 활동이 상대적으로 낮은 경향을 보인다. 전두엽은 주의집중, 계획, 충동 억제, 문제 해결을 담당하는 영역으로, 해당 기능이 미숙할 경우 자기 조절 능력이 저하된다. 또한 도파민과 노르에피네프린의 불균형이 ADHD와 밀접하게 관련된 것으로 알려져 있다.

❸ 환경적 요인

임신 중 흡연·음주, 부적절한 약물 복용, 조산·저체중 출산, 환경 독소 노출 등이 위험 요인으로 보고되었다. 이러한 요인들은 직접적 원인이라기보다 이미 존재하는 유전적 취약성을 드러내는 '방아쇠' 역할을 할 가능성이 높다. 부모의 양육 방식이나 학교 환경은 ADHD의 원인은 아니지만, 증상의 심화나 완화에는 영향을 줄 수 있다. 예를 들어 과도한 학업 요구, 일관성 없는 규칙, 높은 스트레스 환경은 주의집중 어려움을 악화할 수 있다.

| ADHD, 어떻게 관찰하고 진단할 것인가? |

ADHD 진단은 DSM-5(American Psychiatric Association, 2013) 또는 ICD-10(World Health Organization, 1992)과 같은 국제 진단 기준에 따라 이루어진다. 진단 과정에서는 행동 관찰, 부모·교사의 보고, 심리검사가 종합적으로 활용된다. 교실에서 관찰 가능한 ADHD 아동의 특성은 대체로 다음과 같다.

주의력결핍(부주의) 관련 특성
- 수업 중 쉽게 산만해지고, 주변 소리나 움직임에 자주 시선을 빼앗김
- 과제를 끝까지 완성하지 못하고 중간에 다른 활동으로 전환함
- 필기, 과제물, 준비물 관리가 미흡하고 자주 분실함
- 교사의 지시를 끝까지 듣지 않고 잘못 이해하거나 놓침
- 긴 설명이나 반복 없는 수업에서 집중 시간이 매우 짧음

과잉행동 관련 특성

- 자리에서 자주 일어나 돌아다니거나 몸을 과도하게 움직임
- 수업 시간에도 손발을 끊임없이 움직이거나 의자에서 몸을 흔듦
- 필요 이상으로 말을 많이 하거나 주변 친구와 계속 대화 시도함
- 줄을 서거나 차례를 기다릴 때 조급해하며 몸을 움직임
- 체육, 놀이 시간에 지나치게 흥분하거나 활동 조절이 어려움

충동성 관련 특성

- 질문이 끝나기 전에 대답하거나 대화 중 말을 끊음
- 친구의 물건이나 활동에 허락 없이 개입함
- 감정이 바로 행동으로 나타나며, 결과를 고려하지 않고 행동함
- 게임이나 활동 규칙을 지키지 못하고 갑작스럽게 규칙을 변경하려 함
- 갈등 상황에서 참지 못하고 즉각적으로 언어적 또는 신체적으로 반응함

| ADHD 학생을 위한 체계적인 지원 전략 |

ADHD의 영향은 단순히 학업성취 저하에 그치지 않는다. 이 장애는 또래 관계, 자존감, 가족 관계뿐 아니라 장기적인 진로 선택과 사회적 적응에도 심대한 영향을 미칠 수 있다. 그러나 ADHD는 조기 발견과 적절한 개입을 통해 충분히 관리가 가능하며, 개입 시점이 빠를수록 장기적 예후가 긍정적으로 보고되고 있다.

ADHD 학생을 위한 중재는 크게 행동 중재, 부모·교사 교육, 약물 치료

의 세 가지로 구성된다. 약물 치료에서는 주의력과 자기조절 능력을 향상하는 중추신경자극제(stimulant medication)가 대표적으로 사용되며, 행동 중재와 환경 조정을 병행할 경우 효과가 극대화된다고 알려져 있다.

ADHD, 궁금해요

Q ADHD 약물 치료는 꼭 필요한가?
A 모든 아동이 약물이 필요한 것은 아니다. 그러나 산만함, 충동성, 주의집중 어려움이 학습과 생활에 크게 영향을 주는 경우, 약물이 증상을 안정적으로 조절해 줄 수 있다.

Q 약물 치료는 누가 결정하는가?
A 반드시 전문의(소아청소년과, 정신건강의학과 등)의 진단과 상담을 거쳐 결정해야 한다. 아이의 발달 수준, 건강 상태, 공존 질환 등을 고려해 개별적으로 처방된다.

Q 부작용은 없는가?
A 불면, 식욕 저하, 복통, 두통 등이 나타날 수 있으며, 드물게 심혈관계 이상이나 정서적 변화가 있을 수 있다. 그래서 정기적으로 키, 체중, 혈압 등을 확인하고, 필요할 경우 약물 종류나 용량을 조정한다.

Q 약물만으로 충분한가?
A 아니다. 약물은 증상 완화에 효과적이지만, 행동 중재, 학습 환경 조정, 부모와 교사의 협력이 함께할 때 장기적으로 가장 좋은 결과가 나올 수 있다.

Q 부모가 해야 할 역할은 무엇인가?
A 아이의 변화(수면, 식사, 학습 태도, 정서 상태)를 꼼꼼히 관찰해 기록하고, 정기 상담 시 의사에게 알려야 한다. 또한 "약을 먹어야만 괜찮아."라는 부담감을 주기보다, 치료의 한 과정으로 긍정적으로 인식할 수 있도록 도와야 한다.

| 교실 내 지원 전략 활용하기 |

　ADHD 아동을 지도할 때 가장 우선해야 할 것은 환경 조정과 구조화이다. 아이들은 외부 자극에 쉽게 주의가 분산되므로, 시각적·청각적 방해 요인을 최소화한 자리 배치와 명확한 수업 절차 제시가 필요하다. 과제는 작은 단위로 분리하여 구체적으로 안내하며, 과제 수행 과정에서 즉각적이고 구체적인 피드백을 제공하는 것이 효과적이다. 또한 시각 자료와 조작 활동을 병행하면 집중력과 이해도를 동시에 높일 수 있다. 규칙과 기대 행동은 시각적으로 제시하여 책상, 알림장, 교실 게시판 등에 부착하고, 반복적으로 확인할 수 있도록 해야 한다. 이러한 구조화된 환경은 ADHD 아동이 학습 과정에서 불안을 줄이고 예측이 가능한 학습에 참여할 수 있게 한다.

| 긍정적 강화와 사회성 기술 직접 지도하기 |

　ADHD 아동의 행동 관리는 부정적 행동을 억제하기보다 긍정적 행동을 강화하는 방향이 효과적이다. 기대하는 행동이 나타났을 때 즉시 칭찬이나 보상을 제공하면 자기조절 동기가 강화된다. 또래 관계에서 갈등이 잦을 수 있으므로, 사회적 기술(social skills)을 명시적으로 지도하고, 역할놀이를 활용하여 반복 연습 기회를 제공해야 한다. 이는 문제 상황에서의 대처 능력을 높이고, 긍정적인 또래 관계 형성에 기여한다.

긍정적 강화 제공하기

구체적 예시

- "조용히 손 들고 발표했구나. 선생님은 네가 차례를 기다려 줘서 기뻤어."
- 수학 문제를 10분 동안 집중해서 푼 경우 → 스티커 1개 지급하기
- 규칙을 지키며 놀이 활동에 참여한 경우 → 쉬는 시간에 좋아하는 책 읽는 자유 시간 5분 제공하기

사례

초등학교 3학년 민수는 수업 중 자주 돌아다니는 버릇이 있다. 담임교사는 "30분 동안 자리에 앉아 있으면 스티커를 주고, 스티커 5개를 모으면 좋아하는 축구공 그림 색칠 시간을 준다."라는 즉각적이고 가시적인 강화 체계를 적용했다. 일주일 후 민수는 스스로 앉아 있으려는 노력이 늘었고, 친구들도 "민수가 오늘 또 성공했어!"라며 함께 응원해 주었다.

사회적 기술 직접 지도하기

구체적 예시

- 차례 기다리기 지도 → 교사가 짧은 그림 이야기로 "친구가 먼저, 내가 그다음" 상황을 보여 주고, 놀이에서 실제로 반복 연습하기
- 대화 기술 지도 → 상대방이 말할 때는 눈을 보고 듣고, 대답할 때는 짧게 말하라는 내용을 카드로 제시한 후에 역할극 실시
- 갈등 상황 해결 지도 → 화가 날 때는 손을 주먹 쥐지 말고, "나 지금 화가 났어."라고 말하기를 직접 연습

사례

초등학교 2학년 지연이는 놀이에서 자기 차례를 기다리지 못하고 늘 끼어들었다. 보조강사는 작은 그림 카드에 "내 차례일 때 손 들기 → 친구 차례일 때 기다리기" 절차를 그려 주고, 짧은 역할극으로 함께 연습했다. 놀이 중 지연이가 성공적으로 차례를 기다리자, 즉시 "지연이가 기다려 줘서 친구가 기뻐했어!"라고 칭찬했다. 이 과정을 반복하면서 지연이는 차례 지키기를 점점 더 잘하게 되었고, 친구들과의 갈등도 줄어들었다.

| 예측 가능한 일과 계획으로 불안 줄이기 |

ADHD 아동은 예측 가능한 일과가 유지될 때 불안이 감소하고 학습 참여가 향상된다. 가정과 학교에서 하루 일과를 시각적으로 제시하고, 수행한 과제나 활동을 직접 표시하게 하는 방식은 성취감과 자기효능감을 증진한다.

가정-학교 연계 실행

사례 1. 아침 준비 루틴

초등학교 2학년 민호는 아침마다 준비가 늦어 등교할 때 자주 지각했다. 담임교사와 부모는 협의 후 '아침 루틴 카드'를 만들었다. 집에서는 민호가 기상 후 카드를 하나씩 뒤집으며 준비했고, 학교에서는 교사가 "오늘도 루틴 카드 다 했지?"라고 확인해 주었다. 민호는 예측 가능한 절차 덕분에 아침 혼란이 줄고, 지각 횟수도 현저히 감소했다.

사례 2. 수업 전 활동 예고

초등학교 3학년 수연이는 갑작스러운 활동 전환에서 불안을 보였다. 담임교사는 하루 일과를 칠판에 아이콘으로 표시하고, 전환 5분 전 "이제 곧 미술 시간이야, 준비물을 꺼내자."라고 알려 주었다. 가정에서도 부모가 "내일은 미술 시간이 있으니 준비물을 오늘 챙기자."라고 전날 예고했다. 이렇게 학교-가정에서 일관되게 일과를 예측할 수 있도록 하자, 수연이는 전환 상황에서의 저항과 불안이 줄어들었다.

예측 가능한 일과 계획하기

가정에서

- 아침: 그림 카드나 체크리스트로 시각화
  기상 → 세수 → 아침 식사 → 가방 확인 → 등교
- 숙제 시간: 오후 4시 숙제 시작 → 20분 학습 → 5분 휴식(반복)
- 취침: 저녁 9시 샤워 → 9시 30분 독서 → 10시 취침

학교에서

- 수업 시작 전 칠판에 오늘의 수업 순서와 활동 계획을 적어 두기
- 수학 → 체육 → 국어 순서를 그림 아이콘과 함께 제시
- 활동 전 "이제 곧 체육 시간, 준비 운동하고 달리기를 할 거야."라고 미리 예고

| 강점 기반 접근 |

ADHD 아동은 종종 '부족한 부분'에 초점이 맞춰져 지적받는 경우가 많다. ADHD 아동은 높은 에너지, 호기심, 창의적 문제 해결 능력을 발휘하는 경우가 많으며, 강점 기반 접근은 아이가 가진 잘하는 부분과 흥미, 잠재력을 발견하고 이를 학습과 생활에 적극적으로 활용하도록 돕는 관점이다. 따라서 교육과 지원의 목표는 문제를 '제거'하는 것이 아니라, 강점을 발휘할 수 있는 환경을 조성하고, 어려운 영역을 전략적으로 보완하는 것이어야 한다.

사례 1. ADHD 아동의 활동성을 강점으로 활용하기

상황: 초등학교 2학년 민호는 수업 시간에 가만히 앉아 있기 힘들다. 그러나 체육이나 움직이는 활동에는 누구보다 적극적이다.

강점 기반 지원: 담임교사는 민호가 문제 풀이를 다 하면 교실 뒤에서 2분간 스트레칭을 할 수 있도록 허용했다. 또 모둠활동에서 발표자 역할을 맡겨, 친구들 앞에서 몸짓과 목소리로 설명하게 했다.

결과: 민호는 "내가 발표 잘한다."라는 자존감을 얻고, 수업 집중 시간도 조금씩 늘어났다.

사례 2. 창의적 사고를 강점으로 살리기

상황: 지연이는 수학 계산 실수는 잦지만, 독특한 아이디어를 떠올리고 그림으로 표현하는 데 강하다.

강점 기반 지원: 교사는 수학 문제 풀이 후, "이 답을 그림이나 만화로 표현해 보자."라는 선택 과제를 주었다. 지연이는 그림을 통해 과정을 설명하면서 이해가 더 깊어졌다.
결과: 지연이는 자신이 가진 창의성을 학습에 연결하며 성취감을 느꼈고, 수학에 대한 거부감도 줄었다.

사례 3. 사회적 친화력을 긍정적으로 연결하기

상황: 준서는 수업 중 친구에게 자주 말을 걸어 산만해진다. 그러나 사람들과 쉽게 친해지고, 친구를 잘 챙기는 성격이다.
강점 기반 지원: 교사는 준서에게 '짝꿍 도우미' 역할을 맡겼다. 친구가 모르는 문제를 질문하면 먼저 설명해 주고, 그래도 안 되면 선생님께 알려 주는 책임을 부여했다.
결과: 준서는 "내가 친구를 도와주는 역할을 한다."라는 자부심을 느끼게 되었고, 불필요한 수업 방해가 줄었다.

다음의 체크리스트는 부모와 교사가 아동의 강점을 찾아내고(발견), 수업과 생활 속에서 적용하며(활용), 긍정적 경험으로 확장하는(강화) 과정을 체계적으로 안내한다. 예를 들어, 산만하다고 지적받던 활동성은 발표나 체육 활동에서 리더십이 있다는 장점이 될 수 있고, 집중력이 부족해 보이던 아이도 좋아하는 주제에는 몰입하는 모습을 보일 수 있다. 이 체크리스트는 그러한 강점을 구체적 실천 방법으로 연결해 줌으로써, 아이가 '나는 할 수 있다.'라는 자신감을 회복하고 학습 동기를 높일 수 있도록 돕는다.

1. 강점 발견하기 - 질문 예시

- 아이가 가장 즐겁게 몰입하는 활동은 무엇인가요?
- 친구나 가족이 "이건 네가 잘한다."라고 자주 말하는 부분은 무엇인가요?
- 스스로 자주 선택하는 놀이나 활동은 무엇인가요?
- 실패 후에도 포기하지 않고 계속 시도하는 영역은 무엇인가요?

2. 강점 활용하기 - 적용 방법

- 활동성이 강점인 경우: 짧은 학습 후 몸을 움직이는 활동 연결, 모둠 발표자 역할 부여
- 창의성이 강점인 경우: 문제 해결 과정을 그림, 만화, 스토리로 표현하게 하기
- 친화력이 강점인 경우: 또래 도우미, 모둠 리더, 협력 활동의 연결고리 역할 부여
- 집중력(관심 주제 한정)이 강점인 경우: 관심 주제를 학습 과제와 연결
  예: 공룡 좋아하면 '공룡 수학 문제' 만들기

3. 강점 강화하기 - 실행 전략

- 작은 성공을 즉시 구체적으로 칭찬하기: "오늘은 네가 친구를 도와준 게 참 인상적이었어."
- 시각적 보상으로 성취를 눈에 보이게 하기: 스티커, 점수판, 칭찬카드
- 가정과 학교가 같은 방식으로 강화: 집에서도 동일한 칭찬 언어 사용
- 자기 인식 강화: 주 1회 '이번 주에 내가 잘한 일'을 아이가 직접 말하게 하기

제4부

함께 키우는
우리 아이,
미래를 향한 동반 성장

13장 학습과 성장의 새로운 패러다임:
　　　학생맞춤통합지원

14장 미래 사회 핵심 역량, 문해력

15장 부모와 교사,
　　　함께 만드는 교육 공동체

16장 모든 아이를 위한 맞춤형 지원:
　　　포용과 성장의 길

13장 | 학습과 성장의 새로운 패러다임: 학생맞춤통합지원

우리 아이의 배움은 단순히 성적이나 점수로만 설명되지 않는다.
학습, 마음, 건강 그리고 미래의 꿈은 서로 긴밀히 연결되어 있다.
때로는 작은 어려움이 아이의 성장을 가로막기도 하지만, 그 순간
필요한 것은 혼자가 아니라 함께한다는 따뜻한 손길이다.
교사의 세심한 눈길, 부모의 신뢰 어린 격려, 지역사회의 든든한
지원이 모일 때, 아이들은 자신만의 속도로 자라며 삶의 힘을 키워 간다.
학생맞춤통합지원은 바로 이 모든 힘을 모아 내는 새로운 교육의 길이다.

| 아이 한 명 한 명을 위한 「학생맞춤통합지원법」 |

교실을 둘러보면, 수업에 적극적으로 참여하는 아이도 있지만, 말없이 교과서를 바라보는 아이도 있다. 어떤 아이는 글자를 읽는 데 어려움을 겪고, 또 어떤 아이는 또래와의 관계 속에서 불안과 위축을 경험한다. 학교 밖으로 나가면 가정 형편이나 건강, 정서적 요인 등으로 학교생활 자체가 어려운 학생도 있다.

이처럼 학생들이 겪는 어려움은 다양하지만, 그동안의 지원은 여러 기관에 흩어져 있었다. 학습지원은 교육기관, 복지는 복지기관, 심리상담은 상담센터 등으로 나누어져 있어 체계적인 연계가 쉽지 않았다.

이러한 한계를 극복하기 위해 제정된 법이 바로 「학생맞춤통합지원법」이다. 이 법은 2026년 1월 22일부터 시행되며, 학생이 학교와 학교 밖 생활에서 겪는 어려움을 극복하고 건강하게 성장할 수 있도록 돕는 것을 목적으로 한다. 이제 국가와 학교, 지역사회가 함께 손을 맞잡고, 아이 한 명 한 명의 배움과 성장을 돕는 새로운 체계를 갖추게 된 것이다.

학생맞춤통합지원이란 무엇인가

'학생맞춤통합지원'이란 학생의 학습 참여를 어렵게 하는 요인을 통합적으로 해결하기 위한 지원을 말한다. 학습 부진, 경제적 어려움, 심리·정서적 문제, 학교폭력, 경계선 지능, 아동학대 등 학생이 학교생활에서 겪는 복합적인 문제를 종합적으로 진단하고, 학습·복지·건강·진로·상담 등 여러 영역을 연계하여 맞춤형으로 지원하는 것이다. 이 법에서 말하는 '지원대상학생'이란 이러한 이유로 인해 학습 참여에 어려움을 겪는 학생 중, 학교나 교육청의 심의를 통해 지원이 필요하다고 선정된 학생을 말한다. 즉 학업 성취도뿐 아니라 정서, 관계, 생활 환경 등 다양한 요인을 함께 고려하여 지원하는 것이다. 학생맞춤통합지원은 단순히 "학습이 부족한 학생을 돕는 제도"가 아니다. 아이의 전인적 성장을 돕고, 교육받을 권리를 실질적으로 보장하기 위한 사회적 안전망이다.

국가와 학교, 가정의 공동 책임

「학생맞춤통합지원법」은 학생의 성장을 사회 전체의 책임으로 규정하고 있다. 국가와 지방자치단체, 교육청, 학교, 교사, 그리고 보호자 모두가 학생의 성장을 위해 협력해야 하는 책무를 가진다.

- 국가와 지방자치단체는 학생맞춤통합지원을 위한 제도를 마련하고, 필요한 재원과 인력을 확보해야 한다.
- 교육감은 지역별 특성을 반영한 시책을 수립하고, 학교와 지역사회 기관이 협력할 수 있는 체계를 구축해야 한다.
- 학교의 장(교장)은 학교 교육과정 속에서 학생맞춤통합지원이 원활히 이루어지도록 노력해야 한다.
- 교사와 보호자는 학생의 어려움을 조기에 발견하고, 지원 과정에 적극적으로 참여해야 한다.

이러한 협력 구조를 통해 학생의 문제를 조기에 발견하고, 중복되거나 누락되지 않게 지원할 수 있는 기반이 마련된 것이다.

학생맞춤통합지원의 추진 체계

이 법은 지원의 효율성과 전문성을 높이기 위해 중앙-시도-지역-학교로 이어지는 다층적 체계를 갖추고 있다.

- 중앙학생맞춤통합지원센터(교육부 지정)

학생맞춤통합지원 관련 사업 운영 지원, 조사·연구, 정책 분석, 프로그램 개발 및 중앙부처 협력 업무를 수행한다.

- 시도 학생맞춤통합지원위원회 및 시도 지원센터(교육감 소속)

시도 단위에서 지원대상학생의 조기 발견, 시책 수립, 기관 간 업무 조정 등을 담당한다.

- 지역학생맞춤통합지원위원회 및 지역지원센터(교육지원청 소속)

학교 현장의 지원을 실질적으로 조정하며, 교사·학생·보호자의 의견을 수렴하는 역할을 한다.

이 체계는 중앙정부의 정책이 학교 현장에 자연스럽게 이어지도록 연결고리 역할을 하며, 학교가 학생을 중심으로 통합적 지원을 실천할 수 있도록 돕는다.

지원대상학생의 선정과 지원 내용

학생, 보호자 또는 교직원은 학생이 지원이 필요하다고 판단되는 경우, 학교의 장에게 지원대상학생 선정을 요청할 수 있다. 학교장은 기초학력진단검사 결과, 담임교사 및 교과교사의 의견, 보호자 상담 결과 등을 종합하여 학생을 선정한다. 선정된 학생에게 지원을 제공할 때에는 반드시 학생과 보호자의 동의를 받아야 한다. 지원 내용은 학생의 개인적 필요에 따라 맞춤형으로 제공된다. 대표적인 지원 항목은 다음과 같다.

- 학업 지속을 위한 교육비 및 복지 지원
- 심리·정서적 문제 해소를 위한 상담 지원
- 학습 부진 및 다문화, 특수교육, 기초학력 보장과 연계한 교육 지원
- 긴급복지, 진로상담, 보건·안전 관리, 복지서비스 및 의료지원 등 연계 지원

학교는 이러한 지원을 위해 기존의 학습지원협의회, 상담위원회, 교육복지위원회 등을 통합 운영할 수 있다. 이는 학생의 상황을 다각도로 이해하고, 학교 내부에서도 유기적인 협력을 가능하게 하기 위함이다.

맞춤형 관리와 성장의 확인

학생맞춤통합지원은 단발적인 지원이 아니라, 학생의 성장에 따라 지속적으로 조정되는 과정이다. 교육감, 교육장, 학교의 장은 학생의 복합적인 특성을 분석하여 맞춤형 지원계획을 수립하고, 학생의 변화와 성장 정도를 지속적으로 관찰·관리해야 한다. 또한 필요한 경우 전문 기관(상담기관, 복지시설, 의료기관 등)에 위탁하여 전문적 지원을 제공할 수 있다.

학교는 학생과 가정을 잇는 조정자 역할을 담당하며, 지역사회와의 연계를 통해 지원 효과를 극대화한다.

지역사회와의 협력 그리고 교원의 전문성

교육감은 학생맞춤통합지원의 효율적 운영을 위해 지역사회 기관과

전문가가 참여하는 협력 체계를 구축할 수 있다. 이 협력 체계에는 시장·군수·구청장, 아동보호전문기관, 청소년상담복지센터, 의사, 변호사 등 다양한 전문가가 참여한다. 이를 통해 학교 내에서 해결하기 어려운 복합 문제를 지역사회가 함께 해결할 수 있는 구조를 마련한다. 또한 교육부장관과 교육감은 교원의 전문성을 높이기 위한 연수를 정기적으로 실시해야 한다. 연수는 학생맞춤통합지원 업무뿐 아니라, 개인정보 보호·관리, 심리·정서적 이해, 상담 대응 역량 강화 등을 포함한다. 결국 교사는 학습의 전달자에서 '학생 성장의 조력자'로 나아가게 되는 것이다.

학교 밖 청소년을 위한 학업 복귀 지원

「학생맞춤통합지원법」은 학교 안 학생뿐 아니라 학교 밖 청소년까지 포괄하고 있다. 교육감은 학교 밖 청소년이 다시 학업으로 복귀할 수 있도록 학력 인정, 재취학, 재입학, 진학 지원, 학교적응 프로그램 운영 등의 다양한 지원을 제공해야 한다. 이 결과는 매년 교육부를 통해 여성가족부에 보고되어, 국가 차원의 청소년 지원 정책과 연계된다.

정보 시스템과 개인정보보호

교육부와 시도교육청은 학생맞춤통합지원 업무를 효율적으로 수행하기 위해 '학생맞춤통합지원정보시스템'을 구축·운영할 수 있다. 이 시스템은 교육, 복지, 보건, 아동보호, 청소년복지 관련 정보들을 연계·관리함으로써 학생의 지원 이력을 한눈에 파악하고, 필요한 기관 간 협력을 원활하게 하는 역할을 한다. 그러나 무엇보다 중요한 것은 개인정보 보호이다. 모든 정보는 법적 절차와 보안 규정에 따라 엄격히 관리된다.

이 법은 학생의 정보를 '지원의 도구'로 사용하되, 그 신뢰를 지키는 것을 최우선 가치로 삼고 있다. 「학생맞춤통합지원법」은 한 아이를 포기하지 않겠다는 우리 모두의 약속이다. 그리고 그 약속이 이루어질 때, 진정한 '배움의 성장 사회'가 완성된다.

| 학생 맞춤형 성장을 돕는 통합지원팀의 운영과 역할 |

학생이 학교생활에서 겪는 어려움을 제대로 돕기 위해서는 학교 안의 협력 구조가 필요하다. 그 출발점이 바로 통합지원팀이다. 통합지원팀은 학교의 여건, 학생 규모, 교직원 구성 등을 고려하여 만들어지는 조직이다. 이 팀은 새로운 조직을 추가로 만드는 것이 아니라, 이미 학교에서 운영 중인 여러 위원회나 팀을 하나로 모으는 방식으로 운영된다. 예를 들어, 학생복지심사위원회나 위기관리위원회, 기초학력 다중지원팀 등 각각의 역할을 해오던 팀을 하나의 틀 안에서 함께 운영하는 것이다. 이렇게 하는 이유는 단 하나이다. 학생의 문제를 '하나의 눈으로 보고, 한마음으로 돕기 위해서'이다.

학습 문제, 정서 문제, 가정 형편, 건강 등 아이의 어려움은 서로 얽혀 있는 경우가 많다. 그래서 통합지원팀은 '한 명의 아이를 중심으로, 여러 교사가 함께 돕는 학교'를 만드는 데 목적이 있다. 통합지원팀의 구성은 학교마다 다를 수 있지만, 대체로 교육복지 담당자, 상담교사, 보건교사, 담임교사, 학습지원 담당자 등이 함께한다. 이들은 각자의 자리에서 아이를 돕고 있지만, 통합지원팀 안에서는 서로의 시선으로 함께 의논하며 아이를 바라본다.

학생맞춤통합지원은 학교 구성원 모두가 함께하는 일이다. 기초학력 담당, 특수교육 담당, 다문화 담당 등 각 부서의 교사뿐 아니라, 필요할 경우 지역아동센터, 주민센터, 교육지원청 관계자 등 학교 밖 전문가도 협의에 참여할 수 있다. 결국 통합지원팀은 '학교 안과 밖이 손을 잡은 하나의 연결망'이 되는 것이다.

| 학생 통합지원의 4단계 |

통합지원팀의 활동은 한 아이의 '성장 여정'을 함께 걷는 일이다. 이 여정은 단 한 번의 회의나 지원으로 끝나는 일이 아니라, 발견 → 진단 → 지원 → 점검과 마무리의 4단계를 거쳐 꾸준히 이어지는 과정이다. 이 4단계는 학생의 어려움을 단순히 해결하는 절차가 아니라, 아이 스스로 성장의 힘을 되찾을 수 있도록 돕는 과정이다.

1단계: 관찰·발견·의뢰 및 접수

모든 지원의 시작은 '관찰'이다. 아이를 세심히 바라보는 것에서 통합지원은 출발한다. 수업에 집중하지 못하거나, 자주 지각·결석을 반복하거나, 평소와 달리 말수가 줄고 표정이 어두운 학생이 있다면, 그것은 아이가 보내는 작은 도움 요청일 수 있다. 이 신호를 놓치지 않는 사람이 바로 담임교사이다. 담임이나 교직원은 아이의 상황을 통합지원팀에 의뢰하고, 팀은 이를 공식적으로 접수하여 학교 차원의 지원 절차를 시작한다.

접수는 단순한 행정 절차가 아니다. 그것은 "이 아이를 우리 모두가 함께 돕겠다."라는 약속의 시작이다. 이 과정에서 학부모에게 상황을 충분히 설명하고, "우리가 함께하면 아이가 분명히 나아질 수 있습니다."라는 믿음을 전하는 것이 중요하다. 교사의 진심이 담긴 한마디가 부모의 마음을 열고, 그 마음이 다시 아이에게 전달되어 변화를 만들어 낸다.

2단계: 통합 진단

통합 진단은 아이를 여러 각도에서 이해하는 단계이다. 통합지원팀은 학습, 정서, 건강, 가정환경 등 아이의 전반적인 상태를 살핀다. 담임의 관찰, 상담 자료, 심리검사 결과 등을 토대로 협의하며, 각 분야의 교사와 전문가들이 함께 머리를 맞댄다. 이때 중요한 것은 '문제 진단'이 아니라 '이해'이다. 아이의 어려움을 단순히 '부족'으로 정의하지 않고, 왜 그런 어려움이 생겼는지를 함께 탐색하는 것이다. 예를 들어, 학습 부진이 단순한 학습 태도 문제인지, 정서적 불안이나 가정의 변화 때문인지를 함께 살펴야 한다. 교장과 조정위원은 학부모와의 소통을 담당한다.

"지금 우리 학교는 이런 방식으로 아이를 돕고자 합니다."

이 한 문장을 진심으로 전달하는 것이 신뢰의 출발점이다.

3단계: 통합 지원

통합 진단이 끝나면, 이제 학교와 지역사회가 함께 실질적인 지원을 시작한다. 이 단계는 학생의 어려움을 '현실 속에서 풀어 가는 과정'이다. 학교 안에서는 학습지원, 상담, 복지지원이 유기적으로 이루어진다. 기초학력 지원이 필요한 아이는 학습클리닉과 연계하고, 정서적으로 불안한 아이는 상담교사나 전문 기관과 연결한다. 가정의 어려움이 있는 경우에는 복지자원을 함께 활용한다.

학교 밖에서도 협력의 손길이 이어진다. 청소년상담복지센터, 지역아동센터, 정신건강의학과 등 지역사회 기관과 연계하여 학생이 필요한 도움을 한 곳이 아닌 여러 곳에서 함께 받을 수 있도록 한다. 이 단계에서 가장 중요한 것은 '속도'이다. 도움이 필요한 시점에 바로 손을 내밀어야 아이가 다시 일어설 수 있다. 지원은 빨라야 하고, 따뜻해야 한다. 통합지원의 본질은 행정이 아니라 사람의 연결에 있다.

4단계: 통합 점검 및 마무리

지원이 한 차례 이루어졌다고 해서 모든 것이 끝나는 것은 아니다. 진짜 중요한 것은 그 이후의 변화이다. 통합지원팀은 아이가 어떻게 달라지고 있는지를 꾸준히 살핀다. 담임과 실무위원은 학생의 수업 태도, 정서적 안정, 또래 관계 등을 정기적으로 관찰하고 기록한다. 필요하면 지원을 이어 가고, 안정적인 변화가 확인되면 개입을 마무리한다. 그러나 마무리가 곧 끝은 아니다.

학교는 아이가 완전히 적응할 때까지 지켜보아야 한다. 학생의 변화가 긍정적인 방향으로 유지되는지를 살피는 사후관리 또한 매우 중요하다. 상급학교로 진학할 때는 관련 자료를 안전하게 전달하여, 다음 학교에서도 지원이 자연스럽게 이어지도록 해야 한다. 이것이 바로 '지원이 이어지는 성장의 흐름'이다. 결국 통합지원의 진정한 목표는 문제를 '해결'하는 데 있지 않고, 아이 스스로 성장의 힘을 되찾도록 돕는 데 있다.

아이가 할 수 있다는 자신감을 회복하게 한다. 지원은 '돕는 일'이 아니라, '함께 자라는 일'이다.

| 학생맞춤통합지원 누리집: 지원 정보 알아보기 |

학생맞춤통합지원 누리집은 학생 지원을 위한 온라인 플랫폼이다. 주소는 www.kedi.re.kr/studentsupport이며, 검색창에 '학생맞춤통합지원'을 입력해도 된다. 이 누리집은 전국 각지에 흩어져 있던 학생 지원 관련 기관의 정보를 한곳에 모아 학생, 교사, 학부모 누구나 필요한 도움을 쉽게 찾을 수 있도록 만든 '학생 지원 정보의 지도'이다. 학교와 지역사회를 잇는 정보의 중심 허브 역할을 하고 있다. 또한 이 플랫폼은 정책 안내와 홍보를 넘어 현장의 교사와 담당자가 실제로 업무에 활용할 수 있는 자료를 제공한다.

누리집의 주요 기능
학생맞춤통합지원 누리집은 단순한 정보 게시판이 아니라 찾기 쉬운 맞춤형 지원 플랫폼이다. 사용자가 목적에 따라 다양하게 활용할 수 있도록 세 가지 핵심 기능으로 구성되어 있다.

• 내 주변 서비스 찾기: 지역 자원을 한눈에
많이 활용되는 기능은 바로 '내 주변 서비스 찾기'이다. 이 기능을 통해 학생, 부모, 교사가 자신의 지역 안에서 이용할 수 있는 지원 기관과

서비스를 쉽게 찾을 수 있다.

- 시범교육지원청과 선도학교 정보 제공

누리집에서는 학생맞춤통합지원 체계를 먼저 도입한 시범교육지원청과 선도학교의 운영 사례를 볼 수 있다. 이 정보는 다른 학교가 학생맞춤통합지원 체계를 구축할 때 참고할 수 있는 실제 현장 사례가 된다.

- 자료실과 소통 채널

누리집의 또 다른 강점은 자료실과 소통 창구이다. 자료실에는 학생맞춤통합지원 관련 연구보고서, 정책자료, 매뉴얼, 서식 모음, 영상자료 등이 정리되어 있다. 교육복지우선지원사업이나 교육복지안전망 관련 자료도 제공되어 교사나 담당자가 현장에서 바로 참고할 수 있다. '소통 참여' 메뉴에서는 자주 묻는 질문(FAQ), 문의하기, 의견 남기기 기능이 제공된다. 정책의 방향을 이해하고 현장 흐름을 놓치지 않게 돕는 실질적인 창구이다.

학생맞춤통합지원 누리집은 단순한 정보창이 아니다. 이제 학생은 누구에게 말해야 할지 몰라서 혼자 고민하지 않아도 된다. 학부모는 정보를 몰라서 기회를 놓치지 않을 수 있다. 교사는 방법을 몰라서 지원을 망설이지 않아도 된다. 학생맞춤통합지원 누리집은 도움을 요청하는 일이 낯설지 않도록, 도움을 주고받는 따뜻한 연결의 플랫폼이다.

14장 | 미래 사회 핵심 역량, 문해력

아이의 성장은 결국 '읽는 힘'에서 출발한다.
문해력은 이제 단순히 글자를 해독하는 능력이 아니라,
세상을 이해하고 스스로 학습하며
더 나은 삶을 만들어 가는 힘이 되었다.
AI 시대, 새로운 문해력은 깊이 있는 독서와 함께
AI를 비판적으로 활용하고 윤리적으로 다루는 힘까지 포함한다.

| 우리 학생들의 문해력 현황과 과제 |

2022년 국제학업성취도평가(Programme for International Studdent Assessment, PISA) 결과에 따르면 우리나라 학생들의 읽기 능력은 여전히 세계 최상위권에 속한다. 한국 학생들의 읽기 평균 점수는 515점으로, OECD 평균 476점보다 39점 높다. PISA는 학생들의 읽기 능력을 6단계로 구분한다. 그중 2수준 이상은 일상생활과 학습에서 필요한 기본적인 읽기 능력을 의미한다. 한국 학생의 85%가 이 수준 이상을 달성했으며, OECD 평균 74%보다 높다. 대부분의 학생이 기본적인 문해 능력을 갖추고 있다는 뜻이다.

5수준 이상의 고급 문해력을 보인 학생은 13%로 나타났다. OECD 평균(7%)보다 훨씬 높은 수치이지만, 2006년(556점, 상위 비율 20% 내외)에 비하면 다소 줄어든 추세이다. 이는 상위권 학생의 비율이 일정하게 유지되고 있지만 중간층과 하위층 간의 격차가 점차 확대되고 있음을 시사한다.

흥미로운 점은 코로나19 팬데믹이라는 어려운 상황에서도 우리나라 학생들의 읽기 점수가 2018년(514점)보다 1점 상승했다는 사실이다. OECD 평균이 같은 기간 11점 하락한 것과 대조적이다. 이것은 우리 교육이 어려운 시기에도 학습 회복력을 유지했다는 긍정적인 신호이다.

점수 너머의 의미

우리나라 학생들의 PISA 성취는 분명 자랑스러운 결과이다. 그러나 이 수치가 곧 '읽기 능력의 안심 지표'를 의미하지는 않는다. 평균 점수는 높지만, 읽기의 질적 격차와 학습 양극화가 함께 드러나고 있기 때문이다. 우리 아이들은 정답을 빠르게 찾아내는 데 능숙하지만, 글의 맥락을 깊이 이해하고 비판적으로 사고하는 능력은 상대적으로 낮다. 이는 읽는 속도는 빠르지만, 깊이는 얕은 현상이다. 읽기의 격차는 단순한 학력 차이를 넘어 사고력, 자존감, 진로 선택에까지 영향을 미친다.

PISA 결과가 주는 시사점: 읽기 교육의 과제
 우리나라 학생들의 문해력은 여전히 강하지만, 그 힘이 지속 가능한 문해력으로 이어지기 위해서는 읽기 교육의 방향이 단순한 기술 습득에서 사고 확장으로 전환되어야 한다.

• 점수보다는 이해 중심의 읽기 수업
PISA는 학생이 글을 '읽을 수 있는가'보다 '읽은 내용을 이해하고 활용할 수 있는가'를 평가한다. 정답을 찾는 문제 풀이식 읽기에서 벗어나 글의 의도, 맥락, 구조, 감정을 함께 다루는 읽기 수업이 필요하다. 정답 찾기에 집중한 읽기 교육에서 벗어나, 텍스트의 맥락을 묻고 저자의 의도를 해석하는 활동을 수업에서 경험해야 한다. 예를 들어 질문 중심 독서, 토의 중심 독서, 글 감상과 재해석 활동 등이 효과적이다. 즉 교실에서는 질문 중심의 토의형 독서나 생각을 말하고 쓰는 활동을 통해 읽기를 사고력으로 확장할 수 있다.

• 디지털 환경에 맞는 문해력 교육
오늘날 학생들은 디지털 매체 속에서 방대한 정보를 접하지만, 그 정보를 평가하고 해석하는 능력은 충분하지 않을 수 있다. 아이들은 책보다 화면을 더 자주 마주한다. PISA 2018 조사에 따르면, 많은 학교가 교사들이 디지털 도구를 수업에 통합할 역량을 갖추었다고 보지 못한다는 응답을 보였다. 또한 디지털 정보 환경은 빠른 속도로 변화하고 있으며 가짜 뉴스, 편향된 콘텐츠, 광고 혼합 정보 등이 읽기의 안정성을 위협한다. 이런 환경에서 학생에게 필요한 것은 '읽는 힘'이 아니라 '판단하는 힘'이다.

디지털 시대의 문해력은 단순한 정보 습득이 아니라, 정보의 진위를 판단하고 신뢰도를 평가하는 능력까지 포함해야 한다. 학생들이 온라인에서 접하는 정보를 비판적으로 읽고 판단할 수 있도록 디지털 리터러시(digital literacy) 교육을 강화해야 한다. 뉴스의 출처 확인, 광고와 기사 구별, 가짜 정보 판별 등은 이제 필수 교육이 되어야 한다. 정보의 신뢰성 등 학생들이 온라인에서 읽는 정보를 평가할 줄 알아야 진짜 문해력 교육이 이뤄졌다고 할 수 있다.

- 읽기의 생활화

문해력은 수업 시간에만 길러지지 않는다. 책과의 만남이 생활 속에서 자연스럽게 이루어져야 한다. 학교에서 자유롭게 책을 읽는 시간을 마련하고, 가정에서는 부모가 책을 함께 읽으며 대화를 나누는 분위기를 만드는 것이 중요하다. 가정과 학교가 함께 독서 문화를 조성해야 하며, 읽기 즐거움을 느끼는 경험을 지속적으로 제공해야 한다. 아이들은 보고 듣는 언어로 사고를 확장한다. 따라서 학교와 가정이 함께 풍부한 언어 자극의 환경을 만들어 주는 것이 문해력 향상의 출발점이다.

PISA 2022 결과는 우리에게 중요한 메시지를 전한다. 우리 아이들의 읽기 능력은 세계적으로 높은 수준에 도달해 있다. 그러나 그 속을 들여다보면 읽기의 격차, 사고력의 깊이, 디지털 문해력의 불균형이라는 새로운 과제들이 있다. 우리의 목표는 단순히 잘 읽는 아이가 아니라 깊이 이해하고 현명하게 판단할 줄 아는 아이를 기르는 데 있다.
"문해력, 읽기의 힘이 곧 생각의 힘이다."

| 읽는 힘이 커지는 아이: 문해력의 새로운 의미 |

문해력(文解力)은 단순히 글자를 읽고 쓰는 능력에 머물지 않는다. 우리가 살아가는 복잡한 사회 속에서 사람으로서 생각하고 소통하며 살아가는 힘으로 그 의미가 확장되고 있다. 유네스코(UNESCO, 2004)는 문해력을 "다양한 맥락 속에서 인쇄 및 필기 자료를 활용해 정보를 찾아내고 이해하고 해석하고 만들어 내고, 소통하며 계산하는 능력"으로 정의하였다. 즉 문해력은 글을 읽는 능력을 넘어, 정보를 해석하고 새롭게 활용할 수 있는 능력으로 확장된 개념이다.

기초 문해: 글을 읽고 쓰는 첫걸음

기초 문해는 가장 기본적인 의미의 문해력으로, 읽기·쓰기·셈하기와 같은 생활의 기초 능력을 말한다. 이는 인간다운 삶을 위한 교육의 출발점이며, 모든 배움의 기초가 된다. 그러나 기초 문해는 출발선일 뿐, 문해 교육의 최종 목표는 아니다. 글자를 해독하는 능력 위에 생각하고 표현하며 소통하는 힘이 자라야 비로소 문해력이라 할 수 있다.

기능 문해: 읽은 것을 활용하는 힘

기능 문해(functional literacy)는 단순히 글을 읽고 쓸 수 있는 능력을 넘어, 읽은 내용을 실제 삶 속에서 이해하고 적용하는 능력을 의미한다. 글을 읽는 것에서 멈추지 않고 그 안에 담긴 지식과 정보를 현실의 문제 해결에 활용할 수 있는 능력이다. 예를 들어 설명서를 읽고 기계를 작동시킬 수 있거나, 건강 관련 안내문을 보고 스스로 생활 습관을 조정할 수 있다면 그것이 바로 기능 문해의 작동이다.

다시 말해 기초 문해가 글을 해독하는 힘이라면, 기능 문해는 읽은 것을 이해하고 쓸 줄 아는 힘이다. 글자를 아는 데서 멈추지 않고, 지식으로 살아가는 능력이 바로 기능 문해이다. 박사학위를 가진 사람이라도 신문의 경제 기사나 신산업 기술 설명을 이해하지 못한다면, 그 분야에서는 '비문해 상태'에 있을 수 있다. 문해력은 고정된 것이 아니라 변화하는 능력이다. 한때는 익숙했던 영역에서도 새로운 기술이나 제도가 등장하면 다시 '비문해 상태'로 돌아갈 수 있다. 따라서 문해력은 한 번에 완성되는 능력이 아니라, 지속적으로 갱신하고 확장해야 하는 유동적인 역량이다. 아이들에게 필요한 것은 시험을 위한 문해력이 아니라, 삶을 살아가기 위한 문해력이다.

- 가정에서는, 부모가 실제 생활의 예를 통해 아이에게 '읽고 활용하는 경험'을 제공해야 한다. 예를 들어, 함께 요리 레시피를 읽고 요리해 보거나, 은행 앱을 같이 살펴보는 것도 훌륭한 문해 교육이 된다.
- 학교에서는 교과와 생활이 연계된 수업을 해야 한다. 국어 시간에 뉴스의 숨은 의미를 토론하는 수업이 기능 문해를 자연스럽게 키워 준다.

이처럼 기능 문해 교육은 '지식 전달'이 아니라 '삶 속 적용'이 중심이 되어야 한다. 기능 문해는 단지 글을 읽는 능력이 아니다. 읽은 것을 행동으로 옮길 줄 아는 지혜이다. 결국 기능 문해는 아이의 자립과 성장의 힘이며, 평생 배우고 살아가는 시민으로 나아가는 첫걸음이다.

비판 문해: 글을 넘어 세상을 읽는 힘

비판 문해(critical literacy)는 단순히 글을 읽고 이해하는 능력을 넘어서, 글이 놓인 사회적 맥락까지 함께 읽어 내는 힘을 말한다. 비판 문해의 핵심은 "무엇이 쓰여 있는가?"를 넘어서 "왜 그렇게 쓰였는가?"를 묻는 것에 있다. 즉 글을 읽는다는 것은 단순히 정보를 해석하는 행위가 아니라, 그 속에 담긴 의도, 가치, 관계, 사회적 맥락을 함께 이해하는 일이다. 그래서 비판 문해는 글을 읽는 힘이자, 세상을 바르게 바라보는 힘이다.

오늘날 우리는 하루에도 수많은 글과 영상, 뉴스를 접한다. 그러나 그 모든 정보가 객관적이거나 사실인 것은 아니다. 광고는 우리의 욕망을 자극하고, 뉴스는 특정 시각을 강화하며, 인터넷 글은 때로 누군가의 의견을 '사실처럼' 포장한다. 이런 시대에 필요한 것은 단순 읽기가 아니라 '비판적으로 읽는 능력'이다. 예를 들어 광고 속 문장을 읽을 때 "이건 정말 필요한 제품일까?" 하고 스스로 묻는 아이, 뉴스 기사를 보며 '왜 이런 표현을 썼을까?'라고 생각하는 아이, 역사 교과서를 읽으며 "이 사건을 다른 나라 사람들은 어떻게 배울까?" 궁금해하는 아이, 이 모두가 비판 문해의 시작이다.

이러한 시선은 세상을 단순히 '주어진 그대로' 받아들이는 것이 아니라, 그 속의 구조를 이해하고 다르게 생각해 볼 수 있는 용기로 이어진다. 결국 비판 문해는 생각하는 힘, 질문하는 용기, 그리고 판단하는 지혜를 길러주는 교육이다. 학습자를 자신의 삶과 사회를 성찰할 줄 아는 주체로 성장시킨다. 단순히 읽는 사람이 아니라, 세상을 새롭게 해석하고 바꾸는 사람으로 만든다.

- 가정에서 아이와 함께 뉴스를 보고 "이 기사에는 어떤 관점이 담겨 있을까?"라고 묻는다. 광고나 드라마를 보며 "이 장면이 우리에게 전하려는 메시지는 무엇일까?"를 이야기한다.
- 학교에서 토론과 협동 학습을 통해 학생 스스로 질문을 만들어 보게 한다. 교과서의 내용도 '왜 이런 표현을 썼을까?'라는 시선으로 함께 분석한다. 이러한 작은 질문들이 모여 아이의 사고를 깊게 하고, 세상을 비판적으로 이해하는 힘을 키운다.

비판 문해는 세상을 읽는 또 하나의 문해력이다. 세상을 바꾸는 첫걸음은, 그 세상을 '다르게 읽는 것'에서 시작된다.

| AI 시대, 문해력의 확장된 의미 |

AI와 디지털 기술이 세상을 바꾸는 속도는 놀랍다. 학교의 수업, 일터의 소통, 일상의 관계까지 이제는 화면과 네트워크를 통해 이루어진다. 코로나19 팬데믹은 이러한 변화를 더욱 가속시켰다. 비대면 수업과 재택

근무가 일상이 되면서, 우리는 디지털 공간에서 배우고 일하는 시대, 즉 '뉴 노멀(New Normal)' 시대를 맞이하였다. 이러한 변화 속에서 문해력은 단순히 글을 읽고 쓰는 능력에 머물지 않는다. 이제 문해력은 디지털 공간에서 정보를 탐색하고, 이해하며, 평가하고, 활용하는 능력까지 포함한다. 이는 곧 디지털 리터러시(digital literacy), 즉 디지털 시대의 문해력으로 확장된 개념이다.

기능 문해의 관점에서 보면, 디지털 리터러시는 특정 영역의 지식을 실제 삶에서 활용할 수 있는 능력이다. 아이들이 컴퓨터를 조작하는 것을 넘어, 온라인에서 정보를 비판적으로 판단하고 올바르게 사용하는 힘을 기르는 것이 바로 디지털 시대의 새로운 문해력이다. 디지털 리터러시 교육은 기술 훈련을 넘어, 정보의 질을 판단하고, 신뢰를 구분하며, 스스로 사고하는 힘을 기르는 교육으로 확장되어야 한다.

AI와 디지털 기술이 이끄는 세상은 아이들이 배우는 방식, 생각하는 과정, 표현하는 방법까지 바꾸어 놓고 있다. 이제 문해력은 '글을 읽고 이해하는 힘'을 넘어 '정보를 재해석하고 새로운 가치를 만들어 내는 힘'으로 확장되고 있다. 과거의 문해가 '습득의 능력'이었다면, AI 시대의 문해는 '참여하고 창조하는 능력'이다. 정보를 읽고 이해하는 데서 그치지 않고, 그 정보를 새로운 아이디어와 창의적 산출물로 연결하는 역량이 필요하다. 문해력은 이제 더 이상 하나의 기술이 아니라, 인공지능이 대체할 수 없는 인간 고유의 사고 능력으로 진화하고 있다.

새로운 콘텐츠를 창조하는 힘

오늘날 아이들은 글보다 영상에 익숙하고, 읽기보다 보기와 만들기를 더 즐긴다. 아이들이 누군가가 만든 콘텐츠를 단순히 재생산하는 데서 벗어나 진정한 창작자로 성장하기 위해서는 다음과 같은 힘이 필요하다.

• 깊이 있는 독서와 사유(contemplation)

새로운 콘텐츠를 창조하려면 먼저 깊이 읽는 능력이 필요하다. 책을 읽고 생각하며, 그 속에서 스스로 질문을 던지는 과정이 AI가 대신할 수 없는 창의력의 토대가 된다.

• 고차원적 사고력의 중요성

우리나라 학생들은 정보를 다루는 기술적 역량(예: ICT 능력, 데이터 분석 등)은 높지만, 주어진 정보를 바탕으로 새로운 생각을 도출하는 능력은 낮은 편이다. 이는 단순한 정보처리 교육으로는 해결되지 않는다. 비판적으로 읽고, 비교하고, 종합하며, 스스로 판단하는 힘을 길러야 한다. 결국 읽고 생각하고 질문할 줄 아는 아이만이 AI가 대신할 수 없는 창의적 인간으로 성장한다.

확장된 문해력, 미래 사회를 여는 열쇠

AI 시대의 문해력은 기초 문해와 기능 문해를 기반으로, 비판 문해와 미래 문해로 확장되어 간다. 이는 단순한 학습 기술이 아니라, 미래 사회의 시민으로 살아가기 위한 통합적 역량이다. AI와 기후 위기의 시대를 살아가는 우리에게는 아직 쓰이지 않은 '미래를 읽는 능력', 미래 문해(futures literacy)가 절실히 필요하다. 유네스코는 미래 문해를 "미래를 상상하고 이해하며 스스로 만들어 가는 힘"이라고 정의한다. 아이들이 불확실한 세상 속에서도 방향을 잃지 않으려면, 교육은 단지 과거의 지식을 가르치는 데서 벗어나 새로운 세상을 상상하고 설계하는 능력을 길러 주는 방향으로 나아가야 한다. AI는 글을 읽지만, 인간은 세상을 읽고, 미래를 써 내려간다.

| 디지털 전환 시대, 문해력의 새로운 위기 |

아침 등굣길, 버스 안에서 고개 숙인 아이들의 손끝은 분주하다. 문자를 읽는 듯하지만, 사실은 대부분 영상 속 자막을 훑고, 빠른 장면 전환 속에서 '다음 것'을 찾고 있다. 지금의 아이들은 세상에서 가장 많은 글자를 보고 살지만, 가장 적게 '읽는 세대'이기도 하다.

코로나19 이후의 세상은 학교와 가정, 일터의 경계를 허물며 디지털 연결을 일상으로 만들었다. 화면 속 교실, 영상 통화, 실시간 채팅이 이제는 교육의 새로운 표준, 뉴노멀이 되었다. 이로써 디지털 리터러시는 모든 학습의 기초 역량으로 부상했지만, 그 이면에는 조용하고도 심각한 변화가 함께 일어나고 있다.

편리함과 속도는 생각의 깊이를 앗아 가고, 무한한 정보의 바다는 아이들에게 지식의 풍요가 아니라 의미의 피로를 남긴다. 문장을 끝까지 읽지 않고, 핵심만 스치듯 훑는 습관은 사고의 깊이와 언어의 정교함을 서서히 마모시킨다. 이것이 오늘날 우리가 마주한 '문해력의 질적 위기'이다. 글자를 읽는 능력은 남았지만, 글을 통해 사유하고, 공감하고, 세상을 이해하는 힘은 약해지고 있다. 디지털 환경은 학습의 문을 열었지만, 그 안에서 생각하는 힘이 줄어드는 아이들이 늘고 있다. 이제 문해력은 단순한 읽기 기술이 아니라, 인간이 인간답게 사고하고 살아가기 위한 기본 조건으로 다시 돌아보아야 할 때이다.

디지털 환경 속 문해력, 위기의 양상

스마트폰은 아이들의 손안에 들어온 '작은 세상'이다. 그 속에는 무한한 정보가 담겨 있지만, 아이들의 어휘력은 오히려 빈곤해지고 있다. 짧고 즉각적인 반응을 유도하는 디지털 소통 문화는 언어의 구조와 표현 방식을 빠르게 바꾸어 놓았다. 이제 아이들은 긴 문장을 읽는 데는 지루함을 느끼고, 정확한 어휘보다 '빠르고 재밌는 말'을 편하게 받아들인다.

• 신조어의 확산

학생들이 매일 접하는 언어의 상당 부분은 신조어, 줄임말 또는 과장된 표현이다. '개멋있어', '개노답', '꿀잼', '이거 실화냐?' 같은 표현은 '멋있어', '그러면 안 된다', '정말 재미있다', '이게 사실이야?'를 대신한다. 이 언어의 변형은 단순한 유행을 넘어, 아이들의 사고 구조를 바꾸어 놓는다. 성인은 신조어의 원뜻을 알고도 유희적으로 쓸 수 있지만, 아이들에게는 그 단어가 곧 '언어의 전부'가 된다. '당근이다'가 '당연하다'에서 비롯된 말임을 모른 채 쓰는 현상은 언어적 의미의 연결고리가 끊어지는 대표적인 사례이다. 언어는 생각의 그릇이다. 단어의 폭이 좁아지면 사고의 깊이도 얕아질 수밖에 없다. 어휘력의 축소는 곧 사고력의 축소로 이어진다.

• 단순한 표현과 감정 표현의 빈곤화

짧고 즉각적인 표현이 효율의 이름으로 소비되고, '꿀잼', '노잼', '헐',

'대박'처럼 단조로운 감탄어가 풍부한 감정의 언어를 밀어낸다. 예를 들어 '짜증난다'는 감정만 해도 수십 가지의 어휘로 세분화할 수 있다. 하지만 지금의 아이들은 그 차이를 느끼고 구분할 기회를 잃고 있다. 감정의 뉘앙스를 표현할 단어를 찾는 노력 자체가 사라지며, 사람과 세상을 이해하는 언어의 폭이 점점 줄어든다. 결국 짧은 문장과 줄임말의 반복 사용은 복잡한 생각과 감정을 표현하는 능력을 약화시킨다. 이것이 문해력을 조용히 무너뜨리는 언어의 침식이다.

• 언어 환경의 왜곡

언어는 '노출의 빈도'로 습득된다. 그러나 지금의 언어 환경은 이미 왜곡되어 있다. 공영방송 자막에서도 '개피곤', '한 번 쏘다' 같은 속어가 여과 없이 등장하고, 유튜브 영상은 비표준어와 자극적인 표현으로 넘쳐난다. 그 결과, 아이들은 '정상 언어'를 배울 기회보다 '일시적 유행어'에 더 많이 노출된다. 이 과정에서 주객이 뒤바뀐다. 정확한 말을 사용하는 교과서와 수업은 어렵고 딱딱한 것이 되고, 줄임말과 비속어가 일상 언어의 기준이 된다. '당연하다'보다 '당근이다'가 더 익숙한 아이들에게 언어의 뿌리는 점점 희미해진다. 언어가 무너질 때, 생각도 함께 흔들린다. 언어는 생각의 창이다. 창이 좁아지면, 세상도 좁게 보인다.

학습 격차 해소와 문해력 증진을 위한 전략

문해력 격차를 줄이기 위한 첫걸음은 '접근의 평등'이다. 학교 안에서는 안정적인 무선망과 학습용 기기의 지원이, 학교 밖에서는 농산어촌 지역의 네트워크 인프라 확충이 필수적이다. 이것은 단순한 기술 투자가 아니라, 모든 아이가 배움의 출발선에 함께 설 수 있도록 하는 사회적 약속이다. 교육의 기회는 '능력'보다 먼저 '접근성'에서 시작된다. 읽을 수 있어야 이해할 수 있고, 접속할 수 있어야 배움이 가능하다.

- 비판적 디지털 리터러시 교육 강화

디지털 문해력은 단순히 기기를 다루는 기술이 아니다. 정보를 가려내고 해석하며 진실을 판단하는 힘이다. 그러나 그만큼 많은 '가짜 뉴스'와 '편향된 사실' 속에서 살아가고 있다. 따라서 학교 교육은 '정보를 전달하는 곳'이 아니라, 정보를 해석하는 법을 배우는 곳이 되어야 한다. 뉴스 기사, 광고 문구, SNS 게시물 등 일상에서 만나는 언어를 함께 분석하고 토론하는 수업이 필요하다. 아이들이 정보를 단순히 '받아들이는 존재'가 아니라 '판단하고, 다시 써내는 주체'로 성장하도록 도와야 한다. AI와 소프트웨어 교육 역시 이러한 방향과 맞닿아 있다.

- 조기 개입과 맞춤형 문해력 지원

문해력 격차는 대부분 초등학교 저학년 시기에 생겨난다. 이 시기를 놓치면 그 격차는 학년이 오를수록 눈에 띄게 벌어진다. 따라서 아이가 읽는 데 어려움을 보이기 시작할 때, 즉시 개입하는 것이 무엇보다 중요하다. 이는 아이의 자존감과 학습 자신감을 회복시키는 과정이다. "나는 할 수 있다."라는 경험은 그 어떤 교육보다 강력한 힘을 발휘한다. 또한 학교와 지역사회의 연계도 필수적이다. 도서관, 학습클리닉센터, 지역아동센터 등과 협력하여 아이들의 학습을 다층적으로 지원하는 통합 시스템이 마련되어야 한다.

- **독서를 통한 어휘력 회복과 사고 확장**

문해력을 살리는 가장 확실한 방법은 여전히 '독서'다. 책 속에는 언어의 근육이 있고, 생각의 숨결이 있다. 풍부한 언어 경험은 아이의 사고를 깊게 만들고, 다양한 텍스트 경험은 세상을 넓게 바라보게 한다. 독서는 신조어와 자극적인 표현 속에서도 흔들리지 않는 언어의 근육을 길러 준다. 어휘력이 튼튼해야 비판적 사고력과 표현력도 자란다.

"책을 많이 읽어라."라는 말보다 중요한 것은 책이 재밌다고 느끼게 하는 경험이다. 유튜브나 게임보다 매력적인 이야기, 아이의 눈높이에 맞는 콘텐츠로 독서의 즐거움을 경험하도록 돕는 것이 필요하다. 책은 교재가 아니라, 탐구와 공감의 매개체가 되어야 한다. 책 속에서 다른 세계를 만나고, 그 만남이 다시 나를 성장시키는 경험, 그것이 진짜 문해력의 시작이다.

디지털 사회는 빠르고 편리하다. 그러나 그 속도는 때로 생각의 깊이를 앗아간다. '읽는 힘'을 잃는다는 것은 '생각하는 힘'을 잃는 것이다. AI 시대의 교육은 기술보다 사람, 속도보다 깊이가 중요하다. 아이들이 정보를 스스로 판단하고, 언어로 세상을 이해하며, 사유와 표현으로 자신만의 세계를 만들어 갈 수 있도록 이제 우리의 교육은 다시, '읽기'라는 본질로 돌아가야 한다.

15장 | 부모와 교사, 함께 만드는 교육 공동체

아이 한 명을 키우기 위해서는 한 마을이 필요하다는 말이 있다.
학교와 가정은 서로 다른 공간이지만,
아이의 성장을 위해서는 반드시 이어져야 할 두 축이다.
가정에서의 따뜻한 격려와 학교에서의 세심한 지도,
이 두 힘이 만나야 아이는 흔들림 없는 성장의 뿌리를 내릴 수 있다.

신뢰의 기반: 교사와 학부모, 서로의 전문성 존중하기

아이의 성장은 한 사람의 힘으로 완성되지 않는다. 학교와 가정은 아이의 성장을 지탱하는 두 축이며, 부모와 교사가 함께 손을 잡을 때 그 길은 더 넓고 단단해진다. 건강한 교육 공동체는 교사의 전문성이 존중받고, 학부모가 신뢰받으며, 서로의 역할을 인정하는 관계 위에서 비로소 자라난다.

교육 전문가로서의 교사 존중

아이의 전인적 성장을 위해서는 학부모가 교사를 지식 전달자가 아닌 '교육의 동반자'로 인식하고 존중하는 태도가 무엇보다 중요하다. 교사는 아이의 발달을 객관적으로 관찰하고, 교육적 개입을 통해 성장의 방향을 제시하는 전문가다. 학부모가 교사를 믿고 지지할 때 교사는 교육에 더욱 몰입할 수 있고, 아이는 안정된 환경 속에서 배움의 즐거움을 경험하게 된다.

또한 교사와의 원활한 소통은 아이의 학교적응을 돕는 중요한 기반이 된다. 다만 지나친 연락이나 비공식적인 요구는 수업 준비와 업무에 부담을 줄 수 있으므로 가정통신문, 클래스팅·하이클래스와 같은 공식 채널을 통해 필요한 정보를 주고받는 것이 바람직하다. 이는 교사의 전문성을 존중하고 교육 활동의 질을 높이는 데 도움이 된다.

교육 공동체의 주체로서 학부모 역할 인정

오늘날 학부모는 후원자나 보조자의 위치를 넘어, 교육 공동체의 중요한 주체로 자리 잡았다. 자녀 수 감소와 학부모의 높은 교육 수준은 교육에 대한 참여 의식과 기대를 더욱 높였다. 이 변화 속에서 건강한 파트너십을 위해서는 학부모 역할의 재정의가 필요하다. 학부모는 자녀의 성장을 함께 설계하는 협력자이며, 교사는 그 과정의 전문적 조언자다. 교사는 학부모의 의견을 경청하고, 학부모는 교사의 판단과 전문성을 신뢰하며 든든한 지원자가 되어야 한다.

그러나 때로는 이런 변화가 과도한 민원이나 교권 침해로 이어져 학교 현장을 위축시키는 경우도 있다. 교사는 학생 지도를 위한 시간을 잃고, 학부모는 불신 속에서 피로감을 느끼게 된다. '배우고, 참여하며, 존중받는 학부모'가 설 수 있는 환경이 마련될 때 비로소 건강한 교육 공동체가 만들어진다.

신뢰를 위한 상호 존중 기반의 소통

부모와 교사가 따로 걷는 길은 험난하지만, 서로의 전문성과 역할을 인정하며 함께 걸을 때 아이도 안정된 교육 환경에서 성장할 수 있다. 작은 오해가 불신으로 번지지 않도록 하기 위해서는 투명하고 지속적인 소통이 필요하다. 특히 디지털 환경에 익숙한 새로운 세대의 학부모를 위해, 온라인 기반의 소통 방식을 존중하고 학교 정책에 반영하는 것도 중요하다.

열린 대화와 존중의 문화가 살아 있는 학교야말로 아이가 안심하고 배우며 성장할 수 있는 공간이다. 다음의 실천 팁은 부모와 교사가 신뢰를 다지는 출발점이 될 수 있다.

- 경청하기: 서로의 이야기를 끝까지 듣고, 오해가 없도록 확인한다.
- 존중하기: 교사의 전문성과 학부모의 의견을 동등하게 존중한다.
- 공유하기: 아이의 성장에 필요한 정보를 꾸준히 나눈다.

결국 부모와 교사가 신뢰를 바탕으로 손을 맞잡는 순간, 아이들은 존중받고 보호받으며 자신의 길을 당당히 걸어 나갈 힘을 얻게 된다.

신뢰를 행동으로 보여 주는 현장의 사례

신뢰의 기반은 말이 아니라 실천을 통해 완성된다. 충남의 한 초등학교 학부모회는 "우리 아이만이 아니라 모두의 아이를 함께 키운다."라는 신념으로 활동한다. 교사들은 축제와 체육대회의 교육적 구성을 맡고, 학부모들은 운영과 지원을 담당하며 서로의 역할을 존중한다. 이 과정에서 교사는 학부모의 헌신을 인정하고 감사의 메시지를 전하며, 학부모는 교사의 전문성을 존중한다. 그 결과 아이들은 '협력'이 살아 있는 학교 문화를 몸으로 배우게 된다.

또한 일부 교육청에서는 교사와 학부모가 함께 참여하는 공동 연수를 운영한다. 교사는 교육과정의 방향과 수업 목표를 설명하고, 학부모는 가정에서의 지원 방법을 함께 모색한다. 이러한 만남은 '정보 전달'이 아니라 '공동 성장의 장'으로 발전하며, 학부모가 학교 교육을 설계하는 동반자로 서는 계기가 된다.

해외의 사례도 있다. 캐나다의 학부모 아카데미에서는 학부모와 교사가 정기적으로 만나 교육의 비전과 지역사회 연계를 논의한다. 이를 통해 학부모는 교육의 한 축으로 존중받고, 교사는 학부모의 경험과 시각을 수업 개선에 반영한다. 이처럼 신뢰는 서로의 전문성과 경험을 연결할 때 성장하는 힘이다. 결국 신뢰는 하루아침에 만들어지지 않는다. 교사는 학부모의 마음을 이해하고, 학부모는 교사의 노고를 존중하는 작은 행동들이 쌓일 때 비로소 진정한 파트너십이 완성된다. 그 위에서 아이들은 사랑받고, 존중받으며, 함께 배우는 기쁨을 누리게 된다.

| 협력을 통한 아이 성장 지원: 역할과 책임 공유하기 |

교사와 학부모가 서로의 전문성을 인정하고 함께 책임지는 협력 관계를 맺을 때, 그 길은 더욱 단단해지고, 아이의 배움은 더 깊어진다. 이 장에서는 교사와 학부모가 '함께 아이를 키우는 동반자'로서 어떻게 역할을 나누고, 협력의 문화를 만들어 갈 수 있는지를 살펴본다.

'함께 키우는 교육'으로의 전환

예전에는 학교가 교육의 중심이었고, 가정은 보조적인 역할에 머물렀다. 하지만 지금의 교육은 '학교 중심에서 교육 공동체 중심으로' 변화하고 있다. 아이의 학습 능력, 정서, 사회성, 자존감은 학교 안에서만 완성되지 않는다. 가정과 지역사회가 서로 연결되고, 교사와 부모가 같은 방향을 바라볼 때 비로소 아이의 배움은 삶 속에서 자라난다.

이제 학교는 교사만의 공간이 아니라, 아이를 중심으로 모두가 참여하는 협력의 장이 되어야 한다. 교사는 교육의 전문성을 바탕으로 학습의 길을 안내하고, 학부모는 아이의 생활과 정서를 가장 가까이에서 살피는 조력자다.

서로의 역할을 존중하며 손을 맞잡을 때, 교사의 교육적 지도와 부모의 정서적 돌봄은 하나의 힘이 되어 아이의 성장 에너지가 된다. 이제 교육은 학교가 주도하고 가정이 지원하는 일방향이 아니라, 함께 계획하고 함께 책임지는 교육으로 나아가야 한다.

가정과 학교가 함께 만드는 협력 구조

• 협력의 출발점: 공동 목표 세우기

협력의 시작은 같은 목표를 공유하는 일이다. 학교와 가정이 서로 다른 기대를 품으면, 좋은 의도도 엇갈릴 수 있다. 따라서 학업 성취뿐 아니라 정서 안정, 사회성, 자기 조절력 등 아이의 전인적 성장을 함께 바라보는 목표를 세워야 한다. 예를 들어, 학교에서 '책임감 있는 학급 만들기'를 목표로 세운다면, 가정에서는 '약속 지키기'나 '하루 계획 세우기' 같은 작은 실천으로 연결할 수 있다. 이렇게 서로의 목표가 이어질 때, 교사와 학부모는 다른 자리에서 같은 방향을 향해 아이를 응원하게 된다.

• 지속 가능한 협력 시스템 만들기

협력은 마음만으로는 오래가지 않는다. 제도와 구조가 있을 때 지속된다. 학교는 정기적인 학부모 참여 수업이나 가정 연계 학습주간(Home-School Week)을 운영하여 부모가 교육과정을 직접 이해하고, 아이의 학습 과정을 함께 점검할 기회를 마련할 수 있다. 또한 교사와 학부모가 함께 참여하는 정기 협의 시간을 통해 아이의 학습 자료, 생활 지도 전략, 정서 지원 방안을 나누면 학교와 가정이 한 아이를 함께 지도하는 팀이 된다. 협력의 구조는 서로의 부담을 덜고, 신뢰를 키우는 통로가 된다.

- **역할을 분명히 하고 책임은 나누기**

건강한 협력은 서로의 역할을 존중하는 일에서 출발한다. 교사는 수업과 평가, 상담 등 교육의 전문적 책임을 맡고, 학부모는 가정에서의 생활 습관, 정서 관리, 학습 지원을 담당한다. 중요한 것은 서로의 영역을 넘지 않으면서 보완적으로 연결되는 태도이다. 예를 들어, 숙제를 두고 갈등이 생겼을 때 "학교에서는 학습 과정을 점검하고, 가정에서는 시간 관리와 정리 습관을 돕는다." 이렇게 역할을 명확히 구분하면 협력의 방향이 한층 분명해진다.

함께 참여하는 교육 문화

요즘 학부모의 학교 참여는 행사를 돕는 역할을 넘어, 교육의 한 축으로 발전하고 있다. 학교와 가정이 함께 만들어 가는 다양한 협력의 모습은 다음과 같다.

- 학부모 참여 수업 및 공동 프로젝트: 교사와 학부모가 함께 아이들의 진로, 독서, 생활을 주제로 프로젝트를 기획하고 운영한다.
- 학교 자원봉사 프로그램: 학부모가 자신의 특기와 경험을 살려 독서 지도, 예술 활동, 환경 교육 등에 참여한다.
- 가정 연계 프로그램: 학교에서 배운 내용을 가정에서도 자연스럽게 이어갈 수 있도록 '가정 학습 키트'나 '가정 소통 일지'를 공유한다.
- 학교 운영위원회 및 학부모회 활동: 학부모가 학교 정책과 운영 방향을 함께 논의하며, 현장의 목소리를 전달한다.

이러한 참여는 봉사활동이 아니라 아이의 배움이 학교와 가정에서 하나로 이어지는 다리가 된다.

협력의 실천, 현장의 변화

충북의 한 초등학교에서는 '가정-학교 연계 학습주간'을 운영하고 있다. 교사는 학습 계획표를 제공하고, 학부모는 가정에서의 관찰 기록을 공유한다. 서로의 노트가 오가며, 아이의 학습과 생활이 함께 점검된다. 이 프로그램은 학교의 일방적 안내가 아닌, 아이의 성장 과정을 함께 설계하는 교육 동반자 모델로 자리 잡았다.

서울의 한 중학교는 교사와 학부모가 함께 참여하는 정서·학습 지원 팀을 운영한다. 교사는 상담과 지도 방안을 제시하고, 학부모는 가정에서의 실천 방법을 함께 구체화한다. 이러한 협력은 학습 부진이나 정서 문제를 조기에 발견하고 대응하게 하여, 학생들의 학교생활 만족도와 자존감을 높였다. 작은 변화의 시작이지만, 이런 협력의 경험들이 쌓일수록 학교는 점점 더 따뜻해지고, 가정은 학교의 연장이 된다.

협력의 문화, 아이의 성장으로 이어진다.

협력의 목적은 단순한 역할 분담이 아니다. 아이의 전인적 성장을 함께 책임지는 일이다. 교사와 학부모가 각자의 자리에서 최선을 다하며 서로의 전문성을 신뢰할 때, 아이들은 안정과 일관성 속에서 배우고 성장한다. 이러한 협력은 '도와주는 관계'를 넘어 함께 배우고 함께 성장하는 문화로 이어진다. 학교와 가정이 서로를 파트너로 인식하고 같은 마음으로 아이를 바라볼 때, 그 힘은 결국 아이의 행복한 배움으로 이어진다.

협력은 거창한 제도보다 서로를 믿고 존중하는 하루하루의 실천에서 시작된다. 교사는 학부모의 마음을 이해하려는 눈으로, 학부모는 교사의 노력을 신뢰하는 마음으로 다가갈 때 그 사이에 아이의 성장이 싹튼다. 아이의 길을 함께 만들어 가는 교사와 부모, 그 두 손이 만나는 순간, 아이의 배움은 더 넓고, 더 따뜻해진다.

| 갈등을 성장의 기회로: 상호 존중 기반의 소통 전략 |

학교와 가정이 만나는 길에는 언제나 기대와 관심이 함께 있다. 아이를 위하는 마음이 크기 때문에 때로는 감정이 앞서기도 하고, 작은 말 한마디가 크게 느껴지기도 한다. 하지만 갈등은 관계의 끝이 아니라, 서로를 더 깊이 이해할 수 있는 출발점이 될 수 있다. 조금만 시선을 달리하면, 갈등은 아이의 성장을 위한 더 좋은 길을 찾아가는 배움의 기회로 바뀐다.

갈등의 본질을 이해하기

학교와 가정의 갈등은 대부분 관점의 차이로 생긴다. 서로의 출발점이 다를 뿐, 그 안에는 모두 '아이를 잘 키우고 싶다.'라는 같은 마음이 있다. 예를 들어, 교사는 아이의 자율성을 키워 주기 위해 스스로 해결할 시간을 주지만, 학부모는 '교사가 왜 우리 아이를 바로 도와주지 않았을까?' 하고 불안함을 느낄 수 있다. 또는 교사가 생활 지도를 위해 단호하게 말했을 때, 학부모는 '아이의 감정을 다치게 한 것은 아닐까?' 걱정하기도 한다. 이처럼 같은 상황을 서로 다르게 해석하는 순간, 오해가 갈등으로 번질 수 있다. 따라서 먼저 "우리는 같은 목표를 향해 있다."라는 인식과 공감대를 형성하는 것이 중요하다. 공감하면, 대화는 이미 절반 이상 풀린 셈이다.

감정 대신 '사실'로 이야기하기

감정이 앞서면 말은 날카로워지고, 의도는 왜곡되기 쉽다. 상대의 입장을 존중하면서도, 객관적인 사실 중심으로 이야기하는 습관이 필요하다. 예를 들어 "우리 아이만 혼난 것 같아요." 대신 "지난 수업에서 아이가 어떤 상황이었는지 알고 싶어요." 라고 말하는 게 좋다. "선생님이 너무 냉정해요." 대신 "아이에게 어떤 말씀을 하셨는지 구체적으로 듣고 싶습니다."라고 말해 보자. 이처럼 표현의 초점을 감정에서 사실로 옮기면, 대화의 방향이 자연스럽게 건설적으로 바뀔 수 있다.

교사 역시 학부모의 말을 방어적으로 받아들이기보다, "그럴 수 있겠네요. 아이는 그렇게 느꼈을 수도 있겠어요."라고 공감해 주면, 긴장은 금세 누그러질 수 있다. 작은 표현의 차이가 대화의 결과를 완전히 바꾼다. '나의 감정'이 아닌 '상황의 이해'를 중심으로 말할 때, 대화는 서로를 설득하는 자리가 아니라 함께 해결책을 찾아가는 자리가 된다.

대화의 기본: 듣고, 인정하고, 함께 풀기

좋은 대화는 상대를 이기기 위한 설득이 아니라, 함께 문제를 해결하기 위한 협력의 과정이다. 이를 위해 기억해야 할 세 가지 원칙이 있다.

- **끝까지 듣기**

상대의 말을 중간에 끊지 않고, 요약하며 되묻는다. "그 부분이 특히 걱정되신 거죠?"처럼 확인하는 한마디가 대화의 온도를 높인다.

- **존중하며 인정하기**

상대의 감정을 판단하지 말고 "그럴 수도 있겠어요."라고 받아들인다. 교사는 부모의 양육 부담을 이해하고, 학부모는 교사의 교육적 판단과 전문성을 신뢰해야 한다.

- **함께 해결책 찾기**

'누가 옳은가?'보다 '지금 무엇을 함께 할 수 있는가?'에 초점을 둔다. "이 상황에서 아이에게 어떤 지원이 필요할까요?"라는 말은 비난보다 훨씬 힘이 있다.

이 세 가지 원칙은 그저 예절이 아니라, 갈등을 협력으로 바꾸는 대화의 기술이다.

갈등을 성장의 과정으로 바꾸기

어떤 관계에서도 갈등은 피할 수 없다. 그러나 갈등이 문제를 남기느냐, 성장을 남기느냐는 그 이후의 대화 방식에 달려 있다. 서울의 한 초등학교에서는 학부모와 교사 간 오해로 갈등이 생겼을 때, 교사와 학부모가 '공동 기록 일지'를 작성했다. 각자의 시선에서 같은 상황을 적어본 뒤, 서로의 입장을 공유하자 '서로 이렇게 다르게 느꼈구나'를 깨닫게 되었고, 이후 같은 문제는 재발하지 않았다.

또 다른 학교에서는 학생의 행동 문제로 의견이 엇갈리자, 교사와 학부모가 함께 '아이 성장 지원 회의'를 열었다. 서로의 입장을 조율하는 과정에서 학부모는 교사의 전문적 판단을 이해하게 되었고, 교사는 가정에서의 아이 모습을 더 깊이 알게 되었다. 결과적으로 아이는 양쪽에서 일관된 지지를 받으며 자신감을 회복했다. 이처럼 갈등은 적절히 다루면 관계를 성숙하게 만드는 교육의 한 과정이 된다.

소통의 시스템 만들기

지속적인 소통은 개인의 노력만으로는 어렵다. 학교와 지역사회가 함께 참여하는 구조적 지원이 필요하다.

- 학부모 상담 주간 운영: 정기적인 대화의 장을 만들어 오해를 미리 예방한다.
- 온라인 소통 플랫폼 활용: 교사와 학부모가 짧고 효율적으로 의견을 주고받는다.
- 학교 내 갈등 중재팀 구성: 교사·학부모 대표·전문 상담사가 함께 참여해 문제를 객관적으로 조율한다.
- 감사와 공감 메시지 캠페인: 서로의 노력을 인정하고 고마움을 표현하는 문화를 확산한다.
- 학교-가정 협력 연수: 교사와 학부모가 함께 듣는 대화법 연수를 통해 상호 이해를 높인다.

이러한 시스템은 문제 해결을 넘어, 학교와 가정이 서로에게 배우고 함께 성장하는 구조를 만든다.

대화가 관계를 키운다.

대화의 목적은 오해를 푸는 것이 아니라 관계를 자라게 하는 것이다. 생각이 다르고, 의견이 엇갈릴 수도 있다. 교사와 학부모가 갈등을 피하지 않고 솔직하게 대화할 때, 아이들은 그 모습을 통해 건강한 관계 맺기의 본보기를 배운다. "다를 수 있지만, 함께할 수 있다."라는 메시지는 그 자체로 교육이다. 결국 진정한 소통은 말을 많이 하는 것이 아니라, 마음을 나누는 일이다. 아이 앞에서의 대화는 교육이다. 교사와 부모가 대화로 문제를 푸는 모습을 보이는 것만으로도 아이는 배운다.

교사·학부모 소통 가이드 10문 10답

"말 한마디로 마음의 거리가 달라집니다."

❶ 아이가 학교에서 속상한 일을 겪었다고 말할 때

핵심: 먼저 감정을 들어주고, 사실을 차분히 확인한다.

예시: "그랬구나, 속상했구나. 어떤 일이 있었는지 선생님께 같이 물어보자."

⇨ 아이의 말을 곧이곧대로 믿기보다, 함께 사실을 확인하는 과정이 중요하다.

❷ "왜 우리 아이만 혼났어요?"라고 학부모가 물을 때

핵심: 감정을 먼저 받아주고, 지도 의도를 설명한다.

예시: "저도 아이가 상처받지 않길 바랐어요. 수업 분위기를 함께 만들기 위한 지도였어요."

⇨ 방어하기보나 공감→설명→제안 순으로 이야기한다.

❸ 교사와 학부모의 생각이 다를 때

핵심: 누가 옳은지보다 '공통의 목표'를 먼저 확인한다.

예시: "생각은 조금 다르지만, 결국 아이가 학교생활에 즐겁게 적응하길 바라는 마음은 같네요."

⇨ "같다."라는 한마디가 대화의 긴장을 풀어 준다.

❹ 대화 도중 감정이 올라올 때

핵심: 그 자리에서 해결하려 하지 말고, 시간을 갖는다.

예시: "지금은 서로 마음이 조금 상한 것 같아요. 내일 다시 이야기 나눠 볼까요?"

⇨ 잠시 멈추는 것도 현명한 대화의 기술이다.

❺ 교사의 연락에 학부모가 반응하지 않을 때

핵심: 독촉보다는 존중의 표현으로 다가간다.

예시: "바쁘신데 시간 내주셔서 감사합니다. 이 학교생활에 대해 잠깐 이야기 나누고 싶어요."

⇨ '부탁의 말투'로 전하면 부담이 줄고 마음이 열린다.

❻ 학부모가 수업 방식에 불만을 표현할 때

핵심: 바로 반박하지 말고, 의견을 먼저 들어준다.

예시: "좋은 의견 주셔서 감사합니다. 말씀하신 부분을 반영할 수 있을지 고민해 보겠습니다."

⇨ 피드백은 비난이 아니라 긍정적으로 작용할 수 있다.

❼ 교사의 말이 다르게 전달되어 오해가 생겼을 때

핵심: '오해'라는 말보다 "다르게 전달된 것 같다."라고 표현한다.

예시: "제가 드린 말씀의 뜻이 조금 다르게 전해진 것 같아요.

다시 한번 말씀드리겠습니다."

⇨ 부드럽고 사실 중심으로 이야기하면 도움이 된다.

❽ 아이 문제로 서로 책임을 미루게 될 때

핵심: '누가 잘못했나'보다 '어떻게 도울까'를 생각한다.

예시: "집에서는 생활 습관을, 학교에서는 학습을 중심으로 함께 도와 볼까요?"

⇨ 책임을 나누면 서로의 부담이 줄고, 아이도 양쪽에서 힘을 얻을 수 있다.

❾ 상담 후에도 학부모가 불안해할 때

핵심: 한 번의 상담으로 끝내지 말고, 다시 이어 간다.

예시: "오늘 이야기로 다 풀리지 않으셨을 수도 있죠.

다음 주쯤 다시 한번 이야기 나눌까요?"

⇨ 신뢰는 한 번의 대화로는 부족하다.

❿ 아이 앞에서 교사와 부모가 이야기할 때

핵심: 아이를 평가하기보다, 함께 문제를 해결하는 모습을 보여 준다.

예시: "우리 셋이 같이 해결 방법을 찾아보자."

⇨ 교사와 부모가 협력하는 모습이 최고의 교육이다.

말보다 태도가 먼저다. 따뜻한 태도는 오래 기억된다. "그럴 수도 있겠네요.", "맞아요." 짧은 공감 한마디가 신뢰를 키운다. 소통은 기술이 아니라 마음이다. 서로를 이해하려는 자세가 대화를 이끌어 간다.

| 함께 배우고 성장하는 부모: 교육의 중요성 |

아이의 성장은 부모의 사랑 속에서 시작되고, 부모의 배움 속에서 자라난다. 부모의 말 한마디, 표정 하나, 태도의 온도는 아이의 마음에 깊은 흔적을 남긴다. "괜찮아, 다시 해보자."라는 한마디가 아이의 도전 의지를 세우고, "넌 왜 이것밖에 못 해?"라는 말은 아이의 자신감을 무너뜨린다. 결국 아이의 정서 발달과 학업 성취는 부모의 태도와 신념에서 출발한다. 이제 부모는 단순히 아이를 가르치는 사람이 아니라, 아이와 함께 배우며 성장하는 교육의 동반자이자 평생 학습자로 서야 한다. 배우는 부모가 있을 때, 아이의 배움은 멈추지 않는다.

부모의 태도가 만드는 배움의 환경

아이에게 가장 큰 영향력은 교사도, 친구도 아닌 부모다. 부모의 태도는 아이의 정서 안정과 학습 태도를 결정짓는 가정 속 교육 환경이다. 아이를 평가하기보다 이해하려는 태도, 결과보다 과정을 바라보는 시선, 작은 성장을 함께 기뻐하는 마음이 아이의 내면에 '나는 할 수 있다'라는 믿음을 심어 준다.

연구에 따르면, 부모가 긍정적 기대와 일관된 지지를 보낼수록 아이의 자기 주도적 학습 능력과 회복탄력성이 높아진다고 한다. 이는 부모가 단지 아이를 도와주는 조력자가 아니라, 아이의 학습 태도를 형성하는 가장 강력한 모델임을 보여 준다. 완벽한 부모는 없다. 중요한 것은 완벽함이 아니라 성장의 방향이다. 부모가 스스로 배우고 변화하려는 모습을 보일 때, 그 자체가 아이에게 가장 좋은 교육이 된다.

배우는 부모, 성장하는 가족

오늘날 교육은 더 이상 학교만의 영역이 아니다. 가정 역시 아이의 배움이 자라는 또 하나의 교실이다. 그 중심에 있는 부모가 배움의 즐거움을 알고, 아이의 발달과 학습 과정을 이해할 때 가정은 자연스럽게 '함께 배우는 가족'으로 변한다. 예를 들어, 아이의 집중력 부족을 꾸짖기보다 발달 특성과 학습 유형을 이해하려는 노력, 학습 부진을 '의지 부족'이 아닌 학습 전략의 차이로 인식하는 시선, 사춘기의 반항을 '문제행동'이 아닌 성장의 과정으로 바라보는 여유, 이 모든 것이 바로 배우는 부모의 자세이다. 배움은 부모를 단단하게 만들고, 그 단단함이 아이에게 안정감을 준다. 배우는 부모가 있는 가정은 흔들려도 무너지지 않는다. 그 이유는 배움이 부모를 성장시키고, 성숙한 부모가 아이를 지켜주기 때문이다.

부모 교육의 필요성과 방향

- 부모가 배우면 가정이 달라진다.

부모 교육은 정보를 전달받는 자리가 아니라, '나의 양육을 돌아보고 새롭게 이해하는 시간'이다. 학교나 교육청에서 운영하는 학부모 연수, 온라인 부모학교, 또는 지역 평생학습관의 부모 교육 프로그램은 부모가 스스로 성찰하고 성장하는 기회를 제공한다. 이러한 배움은 부모에게 자신감을 회복시켜 주고, '나는 괜찮은 부모인가?'라는 불안을 '나는 계속 배우는 부모다.'라는 신념으로 바꾸어 준다.

- 부모 교육의 핵심은 '자기 성장'이다.

좋은 부모는 아이를 완벽히 통제하는 사람이 아니라, 자신의 감정과 한계를 인정하며 배우는 사람이다. 부모가 배움을 통해 자기 이해를 확장할수록 양육의 방식은 부드러워지고, 아이와의 관계는 한결 안정된다.

• 부모는 아이의 첫 번째 평생학습 모델이다.

부모가 책을 읽고, 새로운 기술을 배우고, 변화에 적응하는 모습을 보일 때 아이들은 자연스럽게 '배움은 평생 이어지는 일'임을 배운다. "엄마도 몰랐는데 이번에 배우고 나니 알겠더라." 이 한마디는 아이에게 '배움은 용기이며 과정'이라는 메시지를 전한다.

함께 배우는 공동체, 함께 성장하는 사회

배우는 부모가 늘어날수록 학교와 사회는 더욱 따뜻해진다. 부모 교육은 개인의 성장에 머물지 않고, 학교 문화와 지역사회의 배움의 온도를 높이는 힘이 된다. 예를 들어, 학교의 '부모 독서 모임'에서 함께 책을 읽고 아이의 교육을 이야기하기, 지역 평생학습관의 부모 강좌를 통해 학습·정서·진로 이해 넓히기, 학부모회가 주도하는 '가정-학교 협력 캠페인' 운영하기 등 이러한 참여는 부모가 '배움의 주체'로 성장하는 계기가 된다. 배우는 부모가 늘어날수록 학교는 열린 배움의 공간으로, 가정은 더 따뜻한 배움의 공동체로 변화한다.

평생 학습자로서의 부모

배우는 부모는 세상의 변화를 두려워하지 않고, 새로운 교육 환경 속에서도 아이와 함께 길을 찾는다. 인공지능 시대, 디지털 환경, 빠르게 변하는 사회 속에서 가장 큰 힘은 지식이 아니라 배움의 태도. 배움을 멈추지 않는 부모는 아이에게 이렇게 말한다. "배움에는 끝이 없단다. 엄마, 아빠도 지금 너와 함께 배우고 있어." 이 한마디가 아이에게 전하는 메시지는 세상을 살아갈 힘, 평생 배우는 마음의 씨앗이다. 함께 배우고 성장하는 부모, 그 안에서 아이는 세상과 자신을 믿는 법을 배운다.

16장 | 모든 아이를 위한 맞춤형 지원: 포용과 성장의 길

모든 아이의 학습과 성장을 위한 지원

아이들은 모두 저마다의 속도와 색깔로 자란다.
누군가는 금세 날개를 펴지만, 누군가는 한 걸음 더디게 나아간다.
중요한 것은 속도가 아니라 가능성이다.
이 가능성을 믿고 학교, 가정, 지역사회가 손잡고 함께할 때,
비로소 모든 아이의 성장은 온전하게 지원받고 꽃 피울 수 있다.

모두를 포용하는 교육 시스템: 기초학력 보장의 사회적 책임

모든 아이는 배움의 권리를 타고난다. 누구도 태어날 때부터 배움에서 소외되어서는 안 된다. 아이의 성장 속도나 출발선은 다를 수 있지만, 모든 학생이 공정하게 배우고, 배우는 기쁨을 느끼도록 하는 것은 개인의 선택이 아니라 국가와 사회가 함께 감당해야 할 책임이다. 최근 국가수준 학업성취도 평가 결과에 따르면, 기초학력 미달 학생의 비율이 해마다 증가하는 추세다. 특히 국어와 수학 과목에서 학습 격차가 확대되고 있으며, 코로나19 팬데믹을 거치며 학령기 학생들의 기초학습 결손이 더욱 뚜렷해졌다. 이 문제는 단순히 노력 부족이나 개인의 의지로 설명될 수 없다. 이는 우리 사회 전체가 함께 풀어야 할 교육의 구조적 과제이다.

기초학력은 개인의 능력이 아니라 사회의 약속

기초학력은 단지 글을 읽고 계산하는 능력을 넘어, 한 사람의 존엄을 지키고 스스로 삶을 꾸려 갈 수 있는 기본 역량이다. 읽고, 쓰고, 셈하는 힘은 단순한 지식이 아니라 사회를 이해하고, 타인과 관계를 맺고, 미래를 선택할 수 있게 하는 힘이다. 따라서 기초학력 보장은 한 개인의 문제가 아니라 사회 전체의 공정성과 포용성을 가늠하는 척도다. 기초학력을 확보하지 못한 학생은 학습에서 소외될 뿐 아니라 경제적·사회적 기회에서도 불이익을 받을 수 있다. 기초학력은 한 사회가 '모두를 함께 이끌 준비가 되어 있는가?'를 보여 주는 거울이다.

법과 제도로 확립된 국가의 책무

이러한 문제의식 속에서 2021년 「기초학력 보장에 관한 법률」이 제정되었고, 2022년부터 본격적으로 시행되었다. 이 법은 모든 학생이 국가가 정한 최소 학습 기준에 도달할 수 있도록 국가가 직접 책임지고 지원해야 함을 명확히 한 법이다. 이 법을 통해 학교 현장은 점차 변화하고 있다.

전국 시도교육청은 기초학력 진단-보정 시스템을 강화하고, 학교마다 기초학력 전담교사, 두드림학교, 학습종합클리닉센터를 운영하며, 학습결손 학생에 대한 조기 진단과 맞춤형 지원 체계를 마련하고 있다. 이제 기초학력 보장은 더 이상 '보충학습'의 개념이 아니라, 국가가 지켜야 할 기본 교육권의 실현 과정으로 자리 잡았다.

포용적 학습 환경으로의 전환

포용적 교육은 장애 학생이나 취약계층만을 위한 것이 아니다. 기초학력의 결손은 어느 학생에게나 나타날 수 있는 보편적 문제다. 따라서 학교는 모든 아이가 자신의 속도에 맞게 성장할 수 있는 환경을 마련해야 한다. 이를 위해 필요한 세 가지 원칙이 있다.

- **정확한 진단**

학생의 학습 출발점을 면밀히 파악하고, 기초학력 미도달의 원인을 분석한다. 점수만 평가하는 것이 아니라, 학습의 결손 원인을 찾아내는 것이 핵심이다.

- **맞춤형 지원**

학생의 수준과 특성에 따라 개별화된 학습을 제공하고, 정서적 불안,

가정환경, 학습 전략 등 다양한 요인을 함께 고려한다.

• 연계와 협력

학교 안에서는 담임교사·특수교사·상담교사가 협력하고, 학교 밖에서는 지자체, 복지기관, 지역 학습센터가 연결되어 아이가 어느 곳에서도 지원의 끈을 놓치지 않도록 한다.

이러한 체계적 지원은 단순히 학습의 향상을 넘어 "학교가 아이 한 명의 삶을 끝까지 책임진다"라는 신뢰의 선언이다.

해외 사례에서 배우는 포용적 책임

해외의 교육 선진국들은 기초학력을 '학업 능력'이 아닌 시민으로 살아가기 위한 사회적 기본 역량으로 본다. 미국은 「Every Student Succeeds Act(ESSA)」를 통해 모든 학생이 학습 기준에 도달할 수 있도록 조기 진단과 개별 지원을 의무화했다. 핀란드는 학습 부진을 개인의 한계가 아닌 교육 시스템의 책임으로 보고, 담임·특수교사·심리사가 함께 참여하는 학습지원 체계를 운영한다. 영국은 '기초학력 확보'를 사회 통합의 핵심 가치로 삼아 학습 취약 학생에게 집중 지원을 제공하고, 학교와 지역사회가 협력하는 모델을 정착시켰다. 이들 국가의 공통점은 명확하다. 기초학력은 '개인의 성취'가 아니라 국가의 의무, 사회의 연대 결과라는 것이다.

우리 사회의 책임과 미래

기초학력 보장은 '못 따라가는 학생을 돕는 일'이 아니다. 이는 모든 아이가 인간다운 삶을 살아갈 수 있도록 사회가 함께 책임지는 일이다. 배움의 출발선이 공평할 때, 아이들은 자신의 잠재력을 온전히 발휘할 수 있다. 기초학력을 보장하는 사회는 단지 교육의 질을 높이는 사회가 아니라, 사회적 신뢰를 세우는 사회다. 한 아이가 학습의 어려움으로 좌절하지 않도록 손을 내미는 순간, 그 사회는 "누구도 버려지지 않는다"라는 신념을 행동으로 보여 준다.

국가와 지방정부는 제도와 정책의 틀을 넘어 학교 현장에서 실제로 작동하는 지속 가능한 지원 생태계를 만들어야 한다. 교사 한 사람이 감당하는 문제로 남겨 두지 않고, 지역사회가 함께 참여하는 공동 성장 구조로 발전시켜야 한다. 학습종합클리닉센터, 지역 학습도움센터 등 학교 밖 지원 기관의 역할 강화, 학습격차 데이터를 활용한 지역 맞춤형 지원 모델 개발, 디지털 기반 AI 학습 도구를 활용한 개인 맞춤 학습 플랫폼 구축 등이 그 예다. 또한 가정은 아이의 학습 결과보다 배움의 과정과 정서적 회복력을 지지하는 곳이 되어야 한다. "우리 아이가 어느 정도 성적을 올렸는가?"보다 "오늘 스스로 하려고 시도했는가?"를 묻는 사회적 분위기가 만들어질 때, 기초학력 보장은 제도가 아니라 문화로 자리 잡게 된다.

미래 사회는 지식보다 학습 능력이 더 중요한 시대다. 기초학력은 새로운 것을 배우고, 낯선 문제를 이해하고, 협력적으로 해결할 수 있는 평생학습의 토대이다. 따라서 기초학력 보장은 오늘의 학생만이 아니라 내일의 시민, 미래의 사회 구성원을 길러 내는 국가적 투자이기도 하다. 결국 우리 사회가 지향해야 할 것은 '모든 학생이 배움의 권리를 보장받는 포용적 교육 체제'이다. 그 기반 위에서 교육은 경쟁이 아닌 공존의 과정,

선별이 아닌 성장의 여정이 될 수 있다.

기초학력 보장은 한 나라의 교육 수준을 넘어, 그 사회가 약한 존재를 어떻게 대하는가를 드러내는 척도이다. 아이 한 명 한 명의 배움이 존중받고, 배움을 포기하지 않는 사회야말로 진정한 교육 복지국가다. 배움의 기회를 모두에게 열어 주는 것, 그것이 우리 시대가 지켜야 할 가장 기본적이며 따뜻한 약속이다. 그리고 그 약속은 단지 제도와 정책에서 끝나지 않는다. 교실에서, 가정에서, 지역의 작은 배움터에서 아이를 바라보는 한 사람 한 사람의 믿음과 실천 속에서 이어진다. 배움의 권리를 함께 지켜내는 일은 결국 우리가 어떤 사회를 다음 세대에게 물려줄 것인가에 대한 답이기도 하다. 모든 아이가 배우는 기쁨 속에서 자신만의 빛을 낼 수 있는 세상, 그것이 우리가 함께 만들어 가야 할 포용적 미래 교육의 모습이다.

| 사각지대 해소: 느린 학습자를 위한 생애주기별 지원 |

모든 아이는 배움의 속도가 다르다. 하지만 학교의 시계는 늘 같은 속도로 움직인다. 그 속도에 맞추지 못하는 아이들이 있다. 이들은 노력하지 않아서가 아니라, 세상을 받아들이고 이해하는 방식이 조금 다를 뿐이다. 느린학습자 혹은 경계선 지능 학생, 이들은 지적장애 기준에는 해당하지 않지만, 인지적 이해력과 처리 속도가 느려 학습에서 지속적인 어려움을 겪는다. 그러나 제도의 경계선 밖에 놓여 있기 때문에 지원의 손길이 닿지 않는 '보이지 않는 다수'가 되기 쉽다. 이제는 이들을 위한 조기 발견-맞춤 지원-생애 전환-사회 연계로 이어지는 생애주기별 지원 체계를 국가적 과제로 바라보아야 한다. 느린 학습자 한 명을 품는 일은 결국 한 사회가 포용성과 인간 존엄의 가치를 얼마나 실천하고 있는가를 보여 주는 척도이기 때문이다.

느린 학습자, 교육의 경계선에 서있는 아이들

느린 학습자는 학교 수업을 열심히 듣지만, 속도와 수준이 맞지 않아 이해가 더디고 기억이 오래 남지 않는다. 또래보다 숙제에 많은 시간을 들이고, 시험에서는 항상 뒤처진다. 그러나 정작 이들은 특수교육의 지원 대상에도 포함되지 않아 '일반학생으로서의 기준'과 '특수교육대상학생' 사이에서 방황하게 된다. 교실에서 이들은 종종 조용하지만 수업을 따라가기 힘든 학생으로 남는다. 그러나 그들의 어려움은 교과의 이해 부족만이 아니라, 자존감 저하와 사회적 고립, 미래에 대한 불안으로 이어지는 복합적 문제다. 이러한 경계선 학생들이야말로 학교가 먼저 발견하고, 사회가 함께 품어야 할 '포용의 중심'이다.

조기 발견에서 생애 지원으로

그동안의 정책은 주로 '학교 안의 학습지원'에 머물렀다. 그러나 느린 학습자의 어려움은 학업 성취만의 문제가 아니라, 성장 전반에 걸친 인지·정서·사회성의 불균형이다. 따라서 조기 발견-학령기 지원-전환기 연계-성인기 자립으로 이어지는 연속적이고 체계적인 접근이 필요하다.

- **유아기**

언어·인지 발달 검사와 조기 중재가 중요하다. 유치원 단계에서 언어치료, 놀이치료, 감각통합 프로그램 등을 통해 인지 발달을 자극할 수 있다.

- **초등기**

학습 속도와 이해 수준을 고려한 개별화 수업, 또래 협력 학습, 시각·청각 자료 활용 등으로 배움의 동기를 잃지 않게 해야 한다.

- **중등기**

교과 학습 중심에서 벗어나 진로 탐색형 학습으로 전환해야 한다. 예를 들어 직업 체험, 지역 연계 봉사 활동, 실습 기반 교육을 통해 '나도 잘할 수 있다'라는 경험을 제공해야 한다.

- **고등기 및 성인기**

전공과 과정, 직업훈련, 사회참여 프로그램 등 실질적 자립을 위한 전환기 지원이 필요하다. 학교에서 평생학습 기관, 고용지원센터로 이어지는 사회적 사다리가 구축되어야 한다.

이 생애주기별 지원의 핵심은 아이를 '학습의 대상'으로만 보지 않고, 삶의 주체로 바라보는 관점의 전환이다. 배움의 출발점이 다르더라도, 성장의 여정은 모두 존중받아야 한다. 결국 조기 발견은 아이의 결함을 찾는 과정이 아니라, 그 아이가 스스로의 속도로 자랄 수 있도록 돕는 첫걸음이어야 한다.

제도의 경계를 넘어서는 새로운 틀

현재 느린 학습자는 「장애인 등에 대한 특수교육법」에서도, 「기초학력 보장법」에서도 명확한 지원 범주에 포함되지 않는다. 이들이 제도 안으로 들어오기 위해서는 기존의 장애·비장애 구분을 넘어서는 '중간 영역 지원 체계'가 필요하다.

- 정책적 기반 마련

교육부·복지부·고용노동부가 공동으로 '경계선 학습자 통합지원 기본계획'을 수립하여 교육-복지-고용의 연결망을 구축할 필요가 있다.

- 제도 간 연계 강화

학령기 이후의 지원 공백 해소를 위해 특수학교 전공과, 지역 직업재활시설, 사회적 일자리 사업 등과 연계한 전환·고용 연속체계(transition continuum)를 만들어야 한다.

- 법적 근거 마련

느린 학습자를 '학습지원대상자'로서 법적으로 명시하고, 학교-지자체-복지기관이 함께 관리할 수 있도록 제도적 토대를 강화해야 한다.

이러한 제도 혁신은 특정 집단을 위한 배려가 아니라, 모든 학생이 배움에서 소외되지 않도록 하는 최소한의 안전망이다.

사회 속에서 이어지는 배움: 지역과 평생학습의 역할

학교를 졸업한 뒤에도 배움은 멈추지 않아야 한다. 느린 학습자에게는 사회 안에서 계속 배우고 성장할 수 있는 '두 번째 학교', 즉 지역 기반의 평생학습 체계가 필요하다.

- **지역 평생학습관의 참여 확대**

  느린 학습자를 위한 기초 문해·금융·디지털 리터러시 교육 개설, 사회생활의 기본기와 자립 능력을 함께 키운다.

- **사회적 기업·공공기관의 참여**

  느린 학습자를 위한 직무 훈련과 멘토링 프로그램 운영, 보호 고용 형태에서 점차 자립 고용 형태로 옮겨 갈 수 있도록 지원한다.

- **지역 커뮤니티 연계**

  마을기업, 주민센터, 청소년 문화의 집 등 지역사회 공간을 활용한 소규모 학습 공동체를 운영해 학교 밖에서도 관계와 소속감을 유지할 수 있도록 돕는다.

나아가 이러한 평생학습의 흐름은 지역이 아이의 성장을 함께 책임지는 '사회적 돌봄의 네트워크'로 확장된다. 도시의 평생학습관에서, 농촌의 마을 학교에서, 각자의 자리에서 배움을 잇는 손길이 연결될 때 비로소 학교는 '졸업'으로 끝나지 않고, 사회 전체가 하나의 큰 교실이 된다.

인식의 전환, 그리고 함께 성장하는 사회

느린 학습자는 결코 능력이 없는 아이가 아니다. 단지 배움의 속도가 다를 뿐이다. 하지만 우리 사회는 여전히 그 느림을 '결함'으로 오해하곤 한다. 이제는 '느림'을 이해의 언어로 바꾸는 사회적 인식의 전환이 필요하다. 교사는 차별 없는 교육과정을 설계하는 포용적 실천가로, 학부모는 아이의 속도를 존중하는 동반자로, 사회는 다양성을 포용하는 성장의 무대로 나아가야 한다. 조금 더 시간이 걸릴 뿐, 그들은 자신의 방식으로 세상을 이해하고 성장할 수 있다.

이제 필요한 것은 '특별한 도움'이 아니라 '공동의 문화'이다. 학교는 모든 아이가 서로의 차이를 배움의 자원으로 바라보는 공간이 되어야 하고, 언론과 지역사회는 느린 학습자를 동정의 대상이 아닌 가능성의 주체로 조명해야 한다. 기업과 공공기관은 이들의 역량을 살릴 수 있는 일터를 만들어야 하며, 정책은 단기 지원이 아닌 평생 성장의 경로를 제시해야 한다.

포용은 한쪽의 배려로 완성되지 않는다. 함께 배우고, 함께 일하고, 함께 살아가는 경험 속에서 비로소 사회는 다양성을 '인정'이 아닌 '공존'으로 실천한다. 조금 느린 걸음이 모여도, 그 길이 모두의 방향으로 나아가고 있다면 그것이 진정한 교육의 완성이다.

| 위기 학생을 위한 심리적 안전망: 조기 개입과 지원 |

학교는 배움을 가르치는 곳이기도 하지만, 마음을 돌보는 공간의 역할도 담당한다. 요즘 교실에는 공부보다 '견디는 것'이 더 힘든 아이들이 있다. 표정은 특별함이 없지만 속으로는 불안과 외로움이 쌓여 있고, 친구의 말 한마디, 성적표의 숫자 하나에도 쉽게 무너진다. 우울, 불안, 스트레스, 학교 부적응 등으로 어려움을 겪는 위기 학생들은 더 이상 일부의 문제가 아니라 우리가 함께 안아야 할 현실이다. 이제 학교는 문제행동을 교정하는 기관이 아니라, 아이의 마음이 다시 설 수 있도록 심리적 안전망을 구축하는 공간이 되어야 한다.

학습 이전에, 마음이 먼저 자라야 한다.

아이는 마음이 안정될 때 배우고, 마음이 위축될 때는 배움의 문이 닫힌다. 그렇기에 '마음의 안전'은 단순한 복지의 문제가 아니라 교육의 출발선이자 성장의 토대다. 최근 전국 단위 조사에서도 학생 10명 중 3명이 '지속적인 불안이나 우울'을 경험한다고 응답했다. 문제는 이 중 상당수가 도움을 요청하지 못한 채 '괜찮은 척'하며 학교생활을 이어 간다는 점이다. 교사는 성적보다 아이의 표정을 먼저 살피고, 부모는 성취보다 감정의 언어를 먼저 들어야 한다. "오늘 힘들었어?"라는 한마디는 그 어떤 상담보다 빠르고 정확한 개입이 될 수 있다. 마음의 신호를 읽는 것, 그것이 진짜 교육의 시작이다.

조기 개입의 골든타임: 위기의 신호를 놓치지 않기

정서적 위기는 갑자기 찾아오지 않는다. 작은 불안, 반복되는 무기력, 대화의 단절이 서서히 쌓여 가며 아이를 '위기 학생'으로 만든다. 그래서 중요한 것은 '위기'가 아니라 '전조 신호'를 포착하는 일이다. 교실 속 작은 변화는 모두 신호일 수 있다. 자주 결석하거나, 집중력이 떨어지고, 친구와 말다툼이 잦아지는 것, 혹은 반대로 지나치게 조용해지는 것 모두가 그 신호다.

- 교사의 역할

정서 관찰일지, 교실 속 '마음 온도 체크' 활동, 학급 단위의 감정 일기 쓰기 등으로 학생의 감정 변화를 세밀하게 살핀다.

- **학부모의 역할**

집에서의 행동 패턴, 수면 변화, 식사 습관 등을 관찰하고 교사와 정보를 공유한다. 아이가 말하지 않아도, 부모는 가장 먼저 변화를 감지할 수 있다.

- **전문가 개입**

위기 신호가 감지되면, 학교 안의 전문상담교사나 Wee센터, 지역 정신건강복지센터와의 즉각적 연계를 통해 '예방적 개입'을 실시해야 한다. 조기 개입의 핵심은 빠른 판단이 아니라 지속적인 관심이다. 아이의 마음은 즉각적인 처방보다 꾸준한 신뢰 속에서 회복된다.

학교 안의 안전망, 학교 밖의 연대망

한 아이의 마음을 지키는 일은 교사 혼자의 몫이 아니다. 이제는 학교-가정-지역사회가 연결된 통합형 지원 구조가 필요하다.

- **학교 안의 구조**

담임교사, 보건교사, 전문상담교사, 교직원이 함께 '마음건강지원팀'을 구성해 정기 회의를 운영할 수 있다. 정서 위기 학생을 조기에 선별하고, 지원 단계를 세분화한다. 나아가 모든 교원이 기본적인 심리·정서 이해 연수를 받을 수 있도록 교원 전문성 강화를 병행해야 한다.

- **학교 밖의 연계**

지역 Wee센터, 청소년상담복지센터, 정신건강복지센터 등과 협력해 위험 수준별 맞춤형 지원을 체계화한다. 학교가 '문제 발생 시 연락하는 곳'이 아니라, 평소에도 상시 협업하는 지역 심리 안전 네트워크가 되어야 한다.

• 가정의 참여

가정은 아이가 가장 안전하게 감정을 회복할 수 있는 공간이다. 부모 교육과 가족 상담 프로그램을 통해 아이의 정서를 이해하고 공감하는 방법을 배워야 한다.

이 세 축이 조화를 이루면 아이의 마음은 '불안의 순환'이 아니라 '회복의 순환'으로 바뀐다. 무엇보다 중요한 것은 이러한 체계가 일회성 지원이 아닌 지속적 관계로 유지되는 것이다. 정기적인 협의와 피드백, 학교 간 사례 공유, 지역사회 전체의 관심이 더해질 때 심리적 안전망은 제도에서 문화로 자리 잡는다. 위기 학생 지원은 특별한 사업이 아니라, 학교가 매일 실천해야 하는 교육의 기본 책임이 되어야 한다.

회복 중심 접근: 징계보다 '회복의 대화'로

문제행동을 단순히 '규율 위반'으로만 바라보면 아이는 점점 더 자신을 부정하게 된다. 학교는 처벌보다 회복, 징계보다 관계 회복의 대화를 선택해야 한다. 예를 들어, 교우 갈등이 생긴 학생에게 '벌점'을 주는 대신, '공감 대화 시간'을 제공해 자신의 감정을 말하고 친구의 입장에 대해 생각해 보는 것이다. 이러한 '회복적 대화'는 단순한 감정 조절을 넘어 사회성, 자기 성찰, 공감 능력을 함께 기른다. 잘못을 혼내는 학교보다, 다시 시작할 기회를 주는 학교가 진짜 회복의 힘을 가진 학교다.

회복 중심 접근은 위기 상황을 해결하기 위한 절차일 뿐만 아니라, 학생이 자신의 행동을 이해하고 감정을 조절하는 힘을 기르는 교육적 과정이다. 이 과정에서 교사는 중재자가 아니라 관계의 회복을 돕는 조력자로 서야 한다. 작은 사과와 대화의 경험이 쌓일 때, 아이들은 '신뢰'가 다시 만들어질 수 있음을 배운다. 이러한 문화가 확산되면 학교는 갈등을 두려워하지 않는 곳, 실수해도 함께 회복할 수 있는 '정서적 회복 공동체'로 성장하게 된다.

함께 만드는 마음의 안전지대

정서적 안정은 제도의 문제가 아니라 관계의 문제다. 한 아이가 무너질 때, 누군가의 "괜찮아?"라는 말 한마디가 그를 다시 일으킨다. 그래서 심리적 안전망은 거창한 정책 이전에 사람과 사람의 연결로부터 시작된다. 학교는 마음을 이야기할 수 있는 교실 문화를 만들고, 교사는 감정을 존중하는 언어를 사용하며, 학부모는 비난보다 경청으로 아이를 안아야 한다. 지역사회는 이러한 따뜻한 관계가 이어질 수 있도록 프로그램과 자원을 지원해야 한다. 나아가 사회 전체가 '정서 회복'의 가치를 교육과 동일하게 바라볼 때, 아이들의 마음은 점차 회복의 궤도로 올라설 수 있다.

아이의 마음을 지키는 일은, 결국 한 사회가 어떤 가치를 중심에 두는가를 묻는 일이다. 교육의 본질은 지식 전달이 아니라 사람을 이해하고 성장시키는 일이다. 학교가 '배움의 공간'이자 '회복의 공간'으로 거듭날 때, 아이는 다시 자신을 믿고 세상과 연결될 수 있다. 한 아이의 마음을 구하는 일은 곧 우리 모두의 삶을 단단히 지탱하는 일이다. 아이의 회복은 곧 교육의 회복이다. 마음이 안전한 학교는, 배움이 다시 살아나는 학교다. 그리고 그 한 걸음의 변화가, 내일의 교육을 더 따뜻하게 만든다.

| 학교를 넘어선 연대: 다기관 협력 |

학교는 아이의 성장을 가장 가까이에서 지켜보는 곳이지만, 모든 문제를 학교 혼자 해결할 수는 없다. 아이의 어려움은 학습 부진 하나로만 설명되지 않는다. 그 뒤에는 정서, 가정환경, 건강, 관계, 경제적 여건 등 서로 얽힌 복합적인 요인들이 함께 존재한다. 이제 학교는 '모든 해결의 중심'이 아니라, 전문 기관과 손잡고 아이의 삶 전체를 돌보는 연결의 거점이 되어야 한다. 아이 한 명의 문제를 한 기관이 아닌 사회 전체가 함께 책임질 때, 비로소 진정한 '교육적 돌봄 체계'가 완성된다.

학교의 울타리를 넘어, 함께 아이를 키우는 구조

그동안 학교는 학습 부진, 정서 문제, 관계 갈등 등 아이의 대부분의 어려움을 '학교 안에서 해결해야 하는 일'로 여겨왔다. 하지만 현실은 한계가 분명하다. 교사는 수업과 생활지도에 집중해야 하고, 전문상담교사나 보건교사는 인력과 시간이 부족하다. 이런 구조 속에서는 '지속적이고 전문적인 개입'이 어렵다.

이제는 학교가 모든 역할을 감당하는 방식에서 벗어나야 한다. 학교는 관찰과 초기 개입의 출발점, 전문 기관은 정밀 진단과 맞춤 지원의 중심, 지역사회는 지속적 돌봄의 기반으로 역할을 나누어야 한다. 즉 학교는 아이의 문제를 '해결'하는 곳이 아니라 '함께 해결의 길을 찾는 허브'가 되어야 한다. 이러한 변화는 '책임의 분산'이 아니라 '역할의 확장'을 의미한다.

학교가 사회적 네트워크의 중심이 될 때, 교사는 혼자 고민하지 않아도 되고, 학부모는 더 이상 불안해하지 않는다. 학교가 지역과 연결되고, 마을이 교육의 한 축이 될 때, 교육은 교실의 경계를 넘어 아이의 생활과 이어진다. 이제 "한 아이를 키우려면 온 마을이 필요하다"라는 말은 구호가 아니라, 우리 사회가 지향해야 할 교육의 기본 원리가 되어야 한다.

학습종합클리닉센터: 진단에서 회복까지 잇는 허브

학습종합클리닉센터는 바로 이러한 변화의 중심에 있다. 이곳은 단순히 '학습부진 상담소'가 아니라 학습, 정서·행동, 가정환경을 통합적으로 진단하고 개인 맞춤형 지원을 설계하는 종합적 개입 허브다.

- **1단계: 조기 진단과 평가**
학교에서 의뢰한 학생의 학습 능력, 인지기능, 정서 상태, 가정환경을 종합적으로 평가한다. 성취 수준 분석이 아니라, 학습을 방해하는 근본 요인을 찾는 과정이다.
- **2단계: 맞춤형 중재 설계**
심리·인지·행동 전문가가 협업해 학생의 수준에 맞는 학습 지도, 정서 상담, 부모 교육, 환경 개선 방안을 통합적으로 제시한다.
- **3단계: 지속적 사후 관리**
학교·가정과 연계한 상담 피드백을 주기적으로 제공해 지원이 일회성에 그치지 않도록 한다.

특히 학습종합클리닉센터의 가장 큰 강점은 '연속성'이다. 한 번의 검사로 끝나는 것이 아니라, 학생의 성장 변화에 따라 지속적으로 지원 계획을 조정할 수 있다. 또한 교사와 학부모를 위한 상담·연수 프로그램을 통해 가정과 학교가 같은 방향으로 학생을 도울 수 있도록 안내한다. 이러한 구조는 개입을 넘어서는 동행 중심의 지원 모델이며, 결국 아이의 학습과 마음을 함께 회복시키는 성장 지원의 플랫폼이 된다.

다기관 협력: 복합적 문제에 대한 다층적 해법

아이의 어려움은 교육만으로 해결되지 않는다. 정신건강 문제는 의료와 복지가, 가정 문제는 사회복지와 심리치료가, 진로 불안은 고용과 평생학습이 함께 다뤄야 할 영역이다. 따라서 학습종합클리닉센터는 다음과 같은 다기관 협력 모델을 중심으로 운영될 필요가 있다.

- 교육 + 복지 연계

학교와 지방자치단체, 아동복지센터, 드림스타트가 협력해 경제적·가정적 어려움도 함께 지원한다.

- 교육 + 의료 연계

아동·청소년 정신건강의학과, 심리 치료센터와 협력하여 ADHD, 우울·불안, 행동 조절 문제 등 심리적 요인을 조기 치료한다.

- 교육 + 고용 연계

중·고등학생 단계에서 학습과 직업훈련을 연계해 진로 불안을 완화하고, 실질적인 자립 기반을 다진다.

- 교육 + 지역사회 연계

주민센터, 평생학습관, 도서관 등 지역 기관이 학교 밖에서도 아이를 돌보는 지역 돌봄 생태계를 조성한다.

이러한 협력은 기관 간의 행정 협조에서 그치지 않으며 아이 한 명을 중심에 둔 다학문적 통합지원 시스템이다. 교육청, 복지관, 의료기관, 심리센터, 청소년시설이 서로의 전문성을 공유하고 신뢰를 기반으로 협력할 때 지원의 공백은 자연스럽게 줄어든다. 다기관 협력의 목적은 연계를 넘어선 공동 성장이며, 한 아이의 회복은 곧 지역사회의 회복으로 이어진다.

협력의 문화, 관계의 힘

효과적인 협력은 기관 간 업무 분담만으로 완성되지 않는다. 서로를 신뢰하고, 정보를 공유하며, 공동의 목표를 나누는 문화가 필요하다. 즉 협력의 본질은 행정이 아니라 관계다. 교사는 전문 기관을 믿고 학생을 의뢰하고, 전문가는 학교의 관점을 존중하며, 지자체는 이 두 기관의 연결을 지속적으로 지원해야 한다. 무엇보다 중요한 것은 "누구의 학생이냐?"가 아니라 "우리 사회 모두의 학생"이라는 관점이다. 이런 연대의 문화가 정착될 때, 지원은 일시적인 '프로그램'이 아니라 지속 가능한 성장의 시스템이 된다.

관계의 힘은 숫자보다 깊이에서 나온다. 서로를 이해하려는 한 걸음, 신뢰를 쌓는 대화 한마디가 복잡한 행정보다 더 큰 변화를 만든다. 교사가 전문가를 신뢰하고, 기관이 학교의 현실을 존중하며, 학부모가 이 연결망 속에 적극적으로 참여할 때 그 자체가 이미 협력의 문화가 된다. 이러한 문화는 결국 '지원의 체계'가 아닌 '사람의 연대'로 완성된다. 진짜 협력은 문서로 맺어지는 계약이 아니라, 아이 한 명을 향한 믿음으로 맺어지는 약속이다. 그 약속이 이어질 때, 교육은 제도를 넘어 하나의 공동체가 된다.

미래를 향한 연대의 방향

학습종합클리닉센터와 다기관 협력은 단지 위기 대응 체계가 아니다. 이것은 앞으로의 교육이 지향해야 할 포용적 성장 모델이다. 학교·가정·지역이 서로의 전문성을 존중하며 연결될 때, 아이의 문제는 '위기'가 아니라 '성장의 과정'으로 전환된다. 앞으로는 모든 시도교육청에 통합형 학습·정서 지원센터를 확대하고, 지역별로 학습·심리·진로 데이터 허브를 구축해 개별 학생의 성장 이력을 통합적으로 관리할 필요가 있다. 또한 지역사회 내 공공기관과 민간 전문가의 협업 체계를 제도화해 아이 한 명이 성장의 어느 지점에서도 지원의 끈이 끊기지 않도록 노력해야 한다. 이러한 연대는 행정적 협력 이상의 의미를 지닌다.

서로의 전문성을 존중하며 한 아이의 삶을 함께 바라보는 것, 그것이 바로 교육의 사회적 책임이다. 결국 우리가 만들어 가야 할 미래의 교육은 '학교의 울타리' 안에서가 아니라, 사회 전체의 품 안에서 자라는 교육이다. 교사와 전문가, 지역사회가 함께 설계하는 이 연대의 길은 단지 제도의 혁신이 아니라 교육의 철학적 변화다. 배움이 곧 돌봄이 되고, 돌봄이 다시 배움으로 이어지는 사회, 그것이 우리가 함께 꿈꾸는 교육의 내일이다.

함께 키우는 사회, 함께 자라는 아이

한 아이를 지원하는 일은 한 세대를 세우는 일이다. 교육은 더 이상 '학교의 일'이 아니라 사회의 약속이 된다. 학교와 가정, 지역이 손을 맞잡을 때 배움은 제도를 넘어 사람을 잇는 힘이 된다. 그 힘이 모일 때, 교육은 세상을 조금 더 따뜻하게 바꾼다. 교육은 한 교실의 일이 아니라,

한 사회의 약속이다. 모든 아이가 배움의 자리에서 존중받을 때, 그 사회는 이미 한 걸음 성장하고 있다. 배움은 속도를 재는 경쟁이 아니라, 서로의 걸음을 맞추며 함께 나아가는 여정이다. 교사는 아이의 가능성을 발견하고, 부모는 그 가능성을 믿으며, 지역사회는 그 길을 함께 밝혀야 한다. 한 아이의 마음이 회복되면 한 교실이 달라지고, 한 교실의 변화는 한 세대의 미래를 바꾼다. 지식보다 오래 남는 것은 사람을 세우는 힘, 제도보다 깊이 새겨지는 것은 마음을 잇는 관계다. 그 믿음과 연대 위에서, 우리 아이들의 배움은 세상을 조금 더 따뜻하게 만든다. 그리고 그 길의 끝에서 우리는 깨닫는다. 모든 아이의 성장은 결국, 우리 모두의 성장이라는 것을.

모든 아이는 존중받아야 한다.

모든 배움은 이어져야 한다.

모든 가정은 지지받아야 한다.

모든 교사는 신뢰받아야 한다.

한 아이의 성장은 가정의 품에서 시작된다.

그 성장은 학교의 손길로 확장된다.

그리고 지역사회와 국가의 연대로 완성된다.

우리가 함께할 때 아이는 쓰러지지 않는다.

우리가 지켜 낼 때 아이는 두려워하지 않는다.

우리가 믿어 줄 때 아이는 더 멀리 꿈꾼다.

아이 한 명도 놓치지 않는 교육,

그것이 우리가 만들어 가야 할 미래다.

| 집필진 |

이병도

국립공주대학교에서 교육학 박사학위를 취득하였으며, 현재 상명대학교 특임교수이자 사단법인 충남교육연구소장으로 재직 중이다. 충청남도교육청 교육국장과 천안교육지원청 교육장을 역임하였다. 저서로 『지방교육자치와 미래교육 비전』이 있으며, 번역서로 『교사 주도성-학교문화 혁신의 열쇠』(공저)가 있다.

이수정

위덕대학교 특수교육학부 교수로, 특수아 조기교육을 전공하였다. 주요 연구로는 「2024 개정 표준보육과정(0~2세) 모든 영아를 위한 지원자료」(교육부, 2024, 공저), 「2019 개정 누리과정 놀이실행자료」(교육부, 2019, 공저) 등이 있으며, 모든 영유아가 함께 성장할 수 있는 포용적 교육 환경을 구축하는 데 힘쓰고 있다.

박유정

공주교육대학교 교육학과 부교수로, 특수교육(학습장애 및 교사교육)을 전공하였다. 주요 저서로 『특수교육학개론』(학지사, 2025, 공저), 『교육 사각지대 학습자 이해와 지원』(박영스토리, 2022, 공저) 등이 있다. 학습장애 학생의 지원 체계와 교사 전문성 향상 방안을 중심으로 연구를 지속하고 있다.

인정남

충청남도교육청 교육연구관으로 현재 충남학력향상지원센터장을 맡고 있으며, 충남기초학력지원센터 운영위원으로 활동하고 있다. 학력향상과 기초학력지원 분야의 전문가로서 교육 현장의 학습지원 체계 구축에 힘쓰고 있으며, 저서로 『온생각』, 『어휘랑 나랑』이 있다.

백수진

순천향대학교에서 특수교육학 박사학위를 취득하였으며, 현재 국립특수교육원 교육연구사로 재직 중이다. 특수교육 연구와 교원 연수를 통해 현장 교원의 전문성 향상을 지원하며, 교사와 학생이 함께 배우고 성장하는 배움 중심의 학교 문화를 만들어 가는 데 기여하고 있다.

강미화

중부대학교 장애인권교육 석사학위를 취득하였으며, 국립특수교육원 교육연구사로 재직 중이다. 특수교육 연구·조사와 현장 지원을 통해 교육 정책의 실효성을 높이고, 모두가 함께 배우는 포용적 교육을 실현하기 위해 연구와 실천을 병행하며 현장을 지원하고 있다.

김지영

초등학교 특수교사로 학교 현장에서 만나는 모든 아이들의 가능성을 믿고, 느린 변화 속에서도 '함께 배우는 즐거움'을 실천하며, 아이 한 명 한 명의 성장을 존중하는 교육을 지향하고 있다.

우리 아이 발달과 학습 성장

부모와 교사, 지역사회의 협력: 아이 성장의 밑거름

발행일	2025년 11월 5일
인쇄일	2025년 11월 7일
지은이	이병도 이수정 박유정 인정남 백수진 강미화 김지영
펴낸곳	더그로우스
펴낸이	정명주
그 림	홍종모
교 정	김선례
디자인	이소진
기획편집팀	이정혜 박현주 서정수 오경희
마케팅팀	이형주 정희수 박경철
저작권팀	박보람

더그로우스

주소	충남 예산군 삽교읍 의향로 315 에드가프라자 3차 408호
기획출판팀	041)631-7783
대표메일	booksbooks@naver.com
등록번호	제 2025-000003호

값 18,000원
ISBN 979-11-992728-0-4 (13370)

잘못 만들어진 책은 구입처에서 바꿔드립니다.
이 책은 저작권법에 따라 보호받는 저작물이므로 무단 전재와 무단 복제를 금지합니다.